Turkey

a Lonely Planet travel atlas

Turkey – travel atlas

1st edition

Published by
Lonely Planet Publications
Head Office: PO Box 617, Hawthorn, Vic 3122, Australia
Branches: 155 Filbert St, Suite 251, Oakland, CA 94607, USA
              10 Barley Mow Passage, Chiswick, London W4 4PH, UK
              71 bis rue du Cardinal Lemoine, 75005 Paris, France

Cartography
Steinhart Katzir Publishers Ltd
Fax: 972-3-699-7562
email: 100264.721@compuserve.com

Printed by
Colorcraft Ltd, Hong Kong

Photographs
Chris Barton, Glenn Beanland, Tom Brosnahan, Eddie Gerald, Tony Wheeler

Front Cover: Sultan Ahmet Camii (Blue Mosque), Istanbul (Tony Wheeler)
Back Cover: Hat maker in Istanbul (Eddie Gerald)
Title Page: Inside Topkapi Palace, Istanbul (Eddie Gerald)
Contents Page: Early morning on Galata Bridge, Istanbul (Eddie Gerald)

First Published
August 1997

Although the authors and publisher have tried to make the information as accurate as possible, they accept no responsibility for any loss, injury or inconvenience sustained by any person using this book.

National Library of Australia Cataloguing in Publication Data

Brosnahan, Tom.
    Turkey.

    1st ed.
    Includes index.
    ISBN 0 86442 272 5

    1. Turkey - Maps, Tourist. 2. Turkey - Road maps
    I. Brosnahan, Tom. (Series : Lonely Planet travel atlas)

912.561

Contents

Acknowledgements 4

Locator Maps 5-9
Map Legend 10-11
Maps 12-64

Getting Around Turkey 66-67
Comment Circuler en Turquie 68-69
Reisen in der Türkei 70-71
Cómo Movilizarse dentro de Turquía 72-73
トルコの旅 74-75

Index 76-119

Tom Brosnahan

Tom was born and raised in Pennsylvania, went to college in Boston, then set out on the road. His first two years in Turkey, during which he learned to speak fluent Turkish, were spent as a US Peace Corps Volunteer. He studied Middle Eastern history and the Ottoman Turkish language for eight years, but abandoned the writing of his PhD dissertation in favour of travelling and writing guidebooks.

So far his 30 books for various publishers have sold over two million copies in twelve languages. His articles and photos have appeared in *BBC Holidays, Diversion, Travel & Leisure, TWA Ambassador,* the *London Daily Telegraph,* the *New York Daily News* and other periodicals.

Tom is the author of Lonely Planet's *Turkey, Istanbul city guide, Turkish Phrasebook, New England* and *Guatemala, Belize & Yucatán: La Ruta Maya,* as well as co-author of *Mexico, Central America on a shoestring* and several other Lonely Planet guides.

About this Atlas

This book is another addition to the Lonely Planet travel atlas series. Designed to tie in with the equivalent Lonely Planet guidebook, we hope the *Turkey travel atlas* helps travellers enjoy their trip even more. As well as detailed, accurate maps, this atlas also contains a multilingual map legend, useful travel information in five languages and a comprehensive index to ensure easy location-finding.

The maps were checked on the road by Tom Brosnahan as part of his research for the fifth edition of the *Turkey* guidebook.

From the Publishers

Thanks to Danny Schapiro, chief cartographer at Steinhart Katzir Publishers, who researched and drew the maps with the assistance of Lyora Aharoni, Iris Sardes, Danna Sharoni and Michal Pait-Benny. Michal also prepared the index. At Lonely Planet, the maps and index were checked and edited by Lou Byrnes. Louise Klep was responsible for all cartographic checking, design and layout. The cover was designed by Louise Klep and David Kemp. Thanks to David Kemp and Sally Jacka for their patient map checking at various stages in the life of this atlas. The back cover map was drawn by Paul Clifton.

Lou Byrnes coordinated the translations. Thanks to translators Yoshiharu Abe, Louise Callan, Pedro Diaz, Megan Fraser, Christine Gruettke, Caroline Guilleminot and Nick Tapp.

Request

This atlas is designed to be clear, comprehensive and reliable. We hope you'll find it a worthy addition to your Lonely Planet travel library. Even if you don't, please let us know! We'd appreciate any suggestions you may have to make this product even better. Please complete and send us the feedback page at the back of this atlas to let us know exactly what you think.

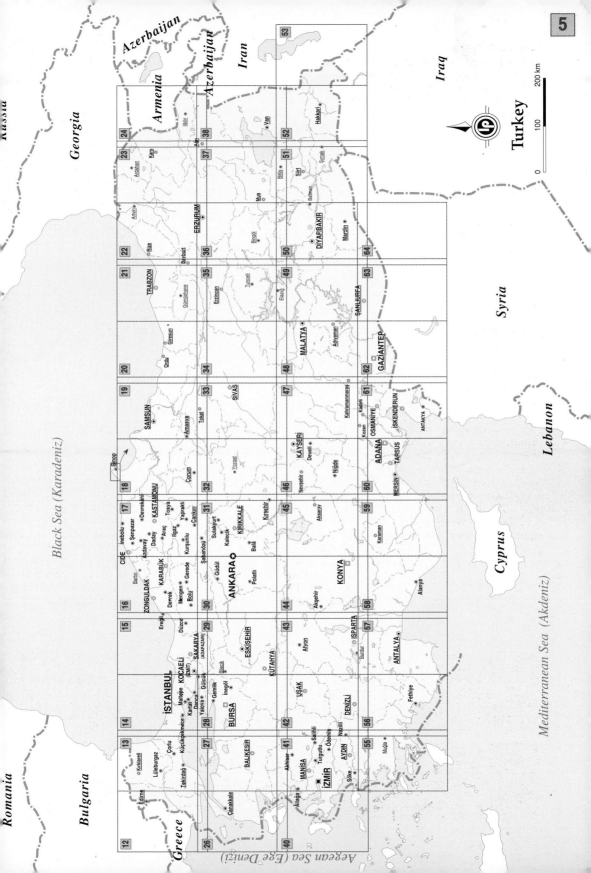

Western Turkey

Expressway (Limited
and Unlimited access)

Highway

Regional Road

Railway

Syria

kdeniz)

radeniz)

Eastern Turkey

Black Sea (Karadeniz)

Mediterranean Sea (Akdeniz)

Syria

0   50   100 km

MAP LEGEND

Number of Inhabitants:

İSTANBUL   > 2,500,000

İZMİR   ■   1,000,000 - 2,500,000

BURSA   □   500,000 - 1,000,000

ANTALYA   ◉   250,000 - 500,000

SİVAS   ◎   100,000 - 250,000

Maltepe   ◉   50,000 - 100,000

Pendik   ◎   25,000 - 50,000

Alemdar   ◉   10,000 - 25,000

Taşdelen   ○   <10,000

Eminönu ——   Locality

ANKARA   Capital City
Capitale
Hauptstadt
Capital
首都

✪   Capital City (Locator map)
Capitale (Carte de situation)
Hauptstadt (Orientierungskarte)
Capital (Mapa de Situación)
首都（地図上の位置）

İZMİR   State Capital
Capitale d'État
Landeshauptstadt
Capital del Estado
州都

International Boundary
Limites Internationales
Staatsgrenze
Frontera Internacional
国境

State Boundary
Limites de l'État
Landesgrenze
Frontera del Estado
州の境界

Expressway, limited access
Autoroute avec péage
Schnellstraße (mautpflichtig)
Superautopista, acceso limitado
高速道路、出入りの制限あり

Expressway, unlimited access
Autoroute (sans péage)
Schnellstraße (mautfrei)
Superautopista, acceso sin límite
高速道路、出入り無制限

Highway
Route Principale
Landstraße
Carretera
国道

Regional Road
Route Régionale
Regionale Fernstraße
Carretera Regional
地方道

Secondary Road
Route Secondaire
Nebenstraße
Carretera Secundaria
二級道路

Unsealed Road
Route non bitumée/piste
Unbefestigte Straße
Carretera sin Asfaltar
未舗装の道

Track
Sentier
Weg
Senda
歩道

Railway
Voie de chemin de fer
Eisenbahn
Ferrocarril
鉄道

=E80= =100= =34-06=   Route Number
Numérotation Routière
Routenummer
Número de Ruta
道路の番号

40   Distance in Kilometres
Distance en Kilomètres
Entfernung in Kilometern
Distancia en Kilómetros
距離（km）

Ferry Route
Route de ferry
Fährroute
Transbordador
フェリーの航路

✈	International Airport Aéroport International Internationaler Flughafen Aeropuerto Internacional 国際空港	☼ Viewpoint Point de Vue Aussicht Mirador 展望地点	～ River Fleuve/Rivière Fluß Río 川

International Airport
Aéroport International
Internationaler Flughafen
Aeropuerto Internacional
国際空港

Viewpoint
Point de Vue
Aussicht
Mirador
展望地点

River
Fleuve/Rivière
Fluß
Río
川

Domestic Airport
Aéroport National
Inlandflughafen
Aeropuerto Interior
国内線空港

Lighthouse
Phare
Leuchtturm
Faro
灯台

Lake
Lac
See
Lago
湖

Mosque
Mosquée
Moschee
Mezquita
モスク

Seaport
Port de Mer
Seehafen
Puerto Marítimo
港

Spring
Source
Quelle
Manantial
泉

Church
Église
Kirche
Iglesia
教会

Beach
Plage
Strand
Playa
海岸

Waterfall
Cascades
Wasserfall
Catarata
滝

Battle Site
Champ de Bataille
Schlachtstelle
Campo de Batalla
戦場

Cave
Grotte
Höhle
Cueva
洞窟

Swamp
Marais
Sumpf
Pantano
沼地

Castle/Fort
Château/Château Fort
Burg/Festung
Castillo/Fuerte
城・砦

Ulus Dağ
1773
Mountain
Montagne
Berg
Montaña
山

5000 m
4500 m
4000 m
3500 m

Tomb
Tombeau
Grab
Tumba
墓

Pass
Col
Paß
Desfiladero
峠

3000 m
2500 m
2000 m
1500 m

Ruins
Ruines
Ruinen
Ruinas
遺跡

National Park
Parc National
Nationalpark
Parque Nacional
国立公園

1000 m
500 m
250 m
0

-200 m
-1000 m
-2000 m
-3000 m

0   20   40 km

Projection: Universal Transverse Mercator

1 : 800 000

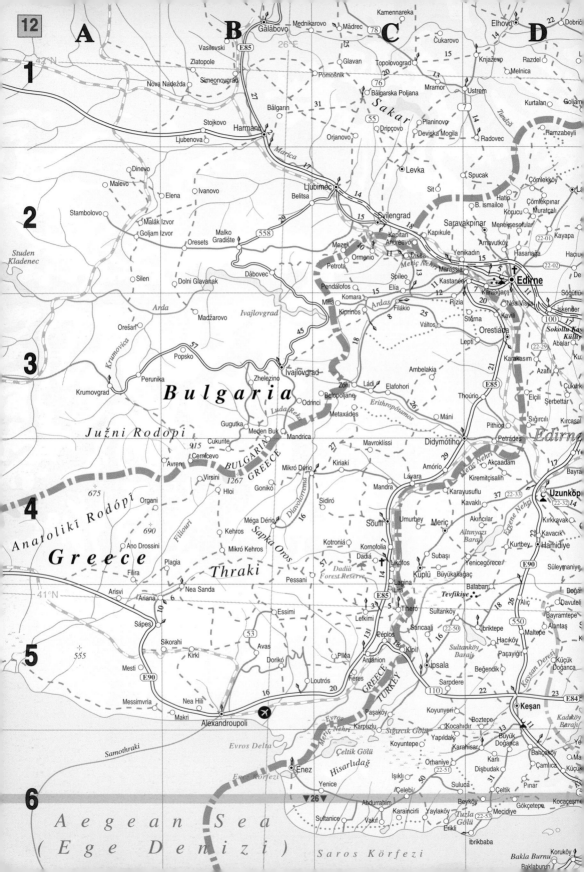

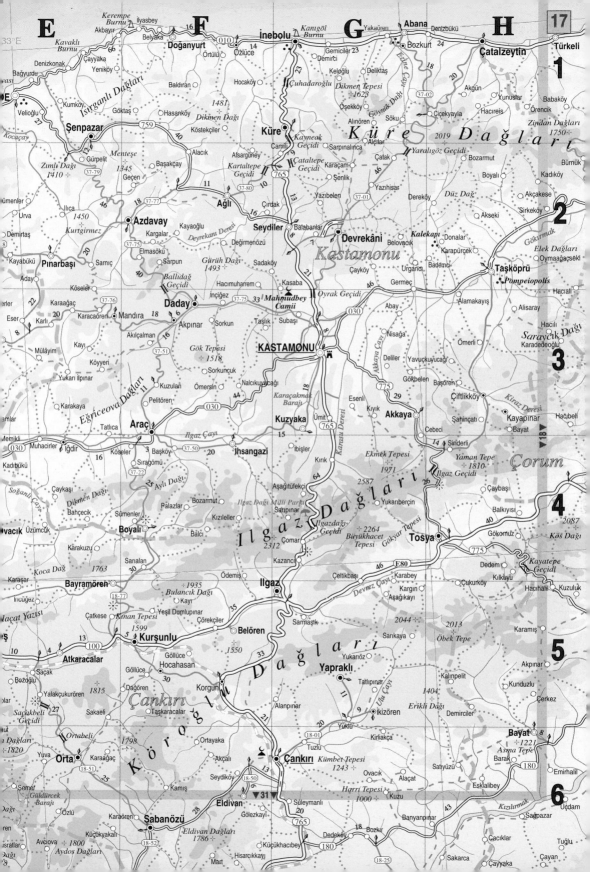

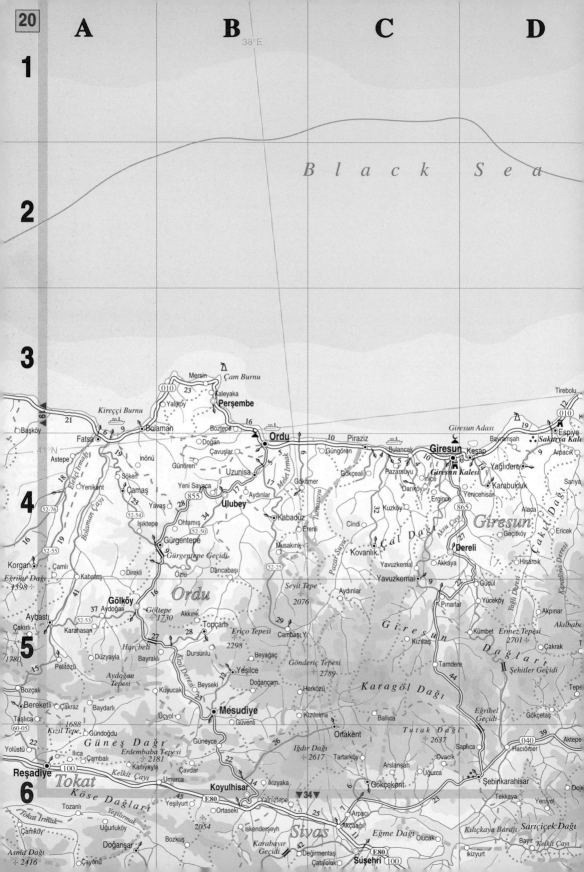

39°E   40°E

1

(K a r a d e n i z)

2

Samsun - Trabzon

Fener Burnu

Kale Burnu

Çarşıbaşı   Akçakale   31

Eynesil   Beşikdüzü   **Vakfıkebir**   010   12   ●**TRABZON**   12   12

Görele   13   Çilekli   Akçaabat   3   Çukurçayırı   6   **Arsin**   Araklı   15   Of   4   **3**

rci   12   Ambarlı   15   Deregözü   Ağaçlı   Derecik   Çağlayan   Kaşüstü   **Yomra**   Çubuklu   Sürmene   Çamburun   Hayrat

kuşçulu   Kösemen   Akçaköy   Dolaylı   Karaca   Ayvadere   Halili   Ormanseven   Gülen   Geçitli

akçı   Hamzalı   Yarımca   **Şalpazarı**   *Karadağ*   Şinik   Akpınar   Çağlayan   Güngörmüş   Özdil   Pervane   Küçükdere   **Köprübaşı**   Dernekpazarı

Kayasis Tepesi   İskenderli   61-77   *1540*   Esiroğlu   28   Barışlı   22

÷2182   Doğancı   61-76   Örnekalan   **Maçka**   **Çaykara**

Sis Dağı   Tonya   Çayırbağı   Düzköy   Işıklar   Çayırlar   Tandırlı   *Seno*   Büyük Doğanlı

zköy   Deregözü   Biçinlik   Yerlice   Sıdıran   *Trabzon*   *Olma*   *Charweli*   Çamlıbel

Doğankent   Gökçeköy   Kalınçam   Kiremitli   61-53   Çamlıyurt   Keçikaya   Dağbaşı   Köseli

877   *Yurt Tepesi*   Üç Gedik   Akarsu   17   Sultan Murat Yaylası   **Uzungöl**

÷2136   883   32   Altındere   43   *Polut Tepesi*   Arpalı   Şekersu

Boynuyoğun   *Alaca Dağ*   48   885   **Sumela Manastırı**   ÷2880   Köknar

uş   67   *2168*   E97   Dikkaya   *Altındere Vadisi*   61-26   915

Çayırçukur   Ulıköy   22   Zigana Geçidi   Hamsiköy   *Milli Parkı*   Yağmurdere   *Soğanlı Geçidi*

Gündoğdu   **Kürtün**   Zigana Geçidi   Kalkanlı   Atalar   **D o ğ u   K a r a d e n i z   D a ğ l a r ı**

Sapmaz   Aşağı Karadere   Yeşilköy   Yağlıdere   Olucak   ÷3063   İkiz   *Karamankaya*   Sarımeşe

Demirkapı   **Torul**   10   İkisu   *Deveboynu*   *Tepesi*   *Kostandağı*   *Tepesi*   *Salmankaş*

Ardasa Kalesi   Altınpınar   *Tepesi*   II   *Geçidi*   ÷2692   *Geçidi*

ilecik   Küçükçit   Bahçecik   885   Aktutan   29-25   Akhisar   Alaca   Akbulut   **5**   13

Yıldız   *Karaca Dağı*   Arılı   **Gümüşhane**   Arzular   Yayladere   Pınargözü   29-26   **Aydıntepe**   29-2

k   Dağdibi   Gümüştuğ   *Alitaşı Tepesi*   Konak   Aksu   Çamlı   37   *Karakaban Dağı*   45   Nişantaşı   Arpalı   Uğralı

2810 ÷   Köklü   *Üçbacalı*   Çamlı   Pirahmet   Kale   Kemertaş   Kayacık   **Bayburt**

Kara Dağ   *Tepesi*   *Aylaş Tepesi*   3   *Vaudağı Geçidi*   050   E97   Danişment

Boyluca   ÷3331   Esentepe   *2339*   61   *2486*   Kırıklı   4   11   Mutlu

÷2953   29-50   Kurtoğlu   Yeniköy   **G ü m ü ş h a n e**   *2100*   **B a y b u r t**   15   Balca

Burgababa   *G i r e s u n*   32   *Kösedağı Geçidi*   Salyazı   Söğütlü   *Kırklartepe*   *Barajı*

Tepesi   *D a ğ l a r ı*   II   *Tersundağı Geçidi*   885   43   Rüştübey   Çakıröz   Çamdere   Yukarı Kışlak

Yeşilyurt   Aşağı Bezendi   *Çadır Dağı*   **Köse**   052   16   Yalındam

36   İngölü   Çalgan   Bahçeli   Dilekyolu   Ülüpınar   *Güdül Tepesi*   Akbaba   Demirözü   ●**Demirözü**   Ozansu   Sarınan

Fındıklıbeli   Erenkaya   Güdül   ÷2385   Gökçedere   *Demirözü*   *Barajı*   **6**

Geçidi   Doğanca   ▼35▼   26   *Barajı*   Yazıbaşı   Yaylalar

Alancık   **Şiran**   040   *Çilhorozdağı*   30   Gökçedere   Umurlu

Alıç   Ericek   *Geçidi*   **Kelkit**   Gerdekhisar   Serenli   Beşpınar

Kaledere   Kozağaç   Boğazyayla   Söğütlü   *Kelkit Çayı*   Deredolu   Sadak   *Ardıçlı Tepesi*   Kalecik   *E r z i n c a n*

luk   Yenice   Aşut   ÷2212

TOM BROSNAHAN

TOM BROSNAHAN

TOM BROSNAHAN

Top: View from the Seljuk Turkish fortress of Alanya
Middle: Üçağız remains a relatively unspoilt fishing and farming village
Bottom: Mamure Kalesi, one of the two crusader castles to be found in Anamur

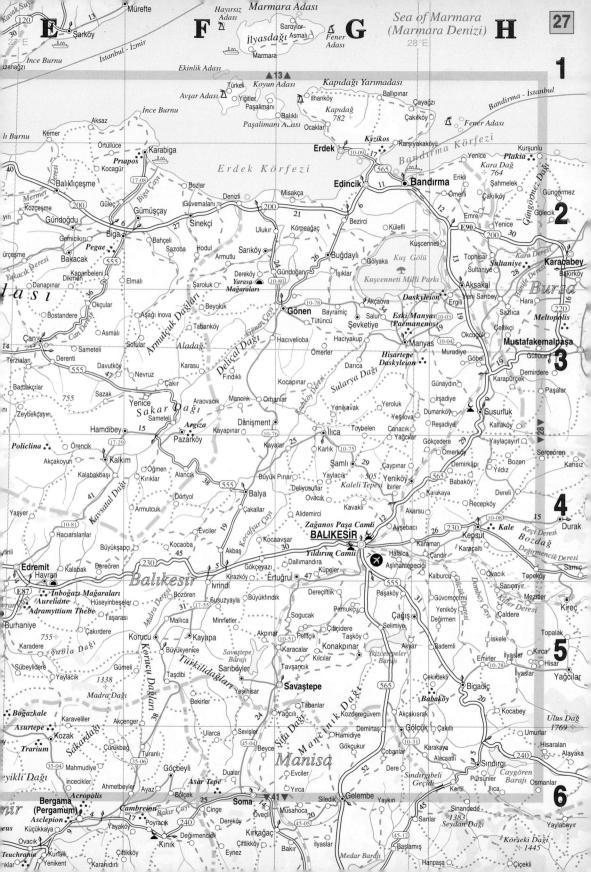

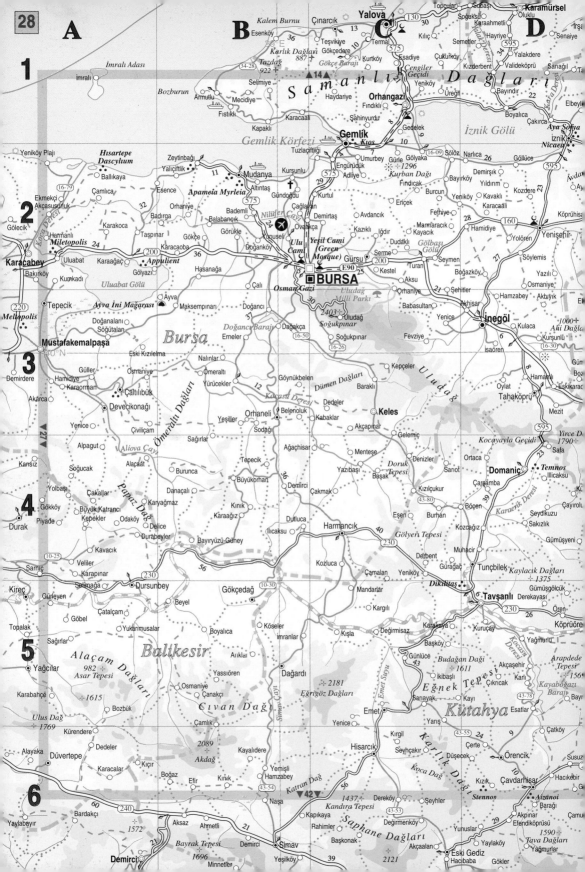

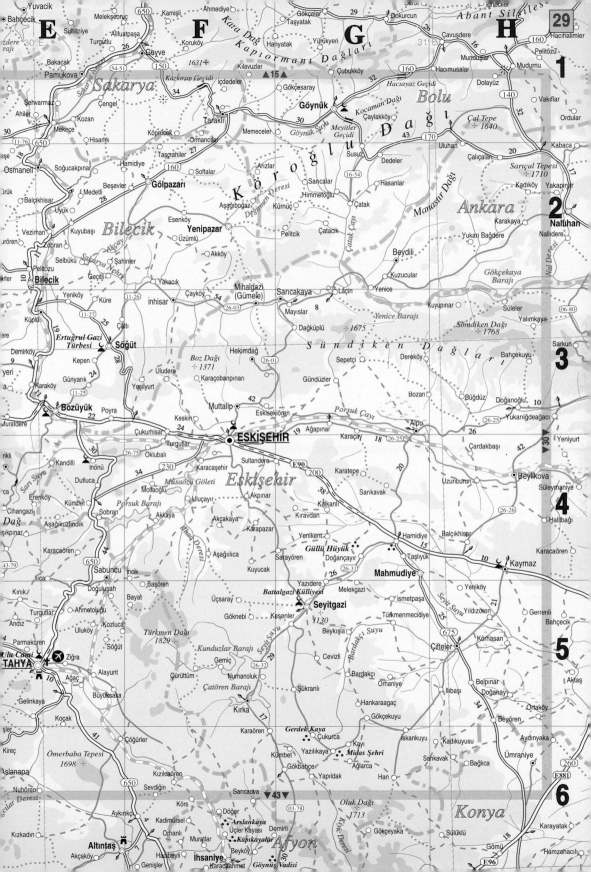

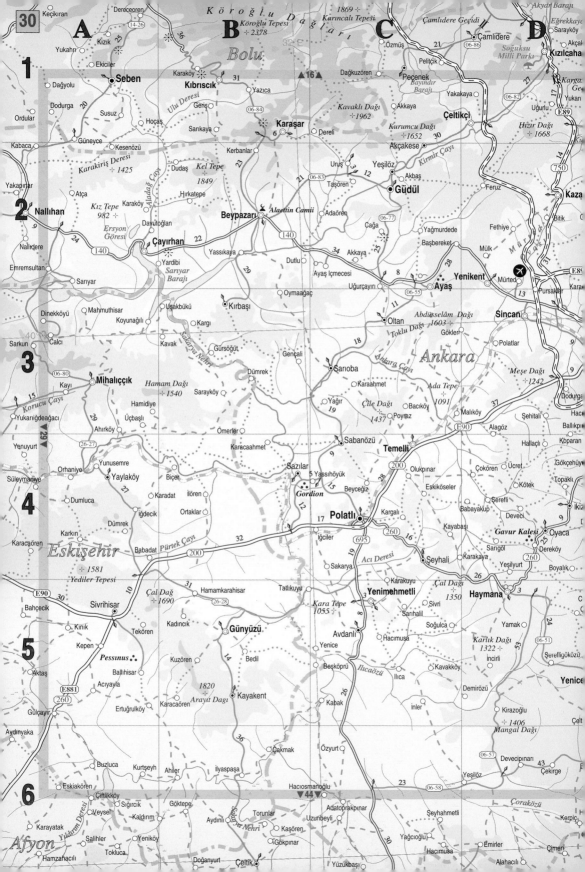

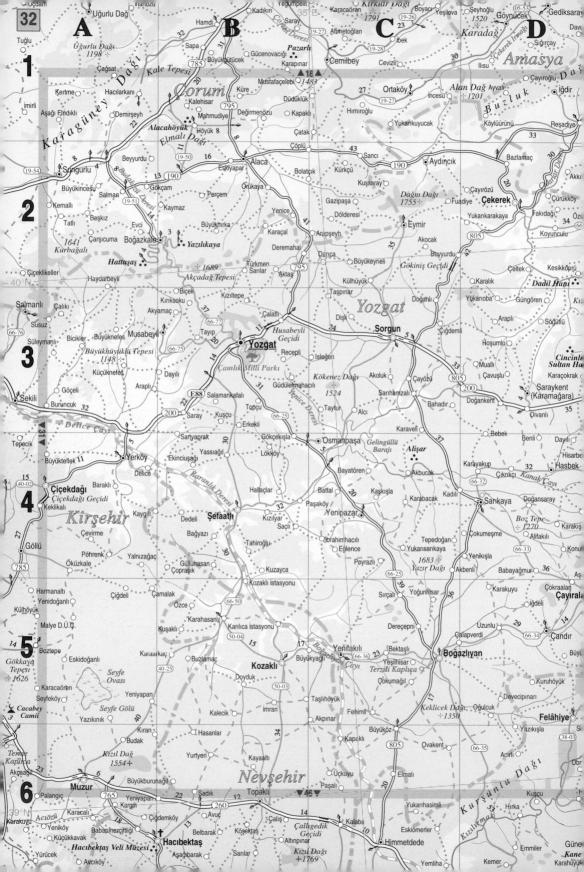

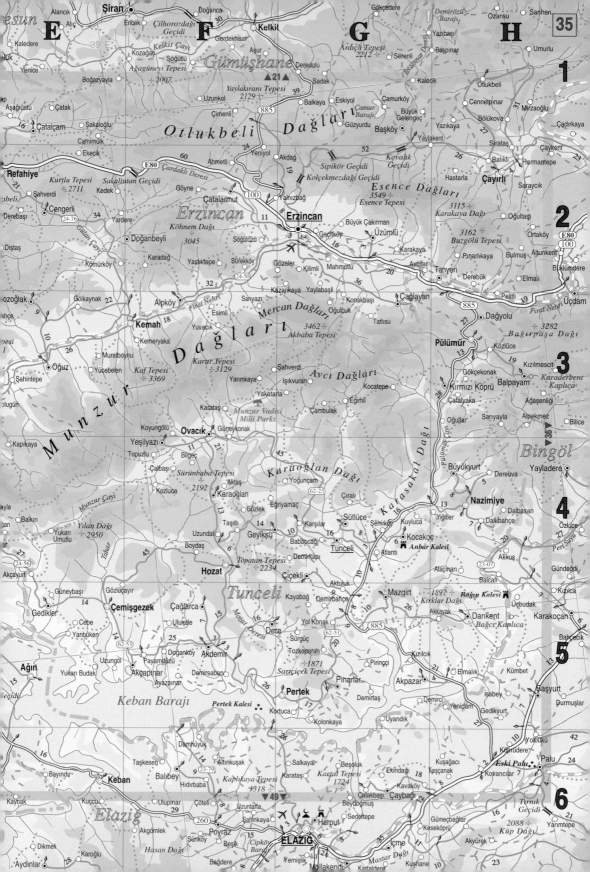

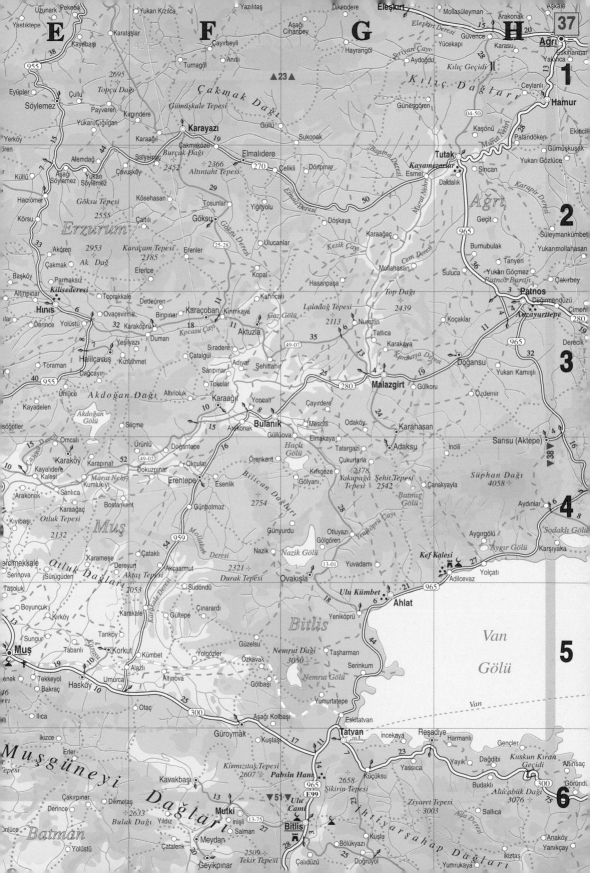

TOM BROSNAHAN

TOM BROSNAHAN

TOM BROSNAHAN

Top left: Minaret of the ruined fortress palace of İshak Paşa, near Doğubeyazıt
Top right: Temple of Hadrian, Ephesus
Bottom: The sign reads 'It is forbidden to sit along the walls of this mosque'

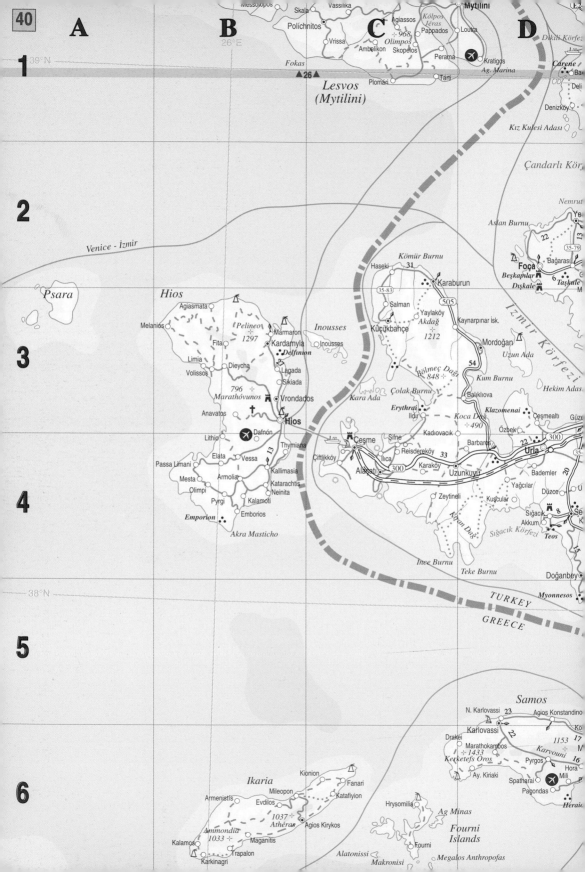

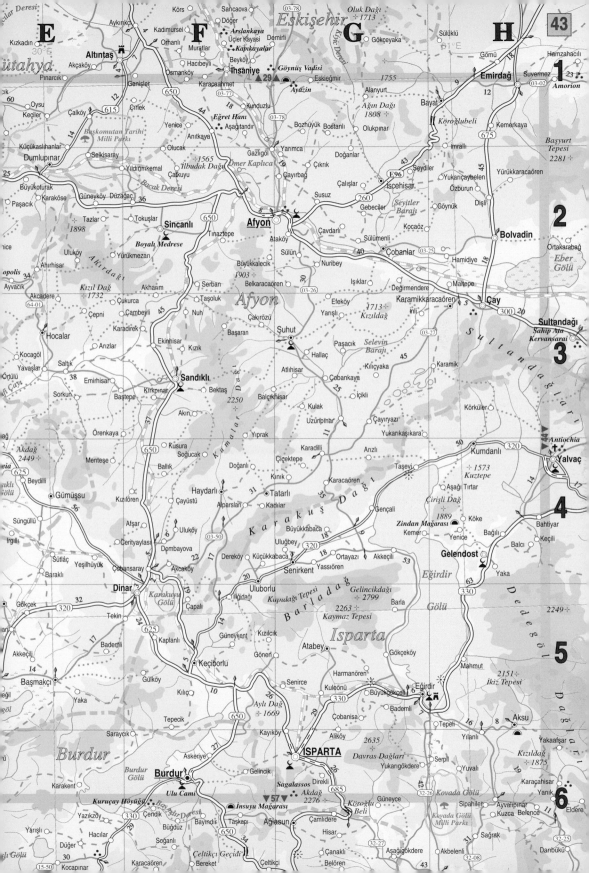

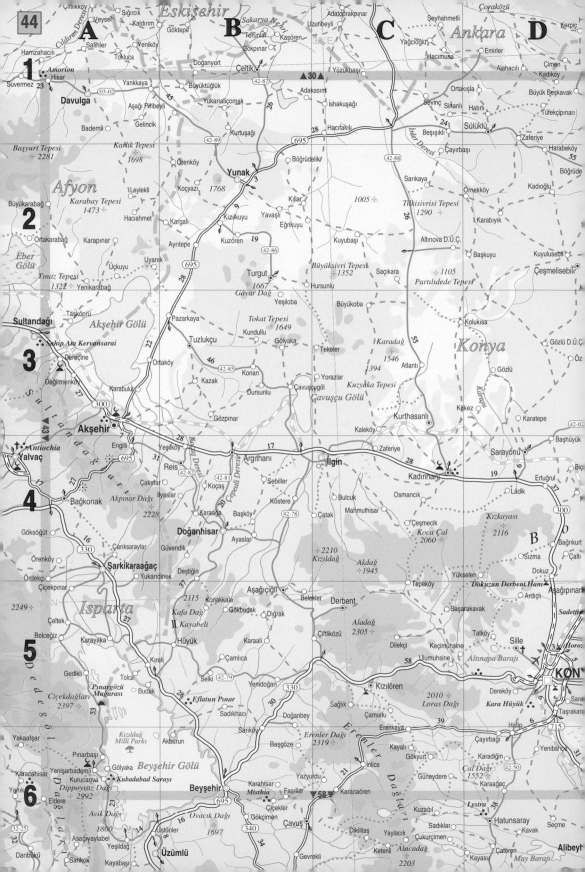

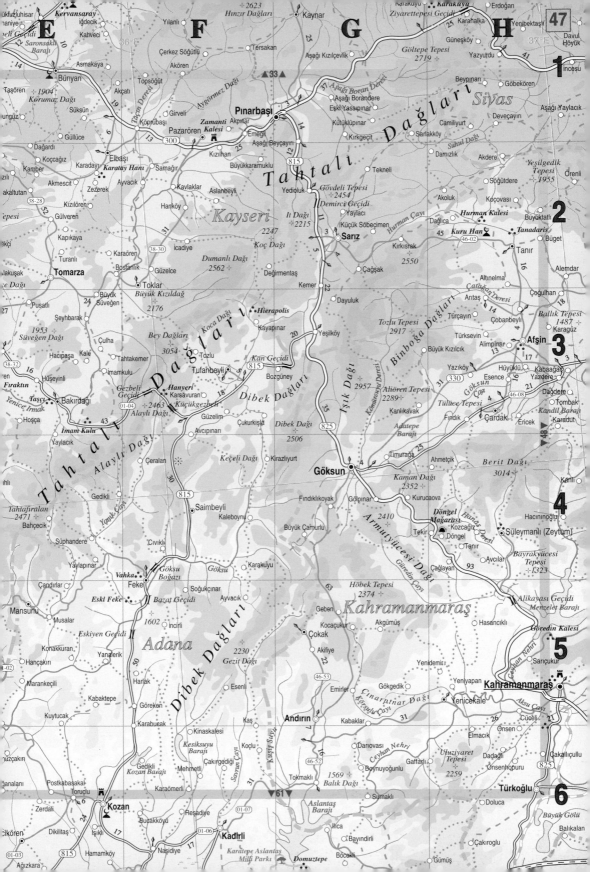

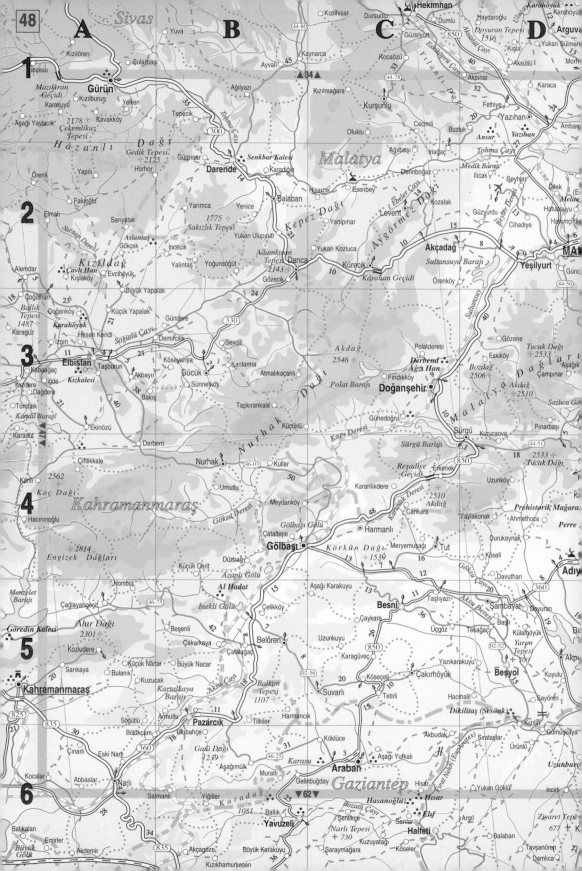

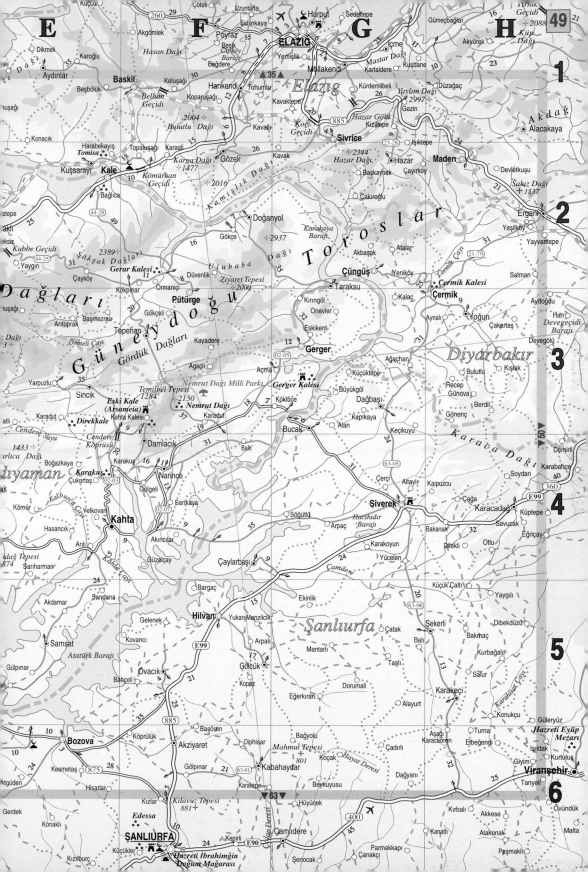

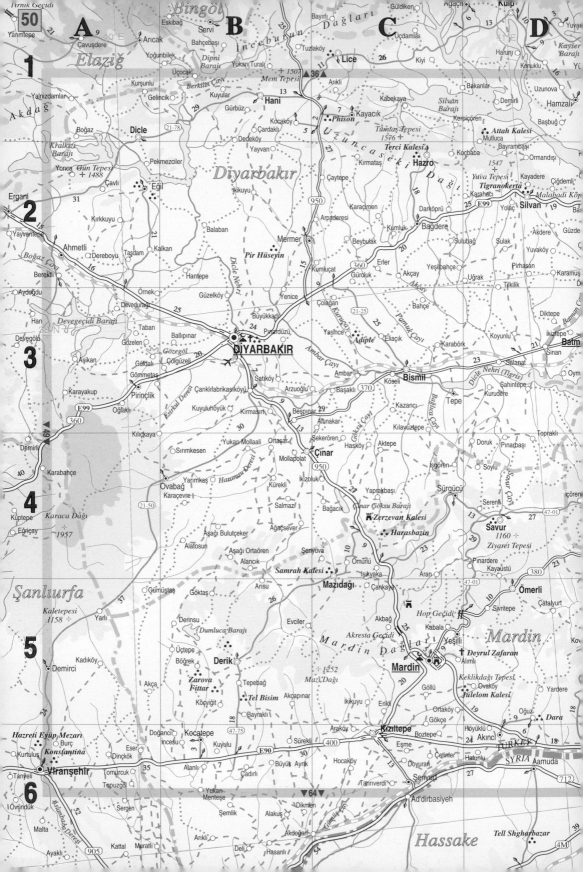

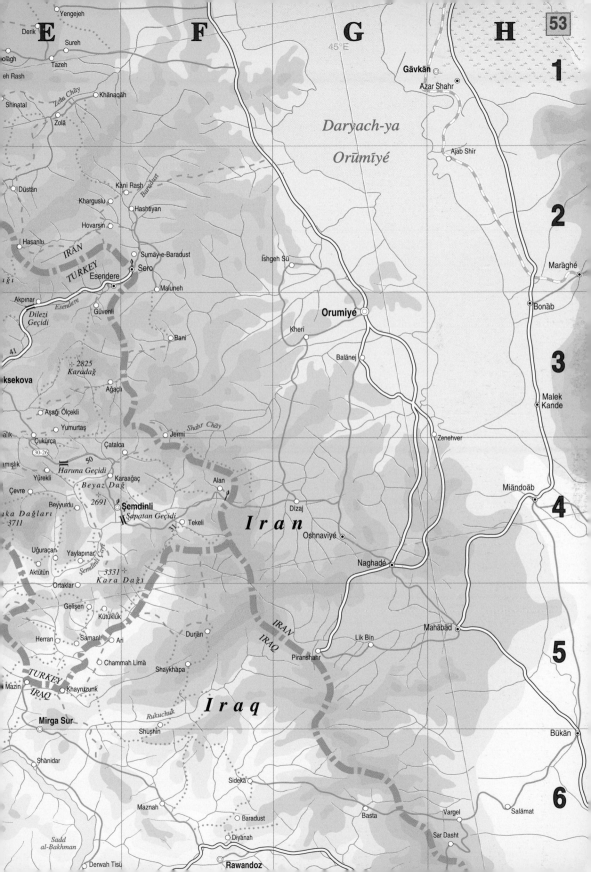

E F G H

1

2

3

4

5

6

Yengejeh
Derik
Sureh
olāgh
Tazeh
eh Rash
Shinatal
Zolā
Zola Chāy
Khānaqāh
Düstān
Kani Rash
Barādust
Kharguslu
Hashtiyan
Hovarsin
Hasanlu
IRAN
Sumāy-e-Baradust
TURKEY
Sero
Esendere
Maluneh
Akpınar
Esendere
Güvenli
Dilezi
Geçidi
Bani
41
2825
Karadağ
ksekova
Ağaçlı
Aşağı Ölçekli
alık
Yumurtaş
Jermi
Shahr Chāy
Çukurça
Çatalca
(30–26)
50
Haruna Geçidi
Karaağaç
Yürekli
Alan
Beyaz Dağ
Çevre
Beyyurdu
2691
Şemdinli
ka Dağları
Şapatan Geçidi
– 3711
Tekeli
Uğuraçan
Yaylapınar
Semdinli Çayı
31
Aktütün
3331
Kara Dağı
Ortaklar
Gelişen
Kütüklük
Durjān
Herran
Sâmanlı
Ari
Chammah Limà
Shaykhāpa
TURKEY
IRAQ
Khayruzunk
Mazin
Rukuchuk
Mirga Sur
Shushin
Shānidar
Sideka
Maznah
Baradust
Diyānah
Sadd
al-Bakhman
Derwah Tisū
Rawandoz

Gāvkān
Azar Shahr
Daryach-ya
Orūmīyé
Ajab Shir
Marāghé
Īshgeh Sū
Orumiyé
Bonāb
Kheri
Balānej
Malek
Kande
Zenehver
Miāndoāb
Dizaj
Iran
Oshnaviyé
Naghadé
IRAN
IRAQ
Lik Bin
Mahābād
Piranshahr
Iraq
Bükān
Basta
Vargel
Salāmat
Sar Dasht

45°E

TOM BROSNAHAN

TOM BROSNAHAN

TOM BROSNAHAN

Top: Funerary stone detail in Aizanoi
Middle: Detail of Roman mosaic, Antakya Museum
Bottom: Stone carving detail at Nyssa, near Aydın

E F G H

Burdur

Isparta

Katrancık Dağı

Beydağları

ANTALYA

Antalya Körfezi

Finike Körfezi

Mediterranean Sea
(Ak Deniz)

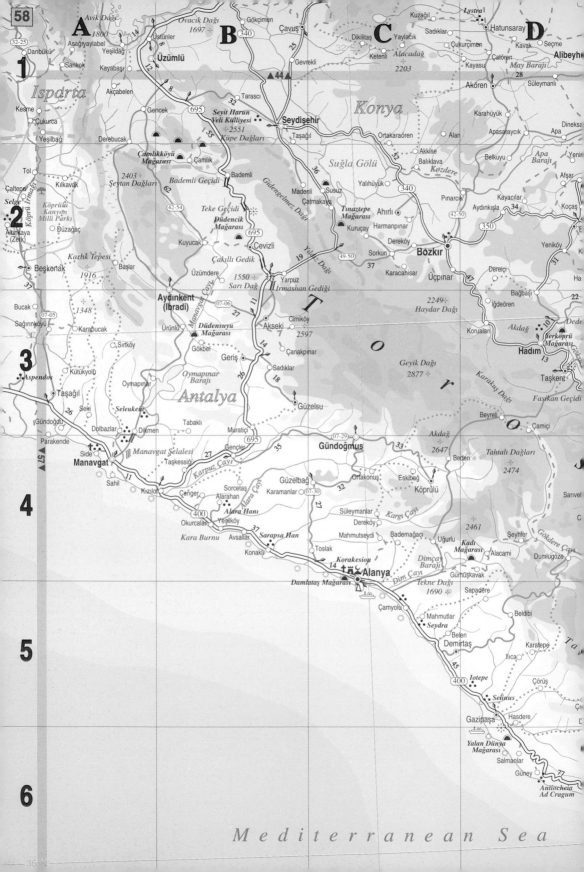

Grid reference: 59 (top right), **14** / **17** coordinate markers

Major place names visible:

- Ereğli
- Rüstem Paşa Kervansarayı
- Çimencik
- Yellice
- Çumra
- Üçüyükler
- Uzumkuyu
- Osmancık Dağı
- Atış Poligonu
- Kuruma Kanalı
- Akgöl
- Tatlıkuyu
- Aşıklar
- Böğecik
- Acıgöl Barajı
- Süleymanhacı
- Binbirkilise
- Karacaören
- Madenşehri
- Çiğil
- Akçaşehir
- Sidamara
- Ambar
- Ağızboğaz
- Karadağ 2288
- Dinek
- Ekinözü
- Karaağaç
- Hüyükburun
- Ayrancı
- Ayrancı Barajı
- 2061 Kozlu Dağı
- Kılaman
- Berendi
- Gökhüyük
- Anıkören
- Yörükcamili
- Güneysınır
- Özyurt
- Kâzımkarabekir
- Çiçekli
- Karalgazı
- Yuvatepe
- Can Hasan Höyüğü
- Suduragı
- Alaçatı
- Değirçik
- Yarıkkuyu
- Dokuzyol
- Üçharman
- Musa Dağı 1596
- Yazır
- Melikli
- Çatköy
- Kayaönü
- Özyurt Dağı 2481
- Kabakbaşı Dağı
- Yollarbaşı
- Yazılı
- Çiğdemli
- Karaman
- İbrala Barajı
- Yeşildere
- Taşkale
- Dipsiz Mağarası
- Pınarkaya
- Büyükoraş
- İncesu Çayı
- Gerdekirse Deresi
- Ağaçoba
- Kızılyaka
- Başkışla
- Pınarbaşı
- Çavuşpınarı
- Dereköy
- Başharman
- Gödet Barajı
- Paşabağı
- Aydan Dağı 2035
- 2474
- Yüğlük Dağı
- Damlapınar
- Göçer Y.
- Göçer
- Boyalı
- Seyithasan
- Akpınar
- Yabangüllü
- Güldere
- Çamurluk
- Ortatoroslar
- Çatak
- Avgan Geçidi
- Ağaçyurdu
- Tilkilik Tepesi 1872
- Göktepe Dağı 2053
- Ağaççı
- Bucakkışla
- Yukarıkızılca
- Çukurköy
- Kurucabel
- Sertavul Geçidi
- Demirkapı
- Elmapınar
- Ballı
- Limonlu Çayı
- Güzeloluk
- İhsaniye
- 2166
- Kalaba
- Bayırköy
- Sertavul
- Adana Dağı 1889
- Dağpazarı
- 1890 Kayrakktr Dağı
- Sarıaydın
- Yağda
- Yellibeli Geçidi
- 2440 Oyuklu Dağı
- Kızıl Dağı 2260
- Çampınar
- Alahan
- Büyük Eğri Dağı 2025
- Kavakköy
- Kırobası
- Kızılgeçit
- Bağdelen
- Malhoca
- Kıravga
- Gökçay
- Pirinç Suyu
- 86
- Çömelek
- Çatak
- Pusatlı Dağı 1667
- 69
- Katranlı
- Anıtkabir
- Mahras Dağı 1390
- Derinçay
- H. Ahmetli
- Dereköy
- Uzuncaburç
- Veyselli
- Balkuşan
- Karamanoğlu Türbesi
- İlıca
- Alaçam
- Karatahta
- Mut
- Bağcağız
- İçel
- Pusatlı Dağı
- Tekiralanı
- D
- Güneyyurt
- Ulu Cami
- Ermenek
- Yalnızçabağ
- Sarıkavak
- Olbia (Diocaesarea)
- Gambazlı
- Tepebaşı
- Maraspoli Mağarası
- Çamlıca
- Taşeli
- Yenisu
- Gündüzler
- Yenibahçe
- 23
- Pınarönü
- Üçbölük
- Evsin
- Kavaklı
- Köselerli
- Çortak
- Şeyranlık
- Daran
- Ardıçkaya
- Bucak
- Kırkkavak
- Gezender Barajı
- Yeşilköy
- Hacısait
- Platosu
- Çifte Mezar
- Demircili
- 400
- Kazancı
- Olukpınar
- Küçeçobanlı
- Kuşkan
- Aşağıköseleri
- Şarlak
- Kargıcak
- Keben
- Olukbaşı
- Seleucia
- Kızıl Dağı 2257
- Elmakuz Dağı 1568
- Akova
- Hortu
- Çataloluk
- Kurbağa
- Sütlüce
- Göksu Nehri
- Ekşiler
- Silifke
- Kurtuluş
- Halkalıyayla
- Pelitpınarı
- Gümüşlü
- Çukurasma
- Kayrak
- Gökbelen
- İmamuşağı
- Taşucu
- Akgöl
- Milli Parkı
- Sugözü
- Kızılca
- Bereket
- Gülnar
- Derince
- Dedeler
- Tokmar Kalesi
- Ayatekla
- Naldüken Dağı 1503
- Karaharnup
- Duruhan
- Meydancık Kalesi
- Bozağaç
- Yalan Dünya Mağarası
- Beydili
- Koçaslı
- Liman Kalesi
- Boğsak
- Akdere
- İncekum Burnu
- Karadiken Dağı 1250
- Akine
- Eskibey
- Karseki
- Yeniyürek
- Şehler Dağı 782
- Ovacık
- Dana Adası
- Kükür
- Tul Dağı
- Buğu Mağarası
- Çubukkoyağı
- Softa Kalesi
- Derebaşı
- Kelenderis
- Sancak Burnu
- Suluslama Burnu
- Ovacık Adası
- Gime
- Anamur
- İskele
- Magidus
- Bozyazı
- Kızıl Burnu
- Mamure Kalesi
- Anemurium
- Kızıl Dağı
- Kara isalı
- Aydıncık
- Akyaka
- Gözsüzce

(Ak Deniz)

Grid labels: E, F, G, H (columns); 1, 2, 3, 4, 5, 6 (rows)

Road numbers visible: 715, 350, 340, 400, 715, 42-31, 42-32, 42-33, 42-34, 42-35, 33-57, 33-58, 33-59, 33-60, 33-61, 33-62, 35-56

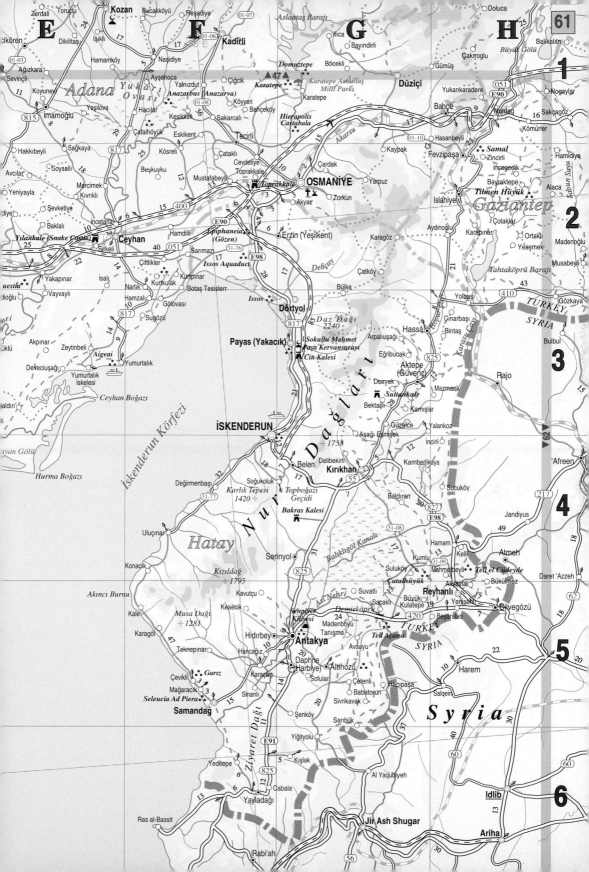

Grid references (top): E, F, G, H, 61

Right margin grid numbers: 1, 2, 3, 4, 5, 6

Zerdali · Toruçlu · **Kozan** · Bucakköyü · Reşadiye · Doluca

Dikilitaş · Işıklı · 01-06 · 01-07

çikören · 24 · 17 · **Kadirli** · Ilıca · Bayındırlı · Balıkalan · Büyük Gölü · 25

Ağızkara · Hamamköy · Naşidiye · 36 E · Domuztepe · Böcekli · Gümüş · Çakıroğlu

01-03 · Ayşehoca · Yalnızdut · Çiğcik · **47** · Karatepe Aslantaş Milli Parkı · **Düziçi** · Yukarıkaradere · Nogaylar · 051 · E90

Sevinçli · Koyuney · 11 · Yeşilova · Anazarbus (Anazarva) · Köyyeri · Karatepe · Karatepe · Bahçe · Nurdağ · 16 · Sakçagöz

815 · İmamoğlu · Hacılar · Bahçeköy · Hierapolis Castabala · Hasanbeyli · 9 · Kömürler

Hakkıbeyli · Sağkaya · Kesikkeli · 36 · Sakarcalı · 01-10 · Samal · Hamidiye

817 · 25 · Çatalhöyük · Eskikent · Tecirli · Akarsu · Kaypak · Fevzipaşa · Zincirli · İncegedik

Avcılar · Soysallı · 18 · Kösreli · Çataklı · 15 · Çardak · Bayraktepe · Alaca

Yeniyayla · Mercimek · Kıvrıklı · Cevdetiye · Toprakkale · **OSMANIYE** · Yarpuz · İslahiye · **Tıtmen Hüyük** · Musabeyli

diye · Şevketiye · 13 · Mustafabeyli · **Toprakkale** · Akyar · Zorkun · Aydınoğlu · Karapınar · Ortaklı · Madenoğlu

Baklalı · incetarla · 315 · 400 · E90 · Çolaklar · Yeşemek

Yılankale (Snake Castle) · Hamdilli · Epiphaneia (Gözen) · Erzin (Yeşilkent) · Karagöz · **Gaziantep**

25 · **Ceyhan** · 051 · Sarımazı · 31-76 · E98 · Tahtaköprü Barajı

uestia · Sirkeli · Çiftlikler · Issos Aquaduct · Çatköy · 43 · 410 · Gözkaya

dioğlu · Yakapınar · isalı · Narlık · Kurtpınar · Botaş Tesislerr · Bülke · Yolbaşı · TURKEY / SYRIA

Vayvaylı · 817 · Hamzalı · Gölovası · Issos · **Dörtyol** · Daz Dağı 2240 · Çınarbaşı · Bintaş · Bulbul

Akpınar · Zeytinbeli · Suğözü · 817 · Hassa · Eğribucak · 825

iklü · 14 · Aigeai · Yumurtalık · Payas (Yakacık) · Sokullu Mehmet Paşa Kervansarayı · Arpalıuşağı · Aktepe (Güvenç) · Rajo · 15

Deveciuşağı · Yumurtalık iskelesi · Cin Kalesi · Demirtaş · Mazmanlı

Ceyhan Boğazı · **Sultankale** · Kamışlar

aldın' · Bektaşlı · Güzelce · Yalankoz · 62

ıyan Gölü · **İSKENDERUN** · 1758 · Aşağı Eşmişek · incirli · 'Afreen

Hurma Boğazı · İskenderun Körfezi · Nur Dağları · Kamberlikaya · 217

Değirmenbaşı · Soğukoluk · Belen · Delibekirli · Sucuköy · Jandiyus

32 · Karlık Tepesi 1420 · Topboğazı Geçidi · **Kırıkhan** · 55 · Baldıran · 827 · E98 · 49

Uluçınar · 31-77 · Bakras Kalesi · 31-08 · Hamam · Kelli · Atmeh · Daret 'Azzeh

Hatay · Kızıldağ 1795 · Balıklıgöl Kanalı · Kumlu · 31-09 · Mahmatbeyli · Tell el Cüdeyde · Bükülmez

Akıncı Burnu · Konacık · Kavutçu · Serinyol · 825 · Suluköy · Çatalhüyük · Akbayıla · 62

Kale · Musa Dağı 1281 · Keşecik · Asi Nehri · Suvatlı · Büyük Kulatepe · **Reyhanlı** · Yenişehir · Ülvegözü

Karagöl · 47 · Şenpiyer Kilisesi · Demirköprü · Saçaklı · 420 · 19 · Beşarslan

Çevikli · Gariz · Hıdırbey · Madenboyu · Tanışma · Tell Açana · TURKEY / SYRIA

Mağaracık · Hancağız · Karaçay · **Antakya** · Avşuyu · 10 · Harem · 22

Seleucia Ad Piera · Teknepınar · Daphne (Harbiye) · Altınözü · Çetenli · Hacıpaşa · Salqeir · 20

Samandağ · Sinanlı · Sofular · Babatorun · **Syria**

E91 · Şenköy · Sivrikavak · Sarıbük · 60

Yeditepe · Kışlak · Yiğityolu · 37 · 40 · 60

825 · Cabala · Al Yaqubiyeh · **Idlib**

13 · Yayladağı · **Jir Ash Shugar** · **6**

Ras al-Bassit · 56 · **Ariha**

Rabi'ah · 30

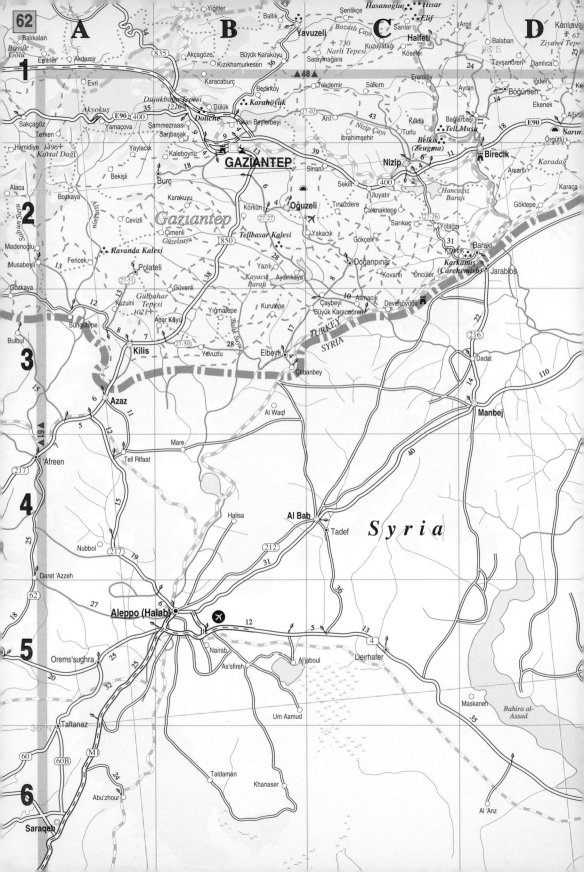

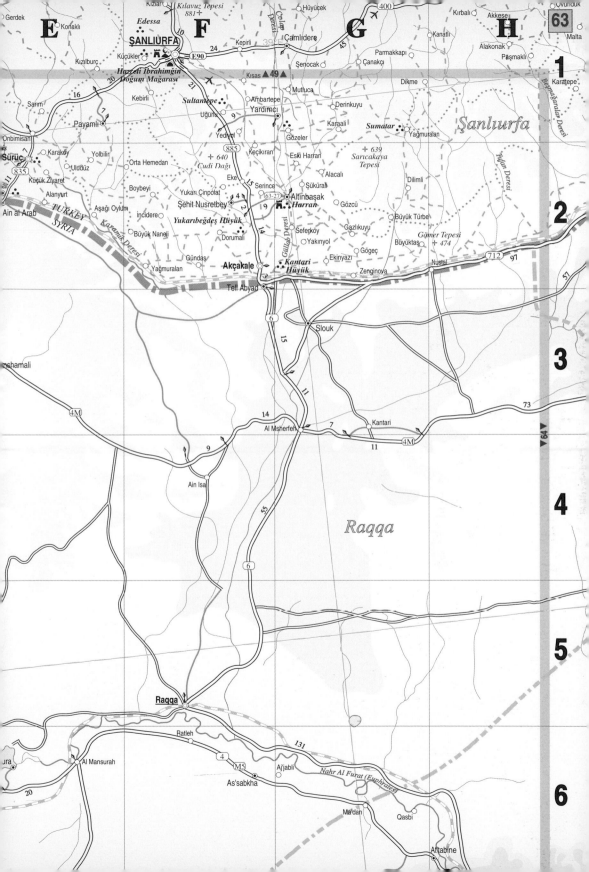

E   **F**   **G**   **H**

Gerdek   Konaklı   Kızlar   *Kılavuz Tepesi*   Hüyücek   400   Kırbalı   Akkese   Ovunduk

881+   Malta   Karatepe

Edessa   **ŞANLIURFA**   10   Çamlıdere   Kanatlı   Alakonak   Paşmaklı

1

Kızılburç   Küçükler   E90   24   Kepirli   39   Şenocak   Parmakkapı   Çanakçı   45

Hazreti İbrahimğın Doğum Mağarası   21   Kısas   49   Mutluca   Dikme

Sarım   16   20   Kebirli   *Sultantepe*   Ambartepe   Derinkuyu   *Şanlıurfa*

Payamlı   7   Uğurlu   9   *Yardımcı*   Karaali   *Sumatar*   Yağmuralan

Onbinisanı   Karaköy   Yolbilir   Yediyol   Gözeler   639

Sürüç   Uludüz   Orta Hemedan   885   Keçikıran   Eski Harran   *Sarıcakaya Tepesi*   Dilimli

835   Küçük Ziyaret   640   *Cudi Dağı*   Eke   15   Serince   Şükürali   Alacalı

Alanyurt   Boybeyi   Yukarı Çinpolat   4   63-27   Altınbaşak   Gözcü

Ain al Arab   **Şehit Nusretbey**   2   9   **Harran**   Büyük Türbe

2

TURKEY   incidere   Aşağı Oylum   *Yukarıbeğdeş Hüyük*   14   Seferköy   Gazlıkuyu   Büyüktaş   *Gömer Tepesi*   474

SYRIA   Büyük Naneli   Dorumalı   Yakınyol   Göğeç   Nustal   712   97

Gündaş   **Akçakale**   *Kantari Hüyük*   Ekinyazı   Zenginova   57

Yağmuralan   3   Tell Abyad   *Gülüp Deresi*

nshamali   6   Slouk

3

15   73

4M   11   14   Kantari   64

Al Msherfeh   7   4M

9   11

Ain Isa   55

4

Raqqa

6

5

Raqqa

Ratleh   131

6

Al Mansurah   4   M5   Aj'jabli   *Nahr Al Furat (Euphrates)*

ura   20   As'sabkha   Ma'dan   Qasbi

Aftabine

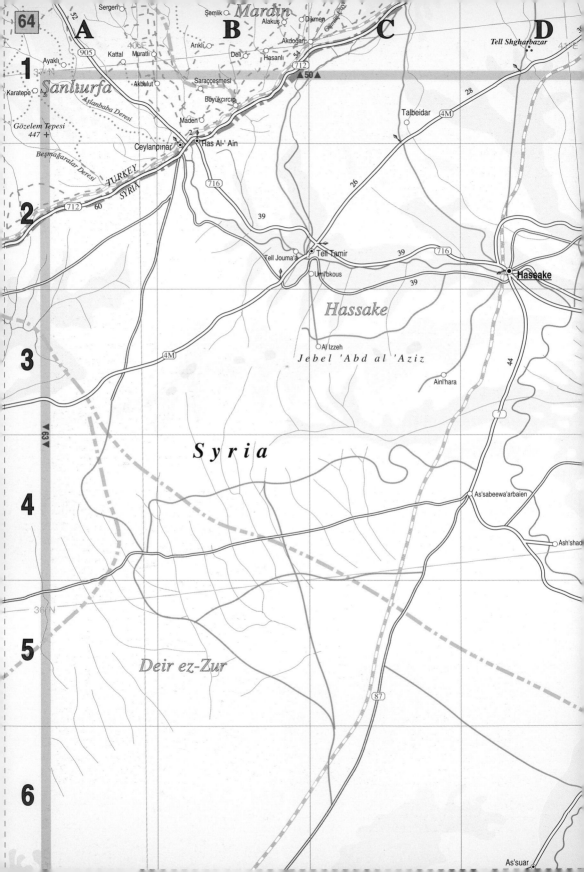

EDDIE GERALD

EDDIE GERALD

EDDIE GERALD

Top left: Cold juice pedlar at Süleymaniye Camii, İstanbul
Top right: A salesman sweeps the streets looking for customers, Galata Bridge, İstanbul
Bottom: Cleansing, within the Fatih Camii, İstanbul

Getting Around Turkey

Bus

Though Turkey has a booming automobile industry, most Turks travel by bus. Big, comfortable, modern buses operated by a bewildering array of private companies cruise among cities large and small, day and night, at low to moderate prices.

All seats are reserved, so your ticket entitles you to a particular seat. Choose the shady side of the bus on north-south routes, and the scenic side on mountain roads. Seats in the middle of the bus may offer a slightly more comfortable ride.

The top national companies are Kamil Koç, Metro, Ulusoy and Varan. Many regional companies provide excellent service as well. As Turkey has a high traffic accident rate, it makes sense to consider travelling on a well-regarded line. Virtually every bus company serves Ankara and İstanbul.

Most buses have air-conditioning and music systems; some have video and TV as well. Every bus has a *yardımcı* (assistant) to welcome you aboard, splash refreshing lemon cologne in your hands, and serve you spring water and perhaps snacks. Buses stop every two hours or so for tea, meals and toilet.

Cigarette smoking is allowed on most buses and can sometimes be annoying. Ask for a *sigarasız* (no-smoking) bus if you prefer, and you may just be lucky.

On less travelled routes, bus traffic may start early in the morning, but the last bus may complete its run by late afternoon, so travel early in the day where possible.

Minibuses connect villages and smaller towns with larger towns, often departing the village in the morning and returning to it in the evening.

Every city and town has an *otagar* (bus terminal) which may be anything from a parking lot surrounded by ticket offices to a lavish modern affair complete with restaurant, pastry shop, mosque, Turkish bath, nursery and post office. İstanbul's mammoth International Otogar boasts all these, plus a metro station and 168 departure gates.

Train

Turkish State Railways (TCDD) runs a useful network of trains among the major cities. The best trains are on the busy İstanbul to Ankara route, which boasts several crack luxury *ekspres* trains as well as nightly *yataklı vagon* (sleeping-car) trains.

The fastest trains make the İstanbul to Ankara journey in about the same time as the bus, most take a bit longer, but provide the luxury of more space, strolling room, non-smoking cars and, on some trains, meal service.

The Marmara Ekspresi boat-train between İstanbul and İzmir is cheap and scenic. It involves a car-ferry cruise from İstanbul across the Sea of Marmara to Bandırma, then a train ride south to İzmir.

Trains east of Ankara tend to be less comfortable and punctual than trains in western Turkey.

Avoid any train called *yolcu* or *posta* as it will travel at the speed of a bicycle and stop in every town.

TOM BROSNAHAN

Rumeli Hisar and the Fatih Bridge across the Bosphorus, İstanbul

Road

Most roads in Turkey are two-lane, which means that you may spend time following trucks and overtaking them. Multiple-lane divided highways run from Edirne to İstanbul, Ankara and Kırıkkale, and through the Cilician Gates to Adana and Osmaniye.

In theory, Turks drive on the right and yield to traffic approaching them from the right. In practice, Turks drive in the middle and yield to no-one. You must accustom yourself to drivers overtaking you on blind curves. If a car approaches from the opposite direction, all three drivers stand on their brakes and trust to Allah. Turkey has a high accident rate, so it's important to wear seat belts at all times (it's the law), and to drive very defensively. Avoid driving at night if you can.

Potholes are a problem on the roads in the north-east.

In cities, chaotic traffic and parking conditions make it advisable to park your car and take public transport.

Bicycle

Though major roads can be heavily trafficked, many beautiful secondary roads are suitable for biking. The scenery can be breathtaking, the local people friendly, helpful and curious. Bring lots of spares, as only the major cities have serious bike shops.

Bicycles can often be shipped as baggage on buses and trains, though arrangements will be *ad hoc*.

Boat

Turkish Maritime Lines has traditionally operated comfortable car ferries on routes from İstanbul south along the Aegean coast to İzmir, and east along the Black Sea coast to Trabzon and Rize. Rates and routes may change in the future, as this quasi-governmental company is marked for privatisation.

TOM BROSNAHAN

CHRIS BARTON

Top: Detail of the Green Tomb, Bursa
Bottom: The exquisitely designed coloured tiles in Topkapı Palace are representative of an ancient art form

Comment Circuler en Turquie

Bus

Si la Turquie bénéficie d'une industrie automobile florissante, la plupart des Turcs n'en circulent pas moins en bus. Un nombre considérable de compagnies assure la desserte des villes, grandes et petites, de jour comme de nuit, dans de vastes véhicules confortables et modernes, moyennant des tarifs modérés.

Comme tous les sièges sont réservés, votre ticket correspond donc à une place numérotée. Préférez la partie ombragée du bus pour les itinéraires nord-sud, le côté panoramique sur les routes de montagne. Les sièges placés au centre vous assurent peut-être davantage de confort.

EDDIE GERALD

Statue of Hizirbey Celebi, İstanbul

Les plus grandes compagnies sont Kamil Koç, Metro, Ulusoy et Varan. Bon nombre de transporteurs régionaux offrent un service tout aussi excellent. Compte tenu du taux d'accidents élevé, il serait prudent d'utiliser une ligne jouissant d'une bonne réputation. En principe, la plupart des compagnies desservent Ankara et İstanbul.

Les bus sont quasiment tous climatisés et l'on y diffuse de la musique; certains disposent même de vidéo et de TV. A l'intérieur, vous serez accueilli par un *yardımcı* (accompagnateur) qui passera dans les rangées avec une bouteille d'eau de Cologne citronnée pour vous rafraîchir, de même qu'il vous servira de l'eau minérale et parfois des en-cas. Les arrêts interviennent toutes les deux heures environ, pour boire un thé ou se restaurer.

La majeure partie des bus sont fumeurs, mais si le tabac vous dérange, essayez de réserver une place dans un *sigarasız* (non-fumeur).

Sur les itinéraires moins fréquentés, les bus risquent de partir tôt le matin et le dernier achèvera sans doute son circuit en fin d'après-midi. Aussi, choisissez les horaires matinaux, dans la mesure du possible.

Les minibus relient les villages et les petites villes aux métropoles ; ils quittent souvent une bourgade le matin pour y rentrer le soir.

Chaque ville, grande ou moyenne, abrite un *otogar* (gare routière) qui va du simple parking, doté de guichets, au complexe ultramoderne englobant restaurant, pâtisserie, mosquée, bains turcs, garderie et bureau de poste. Le gigantesque otogar d'İstanbul rassemble toutes ces prestations avec, en outre, une station de métro et 168 points de départ.

Train

La compagnie des chemins de fer turcs (TCDD) relie les principales grandes villes. Les meilleurs trains circulent sur le trajet İstanbul-Ankara, parmi lesquels plusieurs *ekspres* de luxe ou des *yataklı* (wagons-lits).

Les plus rapides couvrent la distance İstanbul-Ankara pratiquement aussi vite que les bus. Si la plupart se révèlent en général plus lents, vous bénéficierez de davantage d'espace et de confort, de compartiments non-fumeurs et, parfois même, d'un service de repas.

Le train-ferry Marmara Ekspresi entre İstanbul et İzmir s'avère à la fois bon marché et panoramique. Il comprend une traversée en car-ferry d'İstanbul jusqu'à Bandırma en empruntant la mer de Marmara, puis un transfert en train pour rejoindre İzmir.

Les trains desservant l'est d'Ankara sont souvent moins confortables et moins ponctuels que ceux qui circulent en Turquie occidentale.

Évitez les *yolcu* ou les *posta*, qui avancent à la vitesse d'une bicyclette et s'arrêtent dans la moindre petite gare.

Route

La plupart des routes de Turquie comprennent deux voies et vous risquez de passez votre temps à suivre des camions, entre deux dépassements. Les routes à quatre voies relient Edirne à İstanbul, Ankara à Kırıkkale et traversent la Cilicie pour rejoindre Adana et Osmaniye.

En théorie, les Turcs roulent à droite et cèdent la priorité aux véhicules venant de la droite. En pratique, ils roulent au milieu de la route et ne cèdent la priorité à personne. Attendez-vous donc à ce qu'on vous double dans un virage sans

visibilité. Si un véhicule vient alors en sens inverse, les trois automobilistes écrasent la pédale de frein et s'en remettent à Allah. La Turquie accusant un taux élevé d'accidents de la route, n'oubliez pas de boucler votre ceinture de sécurité (c'est la loi) et conduisez avec une prudence extrême. Évitez si possible de rouler la nuit.

Sur les routes du nord-est, les nids de poule constituent un véritable danger.

Dans les grandes villes, compte tenu de la circulation désordonnée et des conditions de stationnement, nous ne saurions trop vous conseiller de vous garer au parking et d'utiliser les transports publics.

Bicyclette

Si les routes principales sont souvent encombrées, de jolies routes secondaires se prêtent volontiers au vélo. Vous y découvrirez un panorama à vous couper le souffle, des gens sympathiques, serviables et curieux de tout. Prévoyez des pièces de rechange car seules les grandes villes disposent de magasins de cycles.

Il est souvent possible de voyager avec son vélo en bus et en train; renseignez-vous directement auprès des compagnies.

Bateau

Les Turkish Maritime Lines assurent depuis toujours des liaisons en car-ferries confortables entre İstanbul au sud et İzmir, le long de la mer Égée, ainsi que le long de la mer Noire à l'est pour rejoindre Trabzon (Trébizonde) et Rize. Comme il est prévu de privatiser cette compagnie d'État, tarifs et itinéraires risquent fort de changer.

EDDIE GERALD

Ortaköy Camii, beneath the Bosphorus Bridge, İstanbul, is a spectacular sight

Reisen in der Türkei

Bus

Die türkische Autoindustrie erlebt zwar eine Blütezeit, doch reisen die meisten Türken lieber mit dem Bus. Von einer verwirrend großen Auswahl privater Unternehmen unterhaltene moderne und bequeme Großbusse verbinden große und kleine Städte rund um die Uhr zu niedrigen bis gemäßigten Preisen.

Alle Sitze sind platzkartengebunden: Ihre Fahrkarte berechtigt Sie also zu einem bestimmten Platz. Auf den Nord-Süd-Routen wählen Sie am besten die sonnenabgewandte und auf Bergstraßen die aussichtgestattende Busseite. In der Busmitte kann das Reisen etwas komfortabler sein.

Die nationalen Hauptunternehmen sind Kamil Koç, Metro, Ulusoy und Varan, doch bieten auch viele regionale Unternehmen einen ausgezeichneten Service. Ankara und İstanbul werden von praktisch jedem Busunternehmen angefahren. Aufgrund der hohen Verkehrsunfallquote in der Türkei reist man am besten mit einer gutangesehenen Linie.

Die meisten Busse verfügen über Klimaanlage und Musiksysteme, manche sogar über Video- und Fernsehgeräte. In jedem jedoch heißt ein *yardımcı* (Begleiter) die Fahrgäste an Bord willkommt, sprenkelt ihnen kühlendes Eau de Cologne parfümiert mit Zitronen auf die Hand, bedient sie mit Quellwasser und manchmal sogar Imbissen. Etwa alle zwei Stunden wird eine Erfrischungspause eingelegt.

In den meisten Bussen ist das Rauchen gestattet. Ziehen Sie eine rauchfreie Reise vor, fragen Sie nach einem *sigarasız* (einem Bus, in dem das Rauchen nicht erlaubt ist) – viel Glück.

Auf weniger befahrenen Routen kann der Busverkehr früh am Morgen anrollen und der letzte Bus vielleicht am späten Nachmittag seine Runde beenden, so daß soweit möglich das Reisen früh am Tage ratsam ist.

Minibusse verbinden Dörfer und kleinere Städte mit größeren Gemeinden und verlassen ein Dorf oft am Morgen, um abends dorthin zurückzukehren.

Jede Stadt und Gemeinde hat einen *otagar* (Busbahnhof), der alles von einem einfachen, von Fahrkartenschaltern umrandeten Parkplatz bis zu einem aufwendigen, modernen Komplex mit Restaurant, Bäckerei, Moschee, Türkischem Bad, Kindertagesstätte und Post sein kann. İstanbuls riesiger Internationaler Busbahnhof kann sich all dieser Dinge rühmen und verfügt obendrein über eine Metrostation und 168 Fahrsteige.

Zug

Das Zugnetz der türkischen Staatsbahn TCDD verbindet die Großstädte miteinander. Auf der recht befahrenen Strecke zwischen İstanbul und Ankara verkehren dabei die besten Zuge, darunter einige erstklassige Expreß-Luxuszüge (*ekspres*) wie auch Nachtzüge mit Schlafwaggons (*yataklı vagon*).

Die schnellsten Züge bringen Sie etwa genauso schnell von İstanbul nach Ankara wie ein Bus; die meisten brauchen jedoch etwas länger, bieten dafür allerdings mehr Platz, die Möglichkeit des Aufstehens, Nichtraucherwaggons und in manchen Fällen auch einen Speisewaggon.

TOM BROSNAHAN

Fishmonger at Galata Bridge, İstanbul

CHRIS BARTON

Tourists enjoying the views from the travertine pools, Pamukkale

Die Marmara Ekspresi-Zug/ Fährenverbindung zwischen İstanbul und İzmir ist preis- günstig und landschaftlich schön. Von İstanbul aus fährt man mit der Autofähre über das Marmarameer nach Ban- dırma und setzt von dort aus die Reise nach Süden mit dem Zug nach İzmir fort.

Von Ankara aus nach Osten gehende Züge sind normal- erweise weniger bequem und pünktlich als Züge in der westlichen Türkei. *Yolcu* oder *Posta* genannte Züge sind am besten zu meiden, da sie kaum schneller als ein Fahrrad sind und in jeder Gemeinde halten.

Straße

Die meisten türkischen Straßen sind zweispurig, was bedeutet, daß Sie wahrscheinlich meistens hinter Lastwagen herfahren und sie überholen. Mehrspu- rige Schnellstraßen verbinden Edirne mit İstanbul, Ankara und Kırıkkale und führen außer- dem durch die Kilikische Pforte nach Adana und Osmaniye.

Theoretisch fahren die Tür- ken rechts und geben dem von rechts kommenden Verkehr Vorfahrt. In der Praxis jedoch fährt man in der Mitte und ignoriert den Begriff Vorfahrt. Stellen Sie sich am besten darauf ein, in unübersichtlichen Kur- ven überholt zu werden. Sollte ein Auto aus der entgegen- gesetz-ten Richtung kommen, treten alle drei Fahrer eben auf die Bremse und vertrauen auf Allah. Die Unfallrate in der Türkei ist hoch, so daß das allzeitliche Tragen von Sicher- heitsgurten nicht nur gesetzlich vorgeschrieben, sondern auch extrem wichtig ist. Fahren Sie also äußerst defensiv und wenn möglich nicht nachts.

Auf den Straßen im Nord- osten sind Schlaglöcher ein ausgesprochenes Problem.

In den Städten machen es die chaotische Verkehrsbeding- ungen und Parkmöglichkeiten ratsam, das Auto irgendwo abzustellen und auf öffentliche Transportmittel zurückzug- reifen.

Fahrrad

Die Hauptrouten mögen zwar stark befahren sein, doch sind viele Nebenstraßen für Fahr- räder geeignet. Die Landschaft kann atemberaubend schön und das Landvolk freundlich, hilfsbereit und neugierig sein. Packen Sie einen großen Ersatz- teilvorrat ein, da echte Fachge- schäfte nur in den Großstädten anzufinden sind.

Fahrräder können oft als Gepäck in Bussen und Zügen mitgeführt werden; entspre- chende Vereinbarungen sind ad hoc zu treffen.

Boot

Die türkische Schiffahrtsgesell- schaft unterhält traditionell komfortable Autofähren von İstanbul nach Süden an der Ägäis entlang nach İzmir und nach Osten der Schwarz- meerküste folgend nach Trab- zon und Rize. Da dieses quasi- staatliche Unternehmen aller- dings privatisiert werden soll, werden sich Kosten und Routen möglicherweise ändern.

Cómo Movilizarse dentro de Turquía

En Autobús

A pesar de que Turquía tiene una industria automovilística floreciente, la mayoría de los turcos viajan en autobús. Autobuses grandes, modernos y cómodos pertenecientes a una complicada red de compañías privadas viajan entre las grandes y pequeñas ciudades, día y noche, a precios moderados.

Todos los asientos son reservados, su boleto le da derecho a un asiento en particular. En las rutas norte-sur escoja la parte del autobús donde da la sombra, y la parte con mejores vistas en las carreteras de las montañas. En los asientos del medio del autobús puede que el viaje sea un poco más suave.

Las compañías más importantes son Kamil Koç, Metro, Ulusoy y Varan. Además, muchas compañías provinciales también ofrecen servicios excelentes. Debido a que Turquía tiene un índice alto de accidentes de tráfico, es de sentido común tratar de viajar en una línea con buena reputación. Prácticamente todas las líneas sirven Ankara y Estambul.

La mayoría de los autobuses están climatizados y ofrecen música; algunos también tienen videos. Todos los autobuses tienen un *yardımcı* (asistente) que le da la bienvenida a bordo, le rocía las manos con refrescante agua de colonia aromatizada con limón y le sirve agua de manantial y, quizás también, algo de comer. Los autobuses paran aproximadamente cada dos horas y entonces se puede tomar té, comida o ir al servicio.

En la mayoría de los autobuses se permite fumar, lo que a veces puede ser irritante. Si usted lo prefiere, pida un autobús *sigarasız* (prohibido fumar), puede que tenga suerte.

En las rutas menos densas, el tráfico puede empezar temprano por la mañana, pero el último autobús quizás termine su ruta antes de caer la noche, así pues, siempre que sea posible, viaje temprano.

Los minibuses conectan las villas y los pueblos pequeños con las poblaciones mayores, en muchos lugares salen temprano por la mañana y regresan a primeras horas de la noche.

Todas las ciudades y pueblos tienen un *otagar* (terminal de autobuses) que puede variar desde un aparcadero rodeado de oficinas de venta de boletos a un moderno y rico complejo con restaurante, pastelería, mezquita, baños turcos, guardería infantil y estafeta de correos. En la gigantesca Otogar Internacional de Estambul encontrará todo esto y, además, una estación de metro y 168 puestos de salida de autobuses.

En Tren

Los Ferrocarriles Estatales de Turquía (TCDD) operan una útil red ferroviaria entre las ciudades más importantes. Los mejores trenes se encuentran en la activa ruta de Estambul a Ankara, en la que viajan varios trenes de lujo *ekspres* y por la noche los trenes *yataklı vagon* (coches cama).

Los trenes más rápidos tardan aproximadamente lo mismo que los autobuses en

Ice-cream vendor in Çanakkale

TOM BROSNAHAN

recorrer la distancia entre Estambul y Ankara; la mayoría tardan un poco más, pero ofrecen el lujo de más espacio, se pueden estirar las piernas, hay coches para los no fumadores y, en algunos trenes, servicio de comidas.

El tren-bote Marmara Ekspresi entre Estambul e İzmir es barato y el viaje es pinto-resco. Comprende un crucero por el mar de Marmara en un transbordador de coches que parte de Estambul y termina en Bandırma, después se sigue en tren en dirección sur hasta İzmir.

Los trenes al este de Ankara tienden a ser menos confortables y menos puntuales que los trenes del oeste de Turquía.

Evite cualquier tren clasificado como *yolcu* o *posta* puesto que viajará a la velocidad de una bicicleta y se parará en todas las estaciones.

Por Carretera

La mayoría de las carreteras de Turquía son de dos carriles, lo que significa que usted tendrá que pasar el tiempo detrás de camiones y que tendrá que ir adelantando. Las carreteras divididas en carriles múltiples van de Edirne a Estambul, Ankara y Kırıkkale, y a través de las Puertas Cilicianas a Adana y Osmaniye.

En teoría, los turcos deben manejar por la derecha y ceder el paso a los vehículos que vienen por la derecha. En práctica, los turcos viajan por el centro de la calzada y no ceden el paso a nadie. Usted debe acostumbrarse a los conductores que se le adelantarán en las curvas más cerradas. Si entonces se acerca un vehículo en dirección contraria, los tres conductores aprietan los frenos todo lo que pueden y se encomiendan a la misericordia de Alá. Turquía tiene un alto índice de accidentes de carretera, por lo tanto es muy importante llevar ajustados los cinturones de seguridad en todo momento

(es la ley), y estar a la defensiva mientras se maneja. Evite conducir por la noche si puede.

Los baches son un problema serio en las rutas del noreste.

En las ciudades, debido al tráfico caótico y a las dificultades de aparcamiento, es aconsejable dejar el coche estacionado y tomar transporte público.

En Bicicleta

A pesar de que las carreteras más importantes están aglomeradas por el tráfico, existen muchas bonitas carreteras secundarias adecuadas para viajar en bicicleta. El paisaje puede ser asombroso, los habitantes amistosos, curiosos y con ganas de ayudar. Lleve consigo muchas piezas de recambio puesto que sólo las ciudades importantes tienen buenos talleres de bicicletas.

En muchos buses y trenes las bicicletas pueden transportarse como equipaje, pero los arreglos se hacen de manera informal.

En Bote

Las Líneas Marítimas Turcas tradicionalmente han operado confortables transbordadores de coches en las rutas desde Estambul, siguiendo las costas del mar Egeo, a İzmir, y por el este por las costas del Mar Negro a Trabzon y Rize. Debido a que esta línea cuasigubernamental está destinada a la privatización, los precios y las rutas puede que cambien.

TOM BROSNAHAN

Samovar craftsman in Erzurum

トルコの旅

バス

トルコは自動車産業がブームだが、国内の移動にはバスが使われることがほとんどだ。国内には数多くの私営バス会社が大型で乗り心地のよい新しいバスを運営し、日夜を問わず大小の都市を比較的低料金で結んでいる。

バスは全席指定なのでチケットに表記してある座席に座る。南北に移動する時は日陰になる側を、山岳地帯は眺めのいい側を選ぶようにしよう。車内中程の座席は多少座り心地がいいようだ。

トルコ国内のトップのバス会社にはキャミル・コーチ (Kamil Koç)、メトロ (Metro)、ウルソイ (Ulusoy)、ヴェラン (Varan) などがある。地方にもサービスがたいへんよい会社が多くある。トルコは交通事故がとても多いので、信頼できるルートをとることをすすめる。アンカラ (Ankara) とイスタンブール (İstanbul) をつなぐ路線はほとんどすべてのバス会社が運行している。

ほとんどのバスにエアコンと音楽の設備があり、ビデオとテレビが備え付けられているものもある。すべてのバスには車掌（ヤールディムチ：*yardımcı*）がいて、乗客を出迎えたり、レモンの香りのコロンを手につけてくれたり、飲み物や、ときにはスナックをくれたりする。バスはお茶、食事、トイレ休憩のために約2時間ごとに停車する。

車内の喫煙は許可されている。たばこを吸わない人は不快感を感じることがあるかもしれない。禁煙バス（シガラシズ：*sigarasız*）を頼むと場合によっては乗車できることもある。

CHRIS BARTON

Carpet weaver, Göreme, Cappadocia

利用客が少ない路線のバスは早朝出発することが多いが、最終便は夕方頃まである。移動する際はできるだけ早く出発したほうがいい。

ミニバスは村や町と大きい都市とを結ぶが、朝方に村を出発し夕方に戻ることが多い。

町や都市のほとんどにバスターミナル（オトガル：*otagar*）があり、駐車場に切符売りが取り巻くような原始的なものから、レストラン、スナック類の店、モスク、トルコ式の風呂、託児所、郵便局などがそろっている贅沢な近代的ビルまでさまざまなものがある。イスタンブールが誇る巨大なインターナショナル・オトガルはこれ以外にメトロ・ステーション、168番までの出発ゲートもある。

電車

トルコ国営鉄道（Turkish State Railways: TCDD）は主要都市同士を連絡する交通網を運営していて便利だ。利用者の多いイスタンブールとアンカラ間のルートには、豪華なエクスプレス (*ekspres*) や夜行電車のヤタクリ・ヴァゴン（寝台車：*yataklı vagon*）などのようなトルコで最高の列車も走っている。

最も速い便はイスタンブールとアンカラ間をバスと同じくらいの時間でつなぐ。それ以外の電車はやや時間がかかるが、車内がバスより広いので歩きまわれ、禁煙車があり、いくつかには食事のサービスもある。

イスタンブールとイズミール (İzmir) をつなぐマルマラ・エクスプレシ臨港列車 (Marmara Ekspresi) は料金が安く車内からの眺めがよい。イスタンブールとバンディルマ (Bandırma) のあいだに横たわるマルマラ海 (Sea of Marmara) はフェリーで渡り、その

後バンディルマまで列車で南下する。

アンカラ以東の電車はトルコ西部のものより少々乗り心地が悪く、時間にあまり正確ではない。

ヨルチュ (yolcu) またはポスタ (posta) と呼ばれる電車は自転車ほどしかスピードが出ず、停車回数が多いので避けたほうがいい。

道路

トルコの道路のほとんどは二車線で、トラックのうしろを長時間運転したり、危険な追い越しをすることになる。エルディネ (Edirne) からイスタンブール、アンカラからクルッカレ (Kırıkkale)、シリシアン・ゲート (Cilician Gates) を通ってアダナ (Adana)、オスマニイェ (Osmaniye) までの国道は中央分離帯があり車線が複数ある。

トルコは右側通行が原則で、対向車が来たら右に寄って譲ることになっているが、実際はトルコ人は道の中央を走り、だれにも道を譲らない。見通しの悪いカーブで追い越されることが多いので用心すること。追い越された瞬間に対向車が向かってきたら、車三台とも同時に急ブレーキをかけアラーの思し召しに身を任せることになる。トルコは交通事故の発生率が高いので常にシートベルトをしめ（規則で定められている）、何かあったらすぐに対応できるような護身の運転を心掛けること。夜間の運転は極力避けるべきだ。

北東部の道路はくぼみが多くたいへん大きな問題になっている。

市内の交通状況はひどく駐車が難しいので公共交通機関を使ったほうがいい。

自転車

主要道路は交通量が多いが、間道の多くは美しくサイクリングにもってこいだ。素晴らしい景色が楽しめ、土地の人は親切で好奇心が高い。自転車専門の店は主要都市にしかないので部品を十分に準備しておくこと。

自転車はバスや電車では荷物として運べるが、手配するのは少々面倒だ。

ボート

ターキッシュ・マリーン・ラインズ社 (Turkish Marine Lines) は、イスタンブールからエーゲ海沿岸を南下しイズミールまで、また、黒海沿岸を東に向かってトラブゾン (Trabzon) とライズ (Rize) までをつなぐ乗り心地のよいカーフェリーを運航していた。これは一部政府の経営だったが、完全に民営化されたので料金とルートが変更される可能性がある。

Detail of a colourful kilim, Kayseri

GLENN BEANLAND

Index

All listed placenames are in Turkey except:

A - Armenia
B - Bulgaria
Ge - Georgia
G - Greece
Irn - Iran
Irq - Iraq
S - Syria

For duplicate names in Turkey, the state boundaries are:

Ada - Adana
Adı - Adıyaman
Afy - Afyon
Ağr - Ağrı
Aks - Aksaray
Ama - Amasya
Ank - Ankara
Ant - Antalya
Ard - Ardahan
Art - Artvin
Ayd - Aydın
Bal - Balıkesir
Bar - Bartın
Bat - Batman
Bay - Bayburt
Bil - Bilecik
Bi - Bingöl
Bit - Bitlis
Bol - Bolu
Bur - Bursa
Burd - Burdur
Çan - Çanakkale
Çank - Çankırı
Çor - Çorum
Den - Denizli
Diy - Diyarbakır
Edi - Edirne
Ela - Elaziğ
Erz - Erzurum
Erzi - Erzincan
Esk - Eskişehir
Gaz - Gaziantep
Gir - Giresun
Güm - Gümüshane
Hak - Hakkari
Hat - Hatay
İçe - İçel
Isp - Isparta
İst - İstanbul
İzm - İzmir
Kah - Kahramanmaraş
Kar - Kars
Kara - Karaman
Kas - Kastomonu
Kay - Kayseri
Kır - Kırıkkale
Kir - Kirklareli
Koc - Kocaeli
Kon - Konya
Küt - Kütahya
Mal - Malatya
Man - Manisa
Mar - Mardin
Muğ - Muğla
Muş - Muş
Nev - Nevşehir
Niğ - Niğde

Ord - Ordu
Riz - Rize
Sak - Sakarya
Sam - Samsun
Şan - Şanlıurfa
Sii - Siirt
Sin - Sinop
Şır - Şırnak
Siv - Sivas
Tek - Tekirdağ
Tok - Tokat
Tra - Trabzon
Tun - Tunceli
Uşa - Uşak
Van - Van
Yoz - Yozgat
Zon - Zonguldak

Aamuda (S) 50 D6
Abalar 12 D3
Abalı 45 G1
Abana 17 G1
Abant Gölü 15 H6
Abant Silsilesi 15 H6
Abaş 28 D5
Abay 17 G3
Abazlı 31 E4
Abbasgöl 24 B5
Abbaslar 48 A6
Abdalcık 36 B1
Abdalkolu 19 G5
Abdioğlu 61 E3
Abditolu 45 E6
Abdurrahim 12 C6
Abdurrahmanler 57 H3
Abdüsselâm Dağı 30 C3
Abide (Çan) 26 C3
Abide (Küt) 42 C1
Abovyan (A) 24 D4
Abuuşağı 46 A1
Abu'zhour (S) 62 A6
Acar Köyü 62 B3
Acem Hüyük 45 H3
Achilleion 26 C3
Acıdere (Den) 42 B5
Acıdere (Den) 42 C5
Acı Deresi 30 C4
Acıdört 45 E5
Acıelmalık 15 F5
Acıgöl (Afy) 43 E5
Acıgöl (Kon) 45 G5
Acıgöl (Nev) 46 A2
Acıgöl Barajı 45 F6
Acıkuyu (Kon) 31 F6
Acıkuyu (Aks) 45 G4
Acıkuyu (Kon) 46 A5
Acıkyol 51 E5
Acıözü 31 H6
Acıpayam 56 C1
Acıpınar (Cor) 18 B5
Acıpınar (Aks) 45 H2
Acırlı (Kay) 32 D6
Acırlı (Mar) 51 E4
Acısu 34 B2
Acıyayla 30 A5
Acıyurt 33 H4
Açma 49 G3
Açmabaşı 15 G5
Acropolis 27 E6
Adaçay 22 C6
Adaçe Dağı 47 E2

Ada Dağı 18 A4
Ada Deresi 37 H6
Adagüme 41 G4
Adakale 45 F6
Adakasım 44 B1
Adaklı (Bin) 36 B4
Adaklı (Hak) 52 D3
Adaköy (Zon) 16 C3
Adaköy (Mug) 55 H4
Adaksu 37 G4
Adamkıran Tepesi 48 B2
Adana 60 D2
Adanalıoğlu 60 C3
Adaören 30 C2
Adapazarı Ovası 15 F5
Adatepe (Sak) 15 F5
Adatepe (Sam) 18 C3
Adatepe (Çan) 26 D2
Ada Tepe (Ank) 30 C3
Adatepe (Siv) 34 D4
Adatepeköyü 26 D2
Adatoprakpınar 30 C6
Aday 17 E2
Ad'dirbasiyeh (S) 50 C6
Adıgüzel Barajı 42 C4
Adilcevaz 37 H4
Adiller 59 E4
Adipte 50 C3
Adıvar 37 F3
Adıyaman 48 D4
Adliye (Sak) 15 F6
Adliye (Bur) 28 C2
Adramyttium Thebe 27 E5
Afandou (G) 55 G6
'Afreen (S) 61 H4
Afşar (Ank) 31 E4
Afşar (Afy) 43 F4
Afşar (Kon) 58 D2
Afşar (Kon) 58 D3
Afşar Barajı 42 A4
Afsargüney 17 F2
Afşin 47 H3
Afyon 43 F2
Ağabeyli 45 E3
Ağaç 29 E5
Ağaca 16 D5
Ağaçbeyli 42 D3
Ağaççı 59 E3
Ağaçeli 36 B5
Ağaçhan 49 G3
Ağaçhisar 28 C4
Ağacık 27 E5
Ağaçlı (İst) 14 B4
Ağaçlı (Tra) 21 F3
Ağaçlı (Diy) 36 D6
Ağaçlı (Aks) 46 A3
Ağaçlı (Diy) 49 F3
Ağaçlı (Hak) 53 E3
Ağaçlıhüyük 55 G2
Ağaçlık 52 A1
Ağaçören 45 H1
Ağaçsever 50 B4
Ağaçyurdu 59 F3
Ağadeve 23 H4
Ağagüneyi Tepesi 35 F1
Ağapınar (Esk) 29 G3
Ağapınar (Kir) 31 F5
Ağartı 36 D4
Ağaşenliği 35 H3
Agathonissi (G) 55 E1

Ağcakeçili 19 F5
Ağcakoca 36 D1
Agh Bolāgh (Irn) 53 E1
Agia Paraskev' (G) 26 C6
Agiasmata (G) 40 B3
Agiassos (G) 26 C6
Ağılbaşı 48 C2
Ağılcık (Ank) 31 E2
Ağılcık (Siv) 34 C4
Ağıllı (Erz) 23 G6
Ağıllı (Nev) 46 A3
Ağıllı (Şan) 49 E6
Ağılönü 18 D5
Ağılözü 51 H2
Ağılyazı 48 B1
Ağılyolu 23 G2
Ağın 35 E5
Agin (A) 24 A3
Ağın Dağı 43 G1
Agios Kirykos (G) 40 B6
Agios Konstandinos (G) 40 D5
Ağırtaş 62 D1
Ag. Isidoros (G) 55 G6
Ağızboğaz 59 H1
Ağızkara 47 E6
Ağızkarahan 45 H3
Ağla 56 B3
Ağlarca 29 G6
Ağlasun 43 G6
Ağlı 17 F2
Ag. Marina (G) 26 D6
Ag. Minas (G) 40 C6
Ağmusa 33 F2
Agra (G) 26 B6
Ağrı 23 H6
Ağrı Dağı (Ararat) 24 D6
Ağsaklı 45 F5
Ağullu 56 D6
Ağva 15 E4
Ağzıaçık 22 B5
Ağzıkara 38 C4
Ağzıpek 23 F1
Ahat 43 E2
Ahçıbekirli 46 C6
Ahiboz 31 E4
Ahi Dağları 28 D3
Ahi Evran Türbesi 31 H6
Ahiler (Sak) 29 E1
Ahiler (Esk) 30 B6
Ahili 31 F3
Ahimehmet 13 G4
Ahırdağı (Afy) 43 E2
Ahır Dağı (Kah) 48 A5
Ahırhisar 43 E2
Ahırköy 30 A3
Ahırlı 58 C2
Ahlat 37 G5
Ahlatlı (Kir) 13 F1
Ahlatlı (Erz) 22 D4
Ahmediye (İst) 14 A5
Ahmediye (Sak) 15 F6
Ahmetağa 42 A4
Ahmetbey 13 G3
Ahmetbey Deresi 23 H6
Ahmetbeyler 27 F6
Ahmetbeyli 41 E5
Ahmetçayırı 31 E4
Ahmetçik 47 H4
Ahmethoca 48 D4
Ahmetler (Man) 42 A2
Ahmetler (Uşa) 42 C3

Ahmetli (Küt) 28 B6
Ahmetli (Erzi) 35 F2
Ahmetli (İzm) 41 F5
Ahmetli (Man) 41 G3
Ahmetli (Diy) 50 A2
Ahmetoğlan 18 C6
Ahmetoluğu 29 E5
Ahmetusta Geçidi 16 D3
Ahmetyeri 18 B1
Ahtopol (B) 13 G1
Ahubaba 19 F3
Aigeai 61 E3
Ain al Arab (S) 63 E2
Ain Diwar (S) 51 G5
Ain Isa (S) 63 F4
Ainl'hara (S) 64 C3
Aizanoi 28 D6
Ajab Shīr (İrn) 53 H2
Aj'jabli (S) 63 G6
Aj'jaboul (S) 62 B5
Aj'jawdiyeh (S) 51 G6
Akağaç 16 C3
Akağıl 51 E6
Akalan (İst) 14 A4
Akalan (Sam) 19 E3
Akalan (Den) 56 C2
Akalan Kalesi 19 E3
Akaran Mağaraları 23 H5
Akarca (Bur) 28 A3
Akarca (Uşa) 42 D3
Akarsu (Tra) 21 G4
Akarsu (Bal) 27 G4
Akarsu (Erzi) 34 D2
Akarsu (Mar) 50 D5
Akarsu (Ada) 61 G1
Akbaba (Bar) 16 C2
Akbaba (Güm) 21 G6
Akbaba (Erz) 22 D5
Akbaba (Kar) 23 H4
Akbaba Dağı (Erz) 22 B6
Akbaba Dağı (Ard) 24 A2
Akbaba Tepesi 35 G3
Akbağ (Erzi) 35 E2
Akbağ (Mar) 50 C5
Akbaş (Bar) 16 C3
Akbaş (Çank) 17 E5
Akbaş (Bal) 27 F4
Akbaş (Ank) 30 C2
Akbaş (Den) 42 C6
Akbaş (Kon) 45 E4
Akbaşak 49 G2
Akbaşlar 19 F4
Akbayır (Kas) 17 E1
Akbayır (Erz) 23 E3
Akbayır (Kah) 48 A3
Akbelen 18 B3
Akbelenli 43 H6
Akbenli 32 D5
Akbıyık 28 D3
Akbucak 32 C4
Akbudak 48 C6
Akbük 55 F2
Akbük Limanı 55 F2
Akbulut (Bay) 21 H5
Akbulut (Van) 38 B6
Akbulut (Şan) 64 A1
Ak Burnu 56 C5
Akburun 44 B6
Akça (Tok) 19 F5
Akça (Mar) 50 A5
Akça (Bat) 50 D3
Akçaabat (Tra) 21 F3
Akçaabat (Ayd) 41 G6
Akçaadam 12 D4

Akçaalan 28 C6
Akçaali 31 E3
Akçaarmut 37 F4
Akçabelen 58 A1
Akça Dağ (Van) 38 B3
Akçadağ (Mal) 48 C2
Akçadağ Tepesi 32 B2
Akcadere 43 E3
Akçagöze 48 B6
Akçahan 33 G2
Akçakale (Tra) 21 F3
Akçakale (Kar) 23 G5
Akçakale (Şan) 63 F2
Akçakara Dağı 36 C5
Akçakavak 56 A3
Akçakaya (Esk) 29 F4
Akçakaya (Ayd) 41 F6
Akçakent (Kır) 31 H4
Akçakent (Aks) 45 H4
Akçakese (İst) 14 D4
Akçakese (Kas) 17 H2
Akçakese (Sin) 18 B2
Akçakese (Sin)18 C2
Akçakese (Sam) 19 E3
Akçakese (Ank) 30 C2
Akçakısa 16 D6
Akçakışla (Yoz) 32 D4
Akçakışla (Siv) 33 F4
Akçakısrak 27 G5
Akçakoca 15 H4
Akçakoca Dağları 16 A4
Akçaköy (Kir) 13 G4
Akçaköy (Tra) 21 G3
Akçaköy (Küt) 29 E6
Akçaköy (Ayd) 41 H5
Akçaköy (Uşa) 42 C3
Akçaköy (Afy) 43 F4
Akçakoyun 27 E4
Akçalı (Çank) 17 F6
Akçalı (Hak) 52 D3
Akçalı Dağları 59 F5
Akçaören 46 A4
Akçaova (Koc) 15 E5
Akçaova (Bal) 27 G3
Akçaova (Ayd) 55 G1
Akçapınar (Bur) 28 C3
Akçapınar (Tun) 35 F5
Akçapınar (Mar) 50 B5
Akçapınar (Muğ) 55 H3
Akçasar 45 E4
Akçaşehir (Küt) 28 D5
Akçaşehir (Siv) 34 B5
Akçaşehir (Kon) 45 G6
Akçatı 47 E1
Akçay (Sam) 18 D4
Akçay (Sam) 19 H3
Akçay (Kar) 24 A5
Akçay (Bal) 27 E4
Akçay (Bil) 29 E2
Akçay (Den) 42 B6-56 B2
Akçay (Diy) 50 C2
Akçay (Diy) 50 C2
Akçay (Ant) 56 D4
Akçayazı 45 F6
Ak Çayı 41 H6
Akçayurt 35 E4
Akçenger 27 F5
Akçıra 38 A4
Ak Dağ (Erz) 23 E3
Akdağ (Küt) 28 B6
Akdağ (Yoz) 33 E5
Akdağ (Tok) 33 F1
Akdağ (Güm) 35 F2
Ak Dağ (Erz) 37 E2

Akdağ (İzm) 40 C3
Akdağ (Den) 42 B6
Akdağ (Den) 43 E4
Akdağ (Isp) 43 G6
Akdağ (Kon) 44 C4
Akdağ (Ada) 46 C6
Akdağ (Mal) 48 C3
Akdağ (Mal) 48 C4
Akdağ (Adı) 48 D3
Akdağ (Ela) 49 H1
Akdağ (Muğ) 55 G2
Akdağ (Ant) 58 C4
Akdağ (Kon) 58 D3
Akdağ Geçidi 32 D5
Ak Dağlar 33 E4
Akdağmadeni 33 E3
Akdağ Tepesi 51 G2
Akdamar 49 E5
Akdamar Adası 38 A6
Akdamar Kilisesi 38 A6
Akdamla 23 F1
Akdemir (Tun) 35 F5
Akdemir (Kah) 48 A6
Akdere (Den) 42 C5
Akdere (Siv) 47 H2
Akdere (Diy) 50 D2
Akdere (İçe) 59 H5
Akdiken 51 G3
Akdoğan 50 C6
Akdoğan Dağı 37 E-F3
Akdoğan Gölü 37 E3
Akdurmuş 36 B5
Akgedik Barajı 55 G2
Akgöl (Sak) 15 F4
Akgöl (Sam) 19 G3
Akgöl (Van) 38 C5
Akgöl (Burd) 42 D6
Akgöl (Kon) 45 G6
Akgöl (İçe) 59 H5
Akgömlek 35 F6
Akgümüş 47 G5
Akgün 17 H1
Akgüney 18 C2
Akhan 42 C5
Akharım 43 F3
Akhisar (Güm) 21 G5
Akhisar (Bur) 28 D3
Akhisar (Man) 41 G2
Akhisar (Aks) 45 H3
Akhisar Ovası 41 G2
Ak Hüyük 45 H6
Akifiye 47 G5
Akilbaba Tepesi 20 D5
Akılçalman 17 F3
Akın (Ank) 31 F6
Akın (Tok) 33 F1
Akın (Kah) 47 F3
Akıncı 50 D6
Akıncı Burnu 61 F5
Akıncılar (Siv) 34 C1
Akıncılar (Kon) 45 E3
Akıncılar (Adı) 49 F4
Akınclar 12 D4
Akine 59 E5
Akinek Dağı 46 D5
Akine Tepesi 22 A6
Akınkale Tepesi 31 E6
Akkaş 45 F3
Akkaya (Kas) 17 G3
Akkaya (Çor) 18 A4
Akkaya (Çor) 18 A5
Akkaya (Gir) 20 C4
Akkaya (Riz) 22 B2

Akkaya (Esk) 29 F4
Akkaya (Ank) 30 C1
Akkaya (Ank) 30 C2
Akkaya Barajı 46 B5
Akkaya Çayı 17 G3
Akkaya Tepesi 56 D1
Akkaynak 31 F2
Akkeçili (Man) 42 A3
Akkeçili (Afy) 43 E5
Akkeçili (Isp) 43 G4
Akkent 42 C4
Akkese 49 H6
Akkılıç 32 D2
Akkırık 20 B5
Akkise 58 C2
Akkışla 33 F6
Akkoç 34 A3
Akkoca 33 E2
Akköprü 56 B3
Akköşan 31 F4
Akköy (Çan) 26 C4
Akköy (Bil) 29 F2
Akköy (Den) 42 B5
Akköy (Kon) 45 E3
Akköy (Kay) 46 C3
Akköy (Ayd) 55 E1
Akköy Barajı 46 C3
Akkum (Sak) 15 F4
Akkum (İzm) 40 D4
Akkuş (Ord) 19 H4
Akkuş (Ela) 35 H4
Akkuyu 31 G2
Akkuzulu 31 E2
Akmanlar 46 A4
Akmescit 47 E2
Akmeşe (Koc) 15 E5
Akmeşe (Siv) 34 C3
Akmezar 46 A3
Akocak 32 C2
Akoluk (Kar) 24 B5
Akoluk (Yoz) 32 C3
Akoluk (Kay) 47 H2
Akören (Kir)13 F2
Akören (İst) 13 H4
Akören (Ama) 18 D5
Akören (Kar) 23 F5
Akören (Siv) 33 G2
Akören (Siv) 33 H3
Akören (Erz) 37 E2
Akören (Aks) 45 H4
Akören (Kon) 45 H5
Akören (Ada) 46 D6
Akören (Burd) 57 E1
Akören (Kon) 58 D1
Akörençarşak 31 E5
Akörenkışla 45 F4
Akova 59 F5
Akpazar 35 G5
Akpelit 34 D4
Akpınar (İst) 14 B4
Akpınar (Bol) 15 H5
Akpınar (Kas) 17 F3
Akpınar (Çor) 17 H5
Akpınar (Gir) 20 D5
Akpınar (Tra) 21 F3
Akpınar (Bal) 27 F5
Akpınar (Küt) 28 D6
Akpınar (Esk) 29 F4
Akpınar (Çor) 31 H2
Akpınar (Kir) 31 H4
Akpınar (Nev) 32 C5
Akpınar (Siv) 33 H5
Akpınar (Ela) 36 A4
Akpınar (Küt) 42 B1

Akpınar (Kay) 47 F1
Akpınar (Mal) 48 D1
Akpınar (Adı) 48 D5
Akpınar (Hak) 53 E3
Akpınar (Kar) 59 G2
Akpınar (Ada) 61 E3
Akpınar Dağı 44 A4
Akpınar Tepesi 24 C6
Akra Fournia (G) 26 B5
Akra Karakas (G) 26 C5
Akra Masticho (G) 40 B4
Akresta Geçidi 50 C5
Aksakal 27 H2
Aksaklar 16 A5
Aksalur 46 C2
Akşam Güneşi Mağarası 14 D4
Akşar (Bit) 51 H1
Akşar (Den) 56 C2
Aksaray 45 H3
Aksaray Ovası 45 G3
Aksaz (Çan) 27 E1
Aksaz (Küt) 28 B6
Aksaz (Uşa) 42 C4
Akşehir 44 A3
Akşehir Gölü 44 A3
Akseki (Kas) 17 H2
Akseki (Ayd) 42 A6
Akseki (Ant) 58 B3
Akselendi 41 G2
Akşir 23 F3
Aksöğüt 34 D4
Aksorguç 38 C4
Aksu (Güm) 21 F5
Aksu (Erz) 22 B4
Aksu (Erz) 22 D4
Aksu (Bur) 28 C2
Aksu (Siv) 34 C1
Aksu (Isp) 43 H5
Aksu (Ant) 57 G3
Aksu Çayı (Bol) 15 G6
Aksu Çayı (Gir) 20 C4
Aksu Çayı (Kah) 47 H5, 48 B5
Aksu Çayı (Ant) 57 H3
Aksu Deresi 48 D5
Aksütlü 34 D6
Aksütlü Çayı 34 D6
Aktarta 24 B6
Aktaş (Ama) 19 E5
Aktaş (Ağr) 24 C5
Aktaş (Esk) 29 H5
Aktaş (Yoz) 32 B2
Aktaş (Siv) 34 A3
Aktaş (Tun) 35 F4
Aktaş (Uşa) 42 C2
Aktaş (Sii) 51 F3
Aktaş Gölü 23 H1
Aktaş Tepesi 37 F4
Aktepe (Gir) 20 D6
Aktepe (Ank) 31 F2
Aktepe (Tok) 33 F2
Aktepe (Diy) 50 C4
Aktepe (Güvenç) 61 G3
Aktoprak (Erz) 22 C6
Aktoprak (Niğ) 46 B6
Aktuluk 35 G5
Aktur 55 G4
Aktutan 21 F5
Aktütün 53 E4
Aktuzla 37 F3
Akyaka (Ard) 23 F2
Akyaka (Kar) 24 A2
Akyaka (İçe) 59 F6
Akyamaç 32 B3
Akyar (Bal) 27 G5

Akyar (Den) 42 C6
Akyar (Ant) 56 D5
Akyar (Ant) 57 F2
Akyar (Hat) 61 G2
Akyar Barajı 16 D6
Akyarma Geçidi 16 D6
Akyatan Gölü 60 D3
Akyayan Gölü 61 E4
Akyayla 61 H5
Akyazı (Sak) 15 F6
Akyazı (Ama)18 D6
Akyokuş 62 A1
Akyol 55 F2
Akyolaç 24 B6
Akyumak 23 H6
Akyürek 35 H6
Akyurt 31 E2
Akziyaret 49 F6
Alaaddin Kalesi 51 F4
Alaattin 56 C1
Alabanda 41 G6
Alaca (Gir) 20 D4
Alaca (Bay) 21 H5
Alaca (Erz) 22 C6
Alaca (Çor) 32 B2
Alaca (Gaz) 61 H2
Alacaat 28 A4
Alacaatlı 27 H6
Alacabük Dağı 37 H6
Alaca Dağ 21 E4
Alacadağ 44 C6
Alaca Dağı (Art) 22 D1
Alaca Dağı (Ant) 57 E5
Alacahan 34 B5
Alacahöyük 32 B1
Alacakaya 49 H1
Alacalı (İst) 14 D4
Alacalı (Şan) 63 G2
Alaçam (Sam) 18 D2
Alaçam (İçe) 59 F4
Alaçam Dağları 28 A5
Alacami 58 D4
Alacaoğlu 13 F4
Alaçat 17 G6
Alaçatı (İzm) 40 C4
Alaçatı (Kar) 59 F2
Alaçat Yazısı 17 E5
Alacık (Kas) 17 F2
Alacık (Hak) 52 D3
Ala Dağ 23 G5
Aladağ (Çan) 27 F3
Aladağ (Kon) 44 C5
Aladağ (Ada) 46 C5
Aladağ (Kon) 59 E3
Aladağ Çayı 30 A2
Aladağ (Karsantı) 46 D6
Ala Dağları (Ağr) 38 A-B2
Ala Dağları (Ada) 46 C5
Ala Dağları Milli Parkı 46 C5
Alaettin Camii 30 B2
Alagöz (Erz) 23 F6
Alagöz (Ank) 30 D3
Alagöz (Mar) 51 F4
Alagöz Dağı 23 G2
Alahacılı 31 D6
Alahan 59 F3
Alakadı 18 D5
Alakır Çayı 57 F4
Alakonak 49 H6
Alaköy (Van) 38 A5
Alaköy (Ayd) 42 B6
Alakuş 50 B6
Alakuşak 47 E2
Alamakayış 17 H3

Alamos Dağları 59 E5
Alamut 41 H5
Alan (Tok) 19 F6
Alan (Ord) 19 H5
Alan (Kir) 31 H4
Alan (Şan) 49 G3
Alan (Hak) 53 F4
Alan (Kon) 58 C1
Alancık (Güm) 21 E6
Alancık (Çan) 27 F4
Alancık (Diy) 50 B4
Aland (Irn) 38 D4
Alan Dağ 32 D1
Alan Dağı 22 B2
Alandaş Dağı 52 A2
Alandız 42 A5
Alandüzü 52 D4
Alaniçi 36 D5
Alankıyı 41 F4
Alanköy (Tok) 19 H5
Alanköy (Çan) 26 D3
Alanköy (İzm) 41 G4
Alanlı 50 B6
Alanözü 59 E2
Alanpınar 17 G5
Alanşeyhi 18 C4
Alantaş 52 B2
Alanya 58 C4
Alanyurt (Tok) 33 E2
Alanyurt (Afy) 43 G1
Alanyurt (Aks) 46 A3
Alanyurt (Mar) 51 F4
Alanyurt (Şan) 63 E2
Al 'Anz (S) 62 D6
Alaplı 15 H4
Alara Çayı 58 B4
Alarahan 58 B4
Alara Hanı 58 B4
Alaşar Dağı 46 B2
Alaşehir 42 A4
Alaşehir Ovası 41 H3
Alata Çayı 60 A3
Alatonissi (G) 40 C6
Alatosun 50 B4
Alaverdi (A) 24 D1
Alay 46 B3
Alayaka 27 H6
Alay Hanı 45 H3
Alaylı Dağı 47 E4-F3
Alayunt 29 E5
Alayurt 49 G5
Alazlı 37 E5
Al Bab (S) 62 C4
Alcı (Yoz) 32 C3
Alçı (Den) 56 C3
Alçılar 17 G1
Alçiören 34 A2
Alçıtepe 26 C3
Aldere 23 G3
Âlem 24 A4
Alembeyli 31 H2
Alemdağ (İst) 14 C5
Alemdağ (Erz) 37 E2
Alemdar (Kon) 45 E6
Alemdar (Kah) 48 A2
Aleppo (Halab) (S) 62 B5
Alexandria Troas 26 C4
Alexandroupoli (G) 12 B5
Alfaklar 42 D3
Al Hadat 48 B5
Aliağa 41 E2
Aliağa Çayı 34 D6
Alibaba Tepesi 22 D6

Alibey 26 D5
Alibey Adası 26 D5
Alibey Barajı 14 B4
Alibeyhüyüğü 44 D6
Alibeyköy 14 B5
Alibeyler 16 C5
Alibeyli 60 C2
Alıç (Edi) 12 D5
Alıç (Güm) 21 E6
Alıcık 18 C5
Ali Dağ 56 B3
Alidağ Tepesi 49 E4
Alidemirci (Bal) 27 G4
Alidemirci (Yoz) 32 D4
Alifakı 60 C3
Alifakılı 32 D4
Alifuatpaşa 15 F6
Alihoca 46 B6
Alikayası Geçidi 47 H5
Aliköse 24 B5
Aliköy (Sin) 18 A1
Aliköy (Isp) 43 G5
Alikurt 42 D5
Alimia (G) 55 F6
Alımlı 50 C5
Alimpınar 47 H3
Alinda 41 G6
Alınören 17 G1
Aliören Tepesi 47 G3
Aliova Çayı 28 A4
Alipaşa 13 H4
Alişar (Kir) 31 H4
Alişar (Yoz) 32 C4
Alisaray 17 H3
Alisofu 23 G4
Alitaşı Tepesi 21 F5
Aliuşağı 45 G1
Alkan (Man) 41 H3
Alkan (Hak) 52 D4
Alkemer 51 G4
Allahüekber Dağları 23 G3
Allahüekber Tepesi 23 F3
All Häji (Irn) 24 D5
Al'Izzeh (S) 64 C3
Al Malkyer (S) 51 G5
Al Mansurah (S) 63 E6
Al Mistafawiyeh (S) 51 G6
Al Msherfe (S) 63 G3
Almus 19 G6
Almus Barajı 19 G6
Alonia (G) 26 A1
Alpagut (Çor) 18 B5
Alpagut (Bur) 28 A4
Alparslan 43 F4
Alpaslan 19 F5
Alpekmez 35 H3
Alpköy 35 F3
Alpu 29 G3
Alpuğan 18 C3
Alpullu 13 E4
Al Qahtaniyeh (S) 51 F6
Altay 46 B6
Altaylı 49 G4
Altıçam Dağı 56 A2
Altılar 31 E6
Altınakar 50 C4
Altınapa Barajı 44 D5
Altınbaşak 63 G2
Altınbulak 22 C6
Altındağ 31 E3
Altın Dağları 52 B4
Altındere (Sak) 15 G6
Altındere (Tra) 21 G4
Altındere Vadisi Milli Parkı 21 G4

Altınekin 45 E3
Altınelma 47 H2
Altınhisar 46 A4
Altınhisar Barajı 46 A4
Altınkaya 45 G2
Altınkaya Barajı 18 C-D3
Altınkaya (Zerk) 57 H2
Altınkum Beach 55 E2
Altınkum 57 G3
Altınkuşak 35 F6
Altınoluk (Bal) 26 D4
Altınoluk (Siv) 33 G2
Altınoluk (Muş) 37 F3
Altınova (Koc) 14 D6
Altınova (Bal) 26 D6
Altınova (Muş) 37 F5
Altınova D.Ü.Ç. 44 C2
Altınözü 61 G5
Altınpınar (Güm) 21 F5
Altınpınar (Nev) 32 B6
Altınpınar (Erz) 37 E3
Altınsaç 38 A6
Altınsuyu 62 A2
Altıntaht Tepesi 37 F2
Altıntaş (Edi) 12 D5
Altıntaş (Bur) 28 B2
Altıntaş (Küt) 29 F6
Altıntaş (Erzi) 34 D3
Altıntaş (Küt) 42 D1
Altıntaş (Mar) 51 F4
Altıntepe 38 B1
Altınuşağı 49 E1
Altınyaka 57 F5
Altınyayla (Siv) 33 G5
Altınyayla (Burd) 56 D3
Altınyazı Barajı 12 D4
Altıparmak 22 C2
Altköy 34 D1
Altuka (Irq) 52 B6
Altunkent 35 H2
Alvar 22 D6
Al Waqf (S)62 B3
Al Yaqubiyeh (S) 61 G6
Al Yaroubiyeh (S) 51 G6
Amadia (Irq) 52 C5
Amasiya (A) 24 B2
Amasiya (A) 24 C4
Amasra 16 C2
Amastris 16 C2
Amasya 19 E5
Ambar (Kon) 45 G6
Ambar (Diy) 50 C3
Ambar Çayı 50 B3
Ambarcı 18 A6
Ambarcık 48 D1
Ambardere 31 G2
Ambarlı (Gir) 21 E3
Ambarlı (Kay) 46 D1
Ambartepe 63 F1
Ambelakia (G) 12 C3
Ambelikon (G) 26 C6
Amitha (G) 55 G6
Ammondia (G) 40 B6
Amorion 43 H1
Amór'o (G) 12 C4
Amos 55 H4
Amsoros Burnu 18 D1
Amyntas Tomb 56 C4
Amyzon 41 F6
Ana Deresi 13 E4
Anadolufeneri 14 C4
Anadolu Hisarı 14 C5
Anamur 59 E6
Anamurium 59 E6

Anastasiopolis 51 E6
Anatoliki Rodópi (G) 12 A4
Anavatos(G) 40 B3
Anazarbus 61 F1
Anbar Kalesi 35 G4
Andiçen 52 B3
Andimahia (G) 55 E4
Andırın 47 G5
Anditilos (G) 55 F5
Andız 29 E5
Andriake 57 E6
Ani 24 A3
Anipemza (A) 24 A4
Aniskhi (Irq) 52 B5
Anıtkabir 59 E4
Anıtkaya 43 F1
Anıtlı (Erz) 23 F6
Anıtlı (Mar) 51 F4
Anıtlı (İçe) 58 D6
Ankara 31 E3
Ankara Çayı 30 C3
Ano Drossini (G) 12 A4
Ansur 48 D1
Antalya 57 G3
Antalya Körfezi 57 G4
Antandros 26 D4
Antiocheia 42 A5
Antiocheia Ad Cragum 58 D6
Antiochia 43 H4
Antiphellus 56 D6
Antissa (G) 26 B5
Anzaf Kalesi 38 C4
Anzayurttepe 37 H3
Apa (Siv) 33 G3
Apa (Kon) 58 D1
Apa Barajı 58 D1
Apameia Myrleia 28 B2
Apasaraycık 58 D1
Apdipaşa 16 D3
Aperlai 57 E6
Aphrodisias 42 B6
Apolakia (G) 55 F6
Apollona (G) 55 G6
Apollonia 56 D6
Appulient 28 A2
Aqrah (Irq) 52 D6
Araban 48 C6
Arab Dizeh (Irn) 38 C2
Araç 17 F3
Aragars (A) 24 C3
Arak Çayı 16 D4
Araklı 21 H3
Araklıya 21 G4
Arakonak (Ağr) 23 H6
Arakonak (Bin) 36 D4
Arakonak (Muş) 37 E4
Arakonak (Muş) 37 F3
Araköy 50 C6
Aralık (Art) 22 D1
Aralık (Ağr) 24 D5
Aran 50 C5
Araovacık 27 F3
Arapdede Tepesi 28 D5
Arapgir 34 D5
Araplı (Yoğ) 32 A3
Araplı (Yoğ) 32 D3
Araplı (Kay) 46 C3
Araplı Geçidi 46 C3
Arapşeyh 32 C2
Arapsu 46 B2
Ararat (A) 24 D5
Aras (Erz) 23 F6
Aras (Kar) 24 C4
Arasanlı 26 C4

Arasgüneyi Dağları 23 H6, 24 A6
Aras Nehri 23 E6-G5, 24 B5, 36 D2
Arayıt Dağı 30 B5
Arazoğlu 24 A3
Archangelos 46 C2
Ardıç 18 A4
Ardıcın Dağı 22 A6
Ardıçgöze 22 A5
Ardıçkaya 59 E4
Ardıçlı (Tok) 19 H5
Ardıçlı (Kon) 44 D5
Ardıçlı Tepesi 21 G6
Ardıçoluk 49 E4
Ardıç Tepesi 16 A6
Arda (B) 12 A3
Ardahan 23 G1
Ardánion (G) 12 C5
Ardanuç 22 D2
Ardas (G) 12 C3
Ardasa Kalesi 21 F5
Ardeşen 22 B2
Arevšat (A) 24 D4
Argen Kalesi 23 H1
Argıl 48 C6
Argıthanı 44 B4
Argiza 27 F3
Arguvan 34 D6
Arhangelos (G) 55 G6
Arhavi 22 C1
Ari (Irq) 53 E5
Ariana (G) 12 A5
Ariandos 42 B2
Arıca 42 D10
Arıcak (Ela) 36 A6
Arıcak (Ela) 50 A1
Arıcılar 36 A4
Arı Dağı 24 B6
Arif 57 E5
Arifiye 15 F6
Ariha (S) 61 H6
Arıklı (Mar) 50 B6
Arıklı (Diy) 50 C1
Ariklikli (A) 24 D4
Arıklar 28 B5
Arıkören 59 E1
Arıl 62 C1
Arılı (Güm) 21 F5
Arılı (Adi) 49 E4
Arım 18 B3
Arine (S) 62 C3
Arındık 36 A6
Arisba (G) 26 C5
Arisbe 26 D2
Arısu 50 B5
Arisvi (G) 12 A5
Arıt 16 D2
Arıtaş 47 H3
Arıtoprak 49 E3
Arızlar (Bol) 29 F2
Arızlar (Afy) 43 E3
Arızlı 43 G4
Arkush (Irq) 53 E5
Arkut Dağı 16 C5
Arkut Tepesi 16 C5
Arlavan (A) 24 C3
Armağan 35 E4
Armağan Barajı 13 F1
Armavn (A) 24 C4
Armenist's (G) 40 B6
Armolia (G) 40 B4
Armutağaç 56 D4
Armutçayırı 34 B1
Armutcuk (Zon) 16 A3
Armutcuk (Çan) 27 F4

Armutçuk (Muğ) 56 A2
Armutçuk Dağları 27 F3
Armutlu (Bal) 27 F2
Armutlu (Bur) 28 B1
Armutlu (Kır) 31 G4
Armutlu (Siv) 34 A3
Armutlu (İzm) 41 F3
Armutlu (Man) 42 A2
Armutlu (Aks) 45 H4
Armutlu (Kah) 48 B5
Armutlu (Ant) 56 D5
Armutova 26 D5
Armutveren 13 F2
Armutyücesi Dağı 47 G4
Arnavutköy (Edi) 12 D2
Arnavutköy (İst) 14 B4
Arpaç 49 G4
Arpaçay (Kar) 23 H2
Arpaçay (Kar) 24 A4
Arpaçay Barajı 24 A3
Arpacı 20 C6
Arpacık (Gir) 20 D4
Arpacık (Muğ) 56 C4
Arpadere 18 B5
Arpaderesi 50 C2
Arpalı (Tra) 21 H4
Arpalı (Bay) 21 H5
Arpalı (Riz) 22 B3
Arpalı (Kar) 24 A4
Arpalı (Şan) 49 F5
Arpaliuşağı 61 G3
Arpaözü 33 E5
Arpayatağı 52 B2
Arpayazı (Siv) 33 H3
Arpayazı (Muş) 36 D5
Arpayazıbeli 35 E2
Arsada 56 D5
Arsaköy 56 D5
Arsameia 49 F3
Arsanlı 62 D2
Arsin 21 G3
Arslandoğmuş 33 G2
Arslanhacılı 31 H3
Arslankaya 29 F6
Arslanlı 60 A4
Arslanoğlu (Sam) 19 F4
Arslanoğlu (Kar) 24 A2
Arslanşah 20 C6
Arslantepe 48 D2
Artašhat Aptalliat (A) 24 D5
Artova 33 F2
Artvin 22 D2
Arykanda 57 E5
Arymaxa 56 B4
Arzakan (A) 24 D3
Arzin (A) 24 D4
Arzular 21 G5
Arzuoğlu 50 B3
Aşağı Ada 33 H4
Aşağıasarcık 33 H1
Aşağı Balcılar 51 H2
Aşağıbarak 32 B6
Aşağıbaraklı 19 E5
Aşağıboğaz 29 F2
Aşağı Beyçayırı 47 G1
Aşağı Bezendi 21 F6
Aşağı Borandere 47 G1
Aşağı Boran Deresi 47 G1
Aşağı Boynuyoğun 21 E4
Aşağı Bulutçeker 50 B4
Aşağı Çakmak 33 G2
Aşağı Çayırlı 23 F3
Aşağıçiğil 44 B5
Aşağı Cihanbey 23 G6

Aşağı Çimağıl 22 B6
Aşağı Çökek 38 B3
Aşağı Dalören 38 B2
Aşağı Damlapınar 23 G4
Aşağıdereköy 52 B3
Aşağı Dereli 52 C4
Aşağı Deresi 24 A5
Aşağı Düden Şelalesi 57 G3
Aşağı Dumanlı 38 A1
Aşağı Durak 22 C2
Aşağı Esenler 59 E2
Aşağı Eşmişek 61 G3
Aşağı Fındıklı 32 A1
Aşağıgökdere 43 H6
Aşağıgöndelen 46 A5
Aşağıgüçlü 33 F1
Aşağı Güllüce 42 B2
Aşağıhacıbekir 31 F5
Aşağı Hamurlu 31 H4
Aşağı Hızırilyas Bademözü 23 F5
Aşağı Höyük 33 H5
Aşağıılıca 29 F4
Aşağı inova 27 F3
Aşağı Irmaklar 23 E1
Aşağı Karacaören 49 H5
Aşağı Karacasu 23 F3
Aşağı Karadere 21 E5
Aşağı Karakuyu 48 C5
Aşağı Karamik 52 A3
Aşağı Katırlı 24 B5
Aşağıkayı 17 G5
Aşağıkent 24 A5
Aşağı Kızılçevlik 33 G6
Aşağı Kolbaşı 37 F5
Aşağıköselerli 59 G4
Aşağıköy 48 D3
Aşağı Kumlu 23 F3
Aşağıkuzfındık 29 E4
Aşağı Maden 22 D2
Aşağımahmutlar 31 G3
Aşağı Mescit 34 C3
Aşağımülk 48 B6
Aşağı Mutlu 38 C2
Aşağınarlı 18 C3
Aşağı Narlıca 52 A1
Aşağıokçular 26 C3
Aşağı Ölçekli 53 E3
Aşağı Ortaören 50 B4
Aşağı Oylum 63 E2
Aşağıpınarbaşı 44 D5
Aşağı Piribeyli 44 B1
Aşağı Sağmallı 38 C4
Aşağı Sakarlar 60 B3
Aşağı Saklıca 23 H6
Aşağışakran 41 E1
Aşağışamlı 42 B5
Aşağı Sevindikli 13 G4
Aşağıseyit 42 D5
Aşağı Söylemez 37 E23.
Aşağıtandır 43 F1
Aşağıtekke 32 D4
Aşağı Tırtar 43 H4
Aşağı Toklu 24 A6
Aşağıtüfekçi 17 G4
Aşağıüstü 35 E1
Aşağı Yanıktaş 38 C2
Aşağıyarımca 19 F4
Aşağıyaylabel 44 A6
Aşağı Yaylacık 47 H1
Aşağı Yufkalı 48 C6
Aşağızeytin 18 B3
Asalan 52 D1
Asarçayı 18 B5
Asarcık (Çor) 18 A5

Asarcık (Sam) 19 F4
Asar Dağı (Ant) 57 G2
Asar Dağı (Muğ) 55 F2
Asar Suyu 15 H5
Asar Tepe 27 F6
Asar Tepesi 28 A5
Asas Dağı 56 D6
Asatan (A) 24 B3
Asclepion 27 E6
Ash'shaddadie (S) 64 D4
Ashtarak (A) 24 C3
Âsi (Irq) 51 H6
Asi (Irq) 52 A5
Aşikan 50 A3
Aşıklar (Riz) 22 B2
Aşıklar (Kar) 45 H6
Asi Nehri 61 G5
Aşırlar 15 E5
Aşırlı Deniz Mağarası 57 E6
Asi Tepesi 42 A1
Aşkale (Erz) 22 B6
Aşkale (Ağr) 23 H6
Askerçayırı Tepesi 36 B4
Askeriye 43 F6
Asklepion (G) 55 E3
Asklipio (G) 55 G6
Aşlama 46 C4
Aslanapa 29 E6
Aslanbaba Deresi 50 A6, 64 A1
Aslanbeyli 47 F2
Aslan Burnu 40 D2
Aslanköy 60 A2
Aslantaş 48 A2
Aslantaş Barajı 47 G6
Aşlıhantepeciği 27 G4
Asmabağ 56 D3
Asmacık 62 C3
Asma Dağı 20 A6
Asmakaya 33 E6
Asmalı 13 G6
Asmalı (Çan) 27 E3
Asmalı (Burd) 56 D3
Asmalı Tepe 55 H3
Asma Tepe 17 H6
Aspendos 57 H3
As'sabeewa'arbaien (S) 64 D4
As'sabkha (S) 63 F6
As'sfireh (S) 62 B5
Assos 26 C5
As'suar (S) 64 D6
Astepe 20 A4
Astyra (Çan) 26 C3
Astyra (Bal) 27 E4
Asurtepe 27 E6
Aşut 21 F6
Atabey 43 G5
Ataçınarı 35 H4
Ataeymir Barajı 42 B6
Ataköy 43 G2
Atalan 34 B2
Atalar (Güm) 21 F4
Atalar (Art) 23 F1
Atalar (Diy) 49 G2
Atanneus 27 E6
Atatepe Barajı 46 D3
Atatürk Barajı 49 E5
Atbağı 51 E3
Atburgazı 41 E6
Atça (Ank) 30 A2
Atça (Ayd) 41 H5
Atgüden 49 E6
Athéras (G) 40 B6
Ath Thaura (S) 63 E6
Atikhisar Barajı 26 C3

Atış Poligonu 45 G6
Atkaracalar 17 E5
Atlantı (Tun) 35 G4
Atlantı (Kon) 44 C3
Atlıca 34 D2
Atlıhisar 43 G3
Atlıkonak 22 C6
Atlılar 52 D1
Atma 34 D3
Atmalıkaçanlı 48 B3
Atmeh (S) 61 H4
Atrüsh (Irq) 52 B6
At'tabine (S) 63 H6
Attah Kalesi 50 D1
Attavyros (G) 55 G6
Aureliane 27 E5
Avanos 46 B2
Avas (G) 12 B5
Avcı Dağları 35 G3
Avcıköy 32 A6
Avcılar (Kir) 13 G2
Avcılar (İst) 14 B5
Avcılar (Bin) 35 G2
Avcılar (Erz) 37 E3
Avcılar (Kah) 47 H4
Avcılar (Ada) 61 E2
Avcıova 17 E6
Avcıpınarı 47 F3
Avcukoru 14 C4
Avdan (Ant) 57 F3
Avdan (Den) 42 B6
Avdancık 28 C2
Avdan Dağı 42 B6
Avdan Dağları 28 D2
Avdanlı 30 C5
Avdur 52 D2
Avgan 42 C3
Avgan Geçidi 59 E3
Avik Dağı 44 A6
Avkat Dağı 18 C6
Avlaka Burnu 26 A2
Avlama Dağı 59 F3
Avlanbeli Geçidi 57 E5
Avluobası 13 F4
Avren (B) 12 B4
Avsallar 58 B4
Avşar 34 C1
Avşar Adası 27 F1
Avsek Dağı 22 D3
Avsuyu 61 G5
Avuç 32 B6
Ayaklı 50 A6
Ayaklıkırı 41 F5
Ayancık 18 A1
Ayaş (Ank) 30 C2
Ayas (İçe) 60 A4
Ayaş İçmecesi 30 C2
Ayaslar 44 B4
Ayatekla 59 H5
Ayaz 27 F6
Ayazin 43 G1
Ayaz Paşa Camii 13 G3
Ayazpınar (Tun) 35 F5
Ayazpınar (Van) 38 B6
Aybastı 20 A5
Aydan Dağı 59 G2
Ayder 22 C3
Aydın (Kas) 16 D1
Aydın (Ayd) 41 G5
Aydın Adası 38 B4
Aydınca 19 E5
Aydıncık 26 B2
Aydıncık (Yog) 32 C2
Aydıncık (İçe) 59 F6

Aydın Dağları 41 G5
Aydınkavak 24 A5
Aydınkaya 62 B2
Aydınkent 60 A1
Aydınkent (İbradi) 58 B2
Aydınkent (İvriz) 60 A1
Aydınkışla 58 D2
Aydınlar (İst) 13 H4
Aydınlar (Bar) 16 D2
Aydınlar (Ord) 20 B4
Aydınlar (Gir) 20 C5
Aydınlar (Kir) 31 H5
Aydınlar (Ela) 35 E6
Aydınlar (Bit) 37 H4
Aydınlar (Sii) 51 G2
Aydınlar (İce) 60 A3
Aydınlı (İst) 14 C5
Aydınlı (Esk) 30 B6
Aydınlık Dağları 51 E1
Aydınoğlu 61 H2
Aydınpınar 36 D3
Aydınşeyh 31 G2
Aydıntepe 21 H5
Aydınyaka 29 H6
Aydoğan (Ord) 20 A5
Aydoğan (Siv) 34 D3
Aydoğan Tepesi 20 A5
Aydoğdu (Erz) 23 F3
Aydoğdu (Ağr) 23 G6
Aydoğdu (Bur) 28 D2
Aydoğdu (Diy) 49 H3
Aydoğmuş 59 E2
Aydos Dağı 60 A1
Aydos Dağları 17 E6
Aygır Gölü (Kar) 23 H3
Aygır Gölü (Bit) 37 H4
Aygırgölü 37 H4
Aygörmez Dağı (Kay) 47 F1
Aygörmez Dağı (Mal) 48 C2
Aygün 36 D6
Ayhan 46 B1
Ayıcı 16 B3
Ay. Kiriaki (G) 40 D6
Aykırıkçı 29 F6
Aylias Tepesi 21 F5
Aylı Dağ 43 F5
Aylı Dağı 17 F4
Aynalı 49 H3
Ayran 62 D1
Ayrancı (Uşa) 42 D2
Ayrancı (Sır) 52 B3
Ayrancı (Kar) 59 G1
Ayrancı Barajı 59 G1
Ayrancılar (Van) 38 C3
Ayrancılar (İzm) 41 F4
Ayrılı Mağarası 19 E5
Ayrıtepe 44 B2
Ayşebacı 27 G4
Ayşehoca 61 F1
Ayşepınar 47 E3
Ayva 28 B3
Ayvacık (Sam) 19 G4
Ayvacık (Çan) 26 C4
Ayvacık (İzm) 41 E3
Ayvacık (Uşa) 43 E2
Ayvacık (Kay) 47 F2
Ayvacık (Ada) 47 F5
Ayvadere 21 G3
Ayvadüzü 36 B4
Ayva İni Mağarası 28 B3
Ayvalı (Sam) 18 D4
Ayvalı (Sam) 19 E3
Ayvalı (Erz) 23 E3
Ayvalı (Kır) 31 H3

Ayvalı (Ama) 32 D1
Ayvalı (Mal) 34 B6
Ayvalı (Nev) 46 B2
Ayvalık 26 D5
Ayvalıpınar 43 H6
Azap Gölü 41 F6
Azapköy 23 F5
Azaplı Gölü 48 B5
Azar Shahr (Irn) 53 H1
Azatlı 12 D3
Azaz (S) 62 A3
Azdavay 17 F2
Azim Dağı 41 H2
Azıtepe 41 H4
Aziziye 46 A6
Azizler 42 D3
Aznavur Kalesi 51 F5
Az Zibār (Irq) 52 D6

Baba Burnu (Bol) 15 H3
Baba Burnu (Çan) 26 B5
Babacan 38 B3
Babadağ 42 B6
Babadağ Geçidi 16 B4
Baba Dağı 56 C5
Babadat 30 A4
Babadere 26 C4
Babaeski 13 E3
Babakale 26 B5
Babaköy (Sin) 17 H1
Babaköy (Bal) 27 G5
Babaköy (Bal) 27 H4
Babaocağı 35 G4
Babapınarçiftliği 32 A6
Babasultan 28 C3
Babatorun 61 G5
Babayağmur 32 D4
Babayakup 30 D4
Bacak Deresi 43 F2
Bacıköy 30 C3
Badak 46 A5
Bademağacı 58 C4
Bademci 17 H2
Bademdere 46 C4
Bademler 40 D4
Bademli 26 B2
Bademli (Çan) 26 C5
Bademli (Bal) 27 H5
Bademli (Bur) 28 B2
Bademli (İzm) 40 D1
Bademli (İzm) 41 H5
Bademli (Afy) 43 E5
Bademli (Isp) 43 G5
Bademli (Afy) 44 A1
Bademli (Ant) 58 B2
Bademli Barajı 56 D1
Bademli Geçidi 58 B2
Badıllı 24 A5
Badınca 42 A4
Badırga 28 B2
Bafa (Çamiçi) Gölü 55 F1
Bafra 19 E2
Bafra Burnu 19 E1
Bafra Ovası 19 E1
Bağarası (İzm) 40 D2
Bağarası (Ayd) 41 F6
Bağbaşı 58 D3
Bağbaşı (Haho) 22 D4
Bağcağız 59 G4
Bağcığaz 16 D3
Bağcı Kaplıca 35 H5
Bağdaşan 23 F2
Bağdatlı 31 H1

Bağdelen 59 E3
Bağdere (Ela) 35 F6
Bağdere (Diy) 50 C2
Bağ Deresi 42 A1
Bağgöze 51 G3
Bağılı 43 H4
Bağın Kalesi 35 H5
Bağırganlı 15 E4
Bağırpaşa Dağı 35 H3
Bağırsak 36 C1
Bağışlı 52 D3
Bağkonak 44 A4
Bağlama (Siv) 34 B2
Bağlama (Niğ) 46 B3
Bağlarbaşı (Mar) 51 E4
Bağlarbaşı (Şan) 62 D1
Bağlar Burnu 26 D5
Bağlarpınarı (Tok) 19 E6
Bağlarpınarı (Bin) 36 A4
Bağlıağaç 56 D5
Bağlıca (Kon) 29 H6
Bağlıca (Erzi) 34 D3
Bağlıca (Mal) 49 E2
Bağlıca (Sii) 51 F2
Bağlıca (Şır) 52 A4
Bağlıca Çayı 50 C3
Bağlum 31 E2
Bağpınar (Adı) 48 D5
Bağrıaçık 38 C5
Bağrıkurt 44 D4
Bağsaray 57 F1
Bağyaka (Muğ) 55 H2
Bağyaka (Muğ) 55 H3
Bağyazı 32 B4
Bağyolu 49 G6
Bağyurdu (Kas) 17 E1
Bağyurdu (İzm) 41 F3
Bağyüzü 27 E5
Bahadır (Yoz) 32 C3
Bahadır (Uşa) 42 D2
Baharlar 26 D4
Baharlı 60 C3
Bahçe (Diy) 50 C3
Bahçe (Ada) 61 E4
Bahçe (Ada) 61 H1
Bahçebaşı (Diy) 36 B6
Bahçebaşı (Mal) 48 D2
Bahçecik (Koc) 15 E6
Bahçecik (Kas) 17 E4
Bahçecik (Güm) 21 F5
Bahçecik (Erz) 23 E4
Bahçecik (Esk) 29 H5
Bahçecik (Ela) 35 H5
Bahçecik (Man) 41 G3
Bahçecik (Man) 41 H3
Bahçecik (Ada) 47 E4
Bahçedere (Çan) 26 D4
Bahçedere (İzm) 41 E1
Bahçekaradalak 31 E4
Bahçekonak 18 D4
Bahçeköy (Edi) 12 D6
Bahçeköy (Tek) 13 H3
Bahçeköy (Ada) 61 F1
Bahçekuyu 29 H3
Bahçeli (Sır) 18 A1
Bahçeli (Güm) 21 E6
Bahçeli (Çan) 26 C4
Bahçeli (Çan) 27 F2
Bahçeli (Niğ) 46 B5
Bahçeli (Şan) 49 F5
Bahçesaray 52 A2
Bahira al-Assad (S) 62 D5
Bahşili 31 F3
Bahşioymak 18 D2

Bahtiyar 43 H4
Bakacak (Sak) 15 E6
Bakacak (Çan) 27 E2
Bakanak (Şan) 49 H4
Bakanlar 50 C1
Bakımlı (Tok) 19 G6
Bakımlı (Siv) 34 A3
Bakır 27 G6
Bakır Çayı 27 F6, 41 E1
Bakırdağı 47 E3
Bakırköy (İst) 14 B5
Bakırköy (Bur) 27 H2
Bakırtepe 51 F2
Bakış 48 A3
Bakla Burnu 12 D6
Baklaburun 12 D6
Baklalı 61 E2
Baklan (Den) 42 C5
Baklan (Den) 42 D5
Baklankuyucak 42 D5
Bakmaç 49 H5
Bakraç 37 E5
Bakras Kalesi 61 G4
Balâ 31 E4
Balaban (Edi) 12 D5
Balaban (Kir) 13 G2
Balaban (Mal) 48 B2
Balaban (Şan) 48 D6
Balaban (Diy) 50 B2
Balabanburun 14 A4
Balaban Çayı 31 F3
Balabancık 28 B2
Balabanlar 17 G2
Balabanlı (İst) 13 F4
Balabanlı (İzm) 41 G4
Balâ D.Ü.Ç. 31 F4
Balahor Barajı 19 G4
Balah Sur (Irn) 38 D4
Balan Dağı 55 H3
Balānej (Irn) 53 G3
Balat 41 E6
Balatçık 41 F5
Balat Ovası 41 F6
Balca 21 H6
Balcalı 35 H4
Balcı (Çank) 17 F4
Balcı (Art) 22 D1
Balcı (Isp) 43 H4
Balcı (Aks) 45 H2
Balçık 14 C5
Balçıkhisar (Bil) 29 E2
Balçıkhisar (Esk) 29 H4
Balçıkhisar (Afy) 43 F3
Balcılar (Çan) 26 D2
Balcılar (Isp) 59 E3
Balçova 41 E3
Balçova Barajı 41 E3
Baldıran (Kas) 17 F1
Baldıran (Hat) 61 G4
Baldırkanlı Tepesi 22 D5
Baldızı 22 D6
Bälgarın (B) 12 B1
Bälgarska Poljana (B) 12 C1
Balıbey 35 F6
Balıkalan 47 H6
Balıkçay 36 A4
Balık Dağı 47 G6
Balıkesir 27 G4
Balık Gölü (Sam) 19 E2
Balık Gölü (Ağr) 24 B6
Balıkgölü Deresi 24 B6
Balıkköy 22 C1
Balıklava 58 C2
Balıklı (Ama) 18 C4

Balıklı 27 G1
Balıklı (Erzi) 35 H2
Balıklıçeşme 27 E2
Balıklı Dağı 22 C1
Balıklıgöl Kanalı 61 G4
Balıklıova 40 D3
Balık Suyu 62 B3
Balışeyh 31 G3
Balkan Tepesi 48 B5
Balkaya (Erzi) 34 D3
Balkaya (Güm) 35 G1
Balkırın 35 E4
Balkıyısı 17 H4
Balkuşan 59 E4
Balkusan Deresi 59 E4
Ballı (Tek) 13 E5
Ballı (Adı) 49 F4
Ballı (İce) 59 G3
Ballıca (İst) 14 C5
Ballıca (Ama) 19 F5
Ballıca (Ord) 20 C5
Ballıdağ Geçidi 17 F2
Ballı Dağı 26 C3
Ballıhisar 30 A5
Ballık (Afy) 43 F4
Ballık (Gaz) 48 B6
Ballık (Ant) 56 D3
Ballıkaya (Bay) 22 A5
Ballıkaya (Bur) 28 A2
Ballıkaya (Mal) 34 D6
Ballıkaya (Şır) 52 A4
Ballıköy 22 A4
Ballıpınar 30 D3
Ballık Tepesi 47 H3
Ballıpınar (Bal) 27 G1
Ballıpınar (Diy) 50 B3
Ballıtaş Tepesi 22 B6
Balören 15 E5
Balpayam 35 H3
Baltalar 33 G4
Baltalı 42 D2
Baltaliin 31 E5
Baltepe 38 D5
Balya 27 F4
Bamemi (Irq) 52 B5
Bana (Penek) 23 F3
Banarlı 13 F5
Banaz (Siv) 33 G2
Banaz (Uşa) 42 D2
Banaz Çayı 42 D3
Bandırma 27 G2
Bandırma Körfezi 27 G2
Bani (Irn) 53 F3
Bani Deresi 19 G6
Banyanpınar 17 H6
Baradust (Irn) 53 F2
Baradust (Irq) 53 F6
Barağı 28 D6
Barak (Çor) 17 H6
Barak (Kır) 31 G4
Barak (Gaz) 62 D2
Baraklı (Bur) 28 C3
Baraklı (Kir) 32 A4
Baraklı (Afy) 43 E4
Baran Dağı 31 H5
Barbaros (Tek) 13 F5
Barbaros 26 B2
Barbaros (İzm) 40 D4
Barçın 34 A3
Bardakçı (Man) 28 A6
Bardakçı (Esk) 29 G5
Bardakçı (Van) 38 B5
Bardakçılar 27 E3
Bardakçı Suyu 29 G5

Bardız Çayı 23 F4
Bargaç 49 F5
Barhal 22 C3
Barışlı 21 G3
Barıştepe 51 E4
Barla 43 G5
Barladağ 43 G5
Bartın 16 C2
Barzān (Irq) 52 D5
Başak (Bur) 28 C4
Başak (Mal) 34 C6
Başakçay 17 F2
Başaklı (Erz) 23 E4
Başaklı (Diy) 50 C3
Başarakavak 44 C5
Başaran (Ayd) 42 A5
Başaran (Afy) 43 F3
Basat 16 C3
Başbağlar 22 D4
Başbereket 30 C2
Başbuğ 50 D1
Başçatak 33 E4
Başçavuş 24 A6
Başçayı 22 C6
Başçayır 33 H4
Başçiftlik 19 H5
Başdeğirmen 50 D2
Başgedikler 24 A3
Başgötüren 45 F4
Başgöze 44 B6
Başharman 59 F2
Başhüyük 44 D4
Başıbüyük (Siv) 33 H2
Başıbüyük (Man) 42 B3
Başıma Deresi 37 G2
Başın 45 G5
Başkale (Erz) 23 E5
Başkale (Van) 52 D2
Başkale Dağı 52 C1
Başkaya 18 D3
Başkaynak 49 G2
Başkent 24 A5
Baskil 49 F1
Başkışla 59 E2
Başkomutan Tarihi Milli Parkı 43 E1
Başkonak 28 C6
Başköy (Bar) 16 D2
Başköy (Zon) 16 D4
Başköy (Kas) 17 F4
Başköy (Ord) 19 H3
Başköy (Riz) 22 B4
Başköy (Erz) 22 B4
Başköy (Art) 22 D1
Başköy (Kar) 23 G5
Başköy (Kar) 24 A4
Başköy (Küt) 28 C5
Başköy (Siv) 33 F3
Başköy (Erzi) 35 G1
Başköy (Erz) 36 C2
Başköy (Erz) 36 C3
Başköy (Erz) 37 E2
Başköy (İzm) 41 F5
Başköy (Kon) 44 B4
Başköy (Şır) 51 H5
Başköy Deresi 23 H1
Başkurtdere 22 B5
Başkuyu 44 D2
Başlamış 27 G6
Başlar 58 A2
Başlı 48 D5
Basmakçı (Çor) 18 A5
Basmakçı (Afy) 43 E5
Basmakçı (Niğ) 46 B6
Başmezraa 49 E3

Başören (Kas) 17 H3
Başören (Küt) 29 F5
Başören (Siv) 33 G5
Başören (Şan) 49 F6
Başpınar (Erzi) 35 E4
Başpınar (Sii) 51 F3
Başpınar (Ant) 57 E2
Basta (Irn) 53 G6
Baştepe 43 E3
Başuranköy 51 F2
Başyayla 59 E4
Başyurt 35 H5
Başyurt Tepesi 43 H2
Batı 49 G5
Batıköy 41 E6
Batman 50 D3
Batman Çayı 50 D3
Batmantaş 33 G1
Batmış Gölü 37 G4
Battal 32 C4
Battalgazi (Eski Malatya) 48 D2
Battalgazi Külliyesi 29 G5
Battalobası 31 G2
Batula (Irq) 52 B5
Bayat (Kas) 17 H3
Bayat (Çor) 17 H6
Bayat (Sin) 18 B2
Bayat (Küt) 29 F5
Bayat (Siv) 33 G3
Bayat (Den) 42 D4
Bayat (Afy) 43 H1
Bayat (Niğ) 46 A5
Bayatbedernler 57 F3
Bayatören 32 C4
Bayburt 21 H5
Baydarlı 20 A5
Baydoğan 38 C3
Bayındır (Çor) 18 C6
Bayındır (Bur) 28 D1
Bayındır (Ela) 35 E6
Bayındır (İzm) 41 F4
Bayındır (Ayd) 41 H5
Bayındır (Burd) 43 F6
Bayındır Barajı 30 C1
Bayındır Deresi 43 F6
Bayır (Gir) 20 D6
Bayır (Muğ) 55 H2
Bayır (Muğ) 55 H3
Bayıralan 42 C5
Bayırbağı 24 A4
Bayırköy (Bur) 28 C2
Bayırköy (Muğ) 55 H4
Bayırköy (Kara) 59 E3
Bayırlı (Ama) 18 D5
Bayırlı (Diy) 36 B6
Bayırlı (Adı) 49 E5
Bayıryüzü-Güney 28 B4
Bay Kalesi 52 C4
Baykan 51 F2
Baykara 23 G3
Baykuşbeli 31 F2
Bayraklı (Ord) 20 B5
Bayraklı (Mar) 50 B5
Bayraktepe 61 H2
Bayrak Tepesi 28 B6
Bayrakyücesi Tepesi 47 H4
Bayrambaşı 50 D2
Bayramdere 13 F3
Bayram Deresi 36 B5
Bayramhacılı 46 C1
Bayramiç (Çan) 26 D4
Bayramiç (Bal) 27 G3
Bayramlı (Edi) 12 D4
Bayramlı (Van) 38 A3

Bayramoğlu 14 C6
Bayramören 17 E5
Bayramözü 31 G5
Bayrampınar 19 G6
Bayramşah (Gir) 20 D4
Bayramşah (Küt) 28 D5
Bayramtepe 12 D5
Bāzargān (Irn) 38 D1
Bazat Geçidi 47 F5
Bazlamaç (Sam) 19 G3
Bazlamaç (Yog) 32 D2
Baz Tepesi 38 B5
Bebek 32 D4
Bebekli 42 B3
Bebo (Irq) 52 C5
Beçin 55 G2
Beçin Kale 55 G2
Beden 58 C4
Bedil 30 B5
Bedirköy 62 B1
Bedirli (Siv) 33 G3
Bedirli (Burd) 57 E1
Beğendik (Edi) 12 D5
Beğendik (Kir) 13 H1
Beğendik (Erzi) 36 A1
Beğendik (Sii) 51 H2
Beğerli 41 H6
Behirek Dağı 31 F4
Behmenin 51 F5
Behramkale (Assos) 26 C5
Behramlı 26 C2
Behrancı Deresi 51 H3
Beğiş 57 E3
Bekârlar 46 A3
Bekçiler 56 D3
Beke 18 D5
Beke Kaplıca 18 B4
Bekilli 42 D4
Bekirhan 51 E2
Bekirler (Çan) 26 D3
Bekirler (Man) 27 F5
Bekirler (İzm) 41 E1
Bekişli 62 A2
Bekler 24 A3
Bektaş 43 F3
Bektaşköy 34 B3
Bektaşlı (Yoz) 32 C5
Bektaşlı (Hat) 61 G3
Belalan 19 H5
Belbarak 32 B6
Belceğiz 44 A5
Belcik 33 F3
Beldağı 19 E5
Beldibi (Siv) 34 D4
Beldibi (Ant) 57 G4
Beldibi (Ant) 58 D5
Belek 57 H3
Belekler 44 B5
Belemedik 60 C1
Belen (Ant) 58 C5
Belen (Hat) 61 G4
Belence (Den) 43 E3
Belence (Isp) 43 H6
Belenoluk (Bur) 28 B3
Belenoluk (Sii) 52 A2
Belenpınar 56 B4
Belenyaka 42 A4
Belevi (İzm) 41 F5
Belevi (Den) 42 C5
Belevi Mezar Anıtı 41 F5
Belhan Geçidi 49 F1
Belisırma 46 A3
Belitsa (B) 12 B2
Belkahve Geçidi 41 F3

Belkaracaören 43 G2
Belkaya (Tok) 33 E2
Belkaya (Uşa) 42 C2
Belkaya (Kon) 45 H5
Belkaya Barajı 56 D2
Belkıs (Zeugma) 62 C1
Belkuyu 58 D2
Belopoljane (B) 12 C3
Belören (Çank) 17 F5
Belören (Adı) 48 B5
Belören (Burd) 57 G1
Belören (Kon) 58 D2
Belovacık 17 G2
Belpınar (Esk) 29 H5
Belpınar (Tok) 33 E1
Belpınar Geçidi 56 D5
Belyaka 17 F1
Bemmaris 63 E2
Bencik 55 G2
Bendimahi Çayı 38 B3
Bendimahi Şelâlesi 38 C3
Benişli 18 A3
Benli 32 D4
Benliahmet 23 G4
Benlikaya 34 B3
Bentler 14 B4
Beratlı 23 E2
Berçinçatak 16 D6
Berdil 49 H3
Bereket (Ağr) 24 B6
Bereket (Ayd) 41 H6
Bereket (Burd) 43 F6
Bereket (Niğ) 46 B5
Bereket (İçe) 59 F5
Bereketli (Tok) 19 H5
Bereketli (Diy) 50 A2
Berendi 59 H2
Bereshkhorān (Irn) 38 D6
Bergama 27 E6
Beri (Irn) 24 D5
Berit Dağı 47 H4
Berkilin Çayı 50 B1
Beşadalar 57 F6
Beşağıl (Art) 22 D1
Beşağıl (Kon) 45 F5
Beşarslan 61 H5
Beşbölük 49 E1
Beşbudak 52 B2
Beşdeğirmen 15 F5
Beşdere 19 H6
Beşenli 48 A5
Beşevler (Sak) 15 E5
Beşevler (Bil) 29 F2
Beşik 35 F6
Beşikdüzü 21 E3
Beşikli 52 A1
Beşiktaş (İst) 14 B5
Beşiktaş (Ard) 23 G2
Beşiktaş Tepesi 23 G2
Beşiktepe Kö. 26 D6
Beşiri 51 E3
Beşışıklı 44 C1
Beşkız 32 A2
Beşkonak (Burd) 57 G1
Beşkonak (Ant) 57 H2
Beşköprü 30 B5
Beşkuyu 61 F2
Beşler 31 G4
Beşmağaralar Deresi 63 H1, 64 A3
Besni 48 C5
Beşoluk 35 G6
Beşparmak Dağı (Muğ) 41 F6
Beşparmak Dağı (Den) 42 D5
Beşparmak Dağları 55 F1

Beşpınar (Sam) 18 C4
Beşpınar (Bay) 21 G6
Beşpınar (Diy) 50 B3
Beşpınar Deresi 21 G6
Beştepeler Geçidi 33 F5
Beşyol (Çan) 26 C2
Beşyol (İzm) 41 F3
Beşyol (Adı) 48 D5
Bey 56 D2
Beyağaç (Ord) 20 B5
Beyağaç (Den) 56 B2
Beyaz Dağ 53 E4
Beyazköy 13 G4
Beyazören 31 E6
Beybas 26 D2
Beybesli 19 E4
Beybulak 50 C2
Beyçayırı (Çan) 27 E2
Beyçayırı (Bat) 51 E2
Beyce 27 F6
Beyceğiz 30 C4
Beycesultan 42 D4
Beycuma 16 B3
Beydağ 41 H5
Beydağı 34 B3
Bey Dağları 47 F3
Beydağları 57 E4
Beydeğirmeni 46 C1
Beydili (Ank) 29 G2
Beydili (İçe) 59 G5
Beydilli 43 E4
Beydoğan 36 A5
Beydoğmuş 35 G6
Beyel 28 B5
Beyelli 42 D4
Beyhanı 36 A6
Beykışla 29 G5
Beykonağı 33 H1
Beykonak 57 F5
Beyköy (Erd) 12 D6
Beyköy (Bol) 15 H5
Beyköy (Afy) 29 F6
Beyköy (Burd) 43 E6
Beykoz 14 C4
Beykuyusu 49 G6
Beylerbeyi 14 B5
Beyler Deresi 48 D2
Beylerli 42 D6
Beylikova 29 H4
Beynam 31 E4
Beyoba 41 G2
Beyobası (Kırş) 31 G3
Beyobası (Muğ) 56 B3
Beyoğlan 18 A5
Beyoğlu 14 B5
Beyoluk 27 F3
Beyören 29 H5
Beypazarı 30 B2
Beypınarı (Siv) 34 B3
Beypınarı (Siv) 47 H1
Beyreli 58 D3
Beyşehir 44 B6
Beyşehir Gölü 44 A5
Beyseki 20 B5
Beytüşşebap 52 B3
Beyyurdu (Çor) 32 A2
Beyyurdu (Yoz) 32 C2
Beyyurdu (Siv) 33 H5
Beyyurdu (Hak) 53 E4
Bezihane 38 C2
Bezirci 27 G2
Bezirgânlar 26 D3
Bezirhane 31 E4
Bezkese 56 B4

B. Gesdelli 13 E2
Bıçakçı 56 C3
Biçek 32 B3
Biçen Tepesi 24 B6
Biçer (Esk) 30 B4
Biçer (Kon) 44 D4
Bicikler 32 A3
Biçinlik 21 F4
Biga 27 E2
Biga Çayı 27 F2
Bigadiç 27 H5
Bigalı 26 C2
Biga Yarımadası 27 E3
Bilâloğlu 36 B5
Bilecik (Bil) 29 E2
Bilecik (Şır) 51 H3
Bilek 36 D4
Bilekkaya 36 A4
Bilgeç 35 F4
Bilican Dağları 37 F4
Bilice 35 H3
Binbaşak 23 G1
Binbaşar 23 G2
Binbirkilise 59 F1
Binboğa Dağları 47 G3
Bingöl 36 B5
Bingöl Dağları 36 D3
Bingöze 22 C5
Binpınar 37 F3
Bintaş 61 H3
Bin Tepe 41 H3
Birecik 62 D2
Birgi 41 H4
Birgos Çayı 26 D2
Bismil 50 C3
Bitik 30 D2
Bitlis 37 G6
Bitlis Çayı 51 F1
Bıyıklı 41 F6
Biznak (B) 13 F1
Böcekli 47 G6
Böçen 28 D4
Bodrum 55 F3
Boğa Dağı 56 A3
Boğakale (Erz) 23 E5
Boğakale (Kar) 23 G5
Boğa Tepesi 22 C2
Boğaz (Bar) 16 C2
Boğaz (Küt) 28 B6
Boğazağzı 56 A4
Boğaz Cayi 50 A2
Boğazdere 33 H4
Boğaziçi (İzm) 41 F5
Boğaziçi (Burd) 57 E1
Boğazkale (Bal) 27 E5
Boğazkale (Çor) 32 B2
Boğazkaya (Sam) 18 D2
Boğazkaya (Çor) 18 D6
Boğazkaya (Adı) 49 E4
Boğazköprü 46 D1
Boğazköy (Kar) 23 H3
Boğazköy (Bur) 28 D2
Boğazköy (Aks) 31 H6
Boğazköy (Nev) 46 B2
Boğazköy (Bat) 51 E4
Boğazlı 34 D5
Boğazlı Deresi 34 D5
Boğazlıyan 32 C5
Boğazlıyan Çayı 32 C5
Boğazören (Siv) 34 C2
Boğazören (Mal) 34 C6
Boğazören (Şır) 52 A3
Boğazyayla 21 E6
Bogdanovka (Ge) 24 A1

Böğecik 45 H6
Böğrek 50 B5
Böğrüdelik (Siv) 34 A6
Böğrüdelik (Kon) 44 B2
Böğrüdelik (Kon) 44 D2
Boğsak 59 H5
Böğürtlen 62 D1
Böğürtlen Dağı 19 F4
Bolaman 20 A3
Bolaman Çayı 20 A4
Bolatçık 32 B2
Bolayır 26 D1
Bölçek 27 F6
Boldacı 33 E2
Boljarovo (B)13 E1
Bolkar Dağları 60 A2
Bölmeçalı 38 B6
Bölmeç Dağı 40 C3
Bölmepınar 57 E3
Bolu 16 A5
Bölücek 16 A4
Boludağı Geçidi 15 H5
Bolu Dağları 16 A5
Bölükbaş 23 G4
Bölükçam 48 A6
Bölükova 35 H1
Bölükyazı 37 G6
Bolvadin 43 H2
Bonâb (Irn) 53 H3
Boncuk Dağı 56 C3
Bonita 41 F5
Bor 46 B5
Borçka 22 D1
Borlu 42 A2
Bornova 41 E3
Börtlüce 42 A2
Borular 34 C2
Boşet Tepesi 38 B6
Bostanbükü 16 D4
Bostancı (Zon) 16 D2
Bostancı (Şır) 51 H5
Bostandere 27 E3
Bostankent 37 E4
Bostanlı (Edi) 13 E3
Bostanlı (Afy) 43 G1
Bostanlı (Şır) 51 F4
Bostanlı Dağı 45 E5
Bostanlık 47 E2
Botan Çayı 51 G2
Botaş Tesisleri 61 F28
Boyabat 18 B2
Boyacı 18 C6
Boyalan 38 B1
Boyalı (Kas) 17 F4
Boyalı (Kas) 17 H2
Boyalı (Art) 22 D2
Boyalı (Aks) 45 H2
Boyalı (Ant) 57 F3
Boyalı (Kar) 59 F2
Boyalıca (Bal) 28 B5
Boyalıca (Bur) 28 D1
Boyalık (Ank) 30 D4
Boyalık (Kır) 31 H4
Boyalılar 41 H2
Boyalı Medrese 43 F2
Boybeyi 63 F2
Boydaş 35 F4
Boyluca 21 E5
Boynuyoğunlu 47 G6
Boynuz Tepesi 16 C3
Boyuncuk 37 E5
Bozağaç 59 G5
Bozalan (İzm) 41 E2
Bozalan (Den) 42 B5

Bozalan (Muğ) 55 G3
Bozan (Esk) 29 G3
Bozan (Kon) 31 F6
Bozan (Afy) 43 E5
Bozan Dağı 22 B5
Bozarmut (Kas) 17 F4
Bozarmut (Kas) 17 H2
Bozatlı 51 G3
Bozatlı Çayı 48 C6
Bozbel 56 B3
Bozbük (Bal) 28 A5
Bozbük (Muğ) 55 F2
Bozbulut 36 D5
Bozburun (Bal) 26 D5
Bozburun (Bur) 28 B1
Bozburun (Muğ) 55 G4
Bozburun Dağı 57 H2
Bozca 46 C1
Bozcaada 26 B4
Bozcaada (Ténedos) 26 B4
Bozcaarmut (Çank) 17 E6
Bozcaarmut (Bil) 28 D3
Bozcaatlı 42 A2
Bozçalı (Tok) 19 H5
Bozçalı (Erzi) 34 D2
Bozçalı Dağı 31 H5
Boz Çayı 57 E2
Bozdağ (Bal) 27 H4
Boz Dağ (Ank) 31 F6
Bozdağ (Siv) 33 F3
Bozdağ (İzm) 41 H4
Bozdağ (Den) 42 D4
Bozdağ (Afy) 43 E4
Bozdağ (Kon) 44 D4- 45 E4
Boz Dağ (Kon) 45 E4
Bozdağ (Mal) 48 D3
Boz Dağı (Esk) 29 F3
Boz Dağ (Kay) 46 D3
Bozdağ Tepesi 38 A2
Bozdoğan (Ayd) 41 H6
Bozdoğan (Ada) 60 D4
Bozen 27 H4
Bozgüney 47 G3
Bozhöyük (Siv) 33 F3
Bozhöyük (Sii) 51 E2
Bozhüyük (Afy) 43 G1
Bozhüyük (Muğ) 55 H2
Bozkaya 42 A5
Bozkır (Çank) 17 G6
Bozkır (Siv) 34 B2
Bozkır (Man) 41 G3
Bozkır (Aks) 45 H2
Bozkır (Kon) 58 C2
Bozkır Dağı 31 F1
Bozköy (Ayd) 41 F5
Bozköy (Uşa) 42 D2
Bozkurt (Kas) 17 G1
Bozkurt (Siv) 33 F4
Bozkurt (Den) 42 D6
Bozkuş (Siv) 20 B6
Bozkuş (Uşa) 42 D2
Bozlar 27 F2
Bozoğlak 35 E3
Bozoğlu 17 E5
Bozön 60 B3
Bozören 27 F5
Bozova (Şan) 49 E6
Bozova (Ant) 57 F2
Boztahta 46 D6
Boztepe (Edi) 12 D5
Boztepe (Ord) 20 B3
Boztepe (Kır) 31 H5
Boz Tepe (Yoz) 32 D4
Boztepe (Tok) 33 E1

Boztepe (Tok) 33 G1
Boztepe (Mar) 50 C6
Boztepe (Ant) 57 H3
Boz Tepe (Ada) 60 D1
Bozüyük 29 E3
Bozyaka (Den) 56 C3
Bozyaka (Ant) 57 H3
Bozyayla (Den) 31 H2
Bozyazı 59 E6
Bozyazı Deresi 59 F6
Boz-Yechus (A) 24 B2
Bozyüksek Tepesi 60 A2
Brodilovo (B) 13 G1
Buca 41 E3
Bucak (Şan) 49 G3
Bucak (Muğ) 55 G1
Bucak (Burd) 57 G1
Bucak (Ant) 57 H3
Bucak (Kar) 59 E4
Bucakdere 57 H1
Bucak İstasyonu 60 C2
Bucakkışla 59 E3
Bucakköy 42 B5
Bucakköyü 47 F6
Bücüklü 23 H4
Budağan Dağı 28 C5
Budak (Kırs) 32 A6
Budak (Kon) 44 A5
Budaklı 33 H3
Budaközü Deresi 32 A2
Buğa Dağı 16 D3
Buğdaylı (Erz) 23 F6
Buğdaylı (Bal) 27 G2
Buğdaylı (Şır) 51 H5
Büğdüz (Esk) 29 H3
Büğdüz (Burd) 43 F6
Büget (Aks) 45 F3
Büget (Kah) 47 H2
Buğlan Geçidi 36 D4
Buğra 31 F2
Buğu Mağarası 59 E6
Bükän (Irn) 53 H6
Bükülmez 61 H4
Bulakbaşı 24 B6
Bulak Dağı 37 E6
Bulak Gölü 45 E3
Bulancak 20 C4
Bulancık Dağı 17 F4
Bulanık (Kar) 24 A3
Bulanık (Muş) 37 F3
Bulanık (Kah) 48 A5
Bulbul (S) 61 H3
Bulcuk 44 C4
Buldan 42 B5
Buldan Barajı 42 B4
Bulduk 45 E1
Bulgurlu 33 E3
Bulgurluk (Bln) 36 B6
Bulgurluk (Kon) 46 A6
Bulgur Tepesi 16 B4
Bulkasım 22 D6
Bülke 61 G3
Bulmar Kale 52 D3
Bulmuş 35 H2
Bulucan 34 B3
Bulutlu 49 H3
Bulutlu Dağı 49 F1
Bünyan 33 E6
Bünyan Dağları 19 E3
Bur Alän (Irn) 24 D5
Burç (Şan) 50 A6
Burç (Gaz) 62 B2
Burçak Dağı 37 F2
Burcun 28 C2

Burdur 43 F6
Burdur Gölü 43 E6
Burga 18 B3
Burgababa Tepesi 21 E5
Burgazada 14 C5
Burhan 28 C4
Burhaniye (Bal) 27 E5
Burhaniye (Kay) 33 E6
Burhaniye (Kay) 47 E5
Burhanlı 26 D2
Burharkent 42 B5
Burmadere 23 G1
Burnubulak 37 H2
Bürnük 18 B2
Bursa 28 B2
Bürük (Sam) 18 D3
Buruk (Ada) 60 D2
Burunağıl 30 D6
Burunca 28 B4
Buruncuk (Zon) 16 A3
Buruncuk (Yoz) 32 A3
Buruncuk (İzm) 41 E2
Burunköy 41 F6
Busakan (A) 24 D3
Büyükada 14 C5
Büyük Adası 14 C5
Büyükafşar 31 G2
Büyük Ağrı Dağı (Great Ararat)
    24 D6
Büyükakören 33 F3
Büyükak Tepesi 33 G5
Büyükalan 56 D2
Büyükaliağaç 12 C4
Büyük Anafarta 26 C2
Büyükarmutlu 34 D3
Büyük Ayrık 50 B6
Büyükbelen 41 G2
Büyük Beşkavak 44 D1
Büyükburnak 45 F4
Büyükburunağıl 32 B6
Büyükburungüz 47 E1
Büyükçağ 36 B6
Büyük Çakır 46 D5
Büyük Çakırman 35 G2
Büyük Çamurlu 47 G4
Büyükçavuşlu 13 H4
Büyük Çayı 41 E4
Büyükçekmece 14 A5
Büyükçekmece Gölü 14 A5
Büyükcırcır 64 B1
Büyükdağ 18 C2
Büyük Dağ 19 F3
Büyükdamlacık 31 F5
Büyükdede 46 A6
Büyükdere 23 G4
Büyük Deresi (Riz) 22 B3
Büyük Deresi (Van) 38 C6
Büyük Derev 52 D3
Büyük Doğanca 12 D6
Büyük Doğanlı 41 E4
Büyük Eğri Dağı 59 G3
Büyükeyneli 32 C2
Büyükfındık 27 F5
Büyük Gelengeç 35 G1
Büyükgökçeli 43 G5
Büyükgöl 49 G3
Büyük Gölü (Siv) 34 A2
Büyük Gölü (Ada) 47 H6
Büyükgülücek 18 B6
Büyük Gümüşlü 34 D3
Büyük Güney 34 B1
Büyükgüve 45 G2
Büyükhacet Tepesi 17 G4
Büyükhan 63 E1

Büyükhırka 32 B2
Büyük Hızır Bey Camii 13 F2
Büyükhüyüklü Tepesi 32 A3
Büyükincesu 32 A2
Büyükkabaca 43 G4
Büyükkadı 50 B3
Büyükkalecik 43 F2
Büyük Karaağaç (Kas) 18 A3
Büyükkaraağaç (Muğ) 56 A3
Büyük Karacaören 62 C3
Büyük Karakuyu 48 B6
Büyükkaramuklu 47 F2
Büyük Katrancı 28 A4
Büyükkayalı 42 C4
Büyük Kemikli Burnu 26 C2
Büyükkışla (Ank) 31 F6
Büyükkışla (Nev) 46 B1
Büyük Kızılcık 47 G3
Büyük Kızıldağ 47 F3
Büyükkonak 56 C1
Büyükköy 22 A3
Büyükkoyumca 19 E3
Büyük Kulatepe 61 G5
Büyük Menderes Nehri (Meander)
    41 F5, 42 C-D4
Büyük Nacar 48 B5
Büyüknalbant Dağı 33 E4
Büyük Naneli 63 F2
Büyüknefes 32 A3
Büyükoba 44 C3
Büyükoraş 59 G2
Büyükorhan 28 B4
Büyükoturak 43 E2
Büyüköz 32 C5
Büyük Pınar 27 G4
Büyüksaka 29 E5
Büyükşapçı 27 F4
Büyüksivri Tepesi 44 C2
Büyüksofulu 46 D6
Büyüksöyle 57 E4
Büyük Sütlüce 23 G2
Büyük Süveğen 47 E3
Büyüktaş 63 G2
Büyüktatlı 47 H2
Büyükteflek 32 A4
Büyüktoraman 33 E5
Büyüktüğlük 44 B1
Büyük Türbe 63 G2
Büyüktuzhisar 33 E6
Büyükyağlı 32 C5
Büyük Yapalak 48 A3
Büyükyenice 27 F5
Büyükyılanlı Dağı 34 B4
Büyük Yoncalı 13 G3
Büyükyüreğil 33 G4
Büyükyurt 35 H4
Büyük Zap Suyu (Çığlısuyu) 52 C4-D2
Buzağıcı 13 E4
Buzgölü Tepesi 35 H2
Buzköy 19 G5
Buzlamaç 32 B5
Buzluca 30 A6
Buzluk 48 D1
Buzluk Dağı 32 D1
Buzluk Mağarası 35 G6
Buzul Dağı 52 D4
Byurakan (A) 24 C3

Cabala 61 G6
Cabertarar 42 B4
Cacabey Medresesi 31 H5
Çaçak Deresi 51 E5
Cacıklar 17 H6
Çadır Dağı (Güm) 21 F6

Çadır Dağı (Art) 23 E2
Çadır Dağı (Van) 38 A6
Çadırkaya 35 H1
Çadırlı (Şan) 49 G6
Çadırlı (Mar) 50 B6
Çadırlı (Şır) 51 H4
Çağa (Ank) 30 C2
Çağa (Şan) 49 H4
Çağbaşı 51 G3
Çağırgan 56 B2
Çağış 27 G5
Çağlarca 35 F5
Çağlayan (Tra) 21 G3
Çağlayan (Erz) 22 D4
Çağlayan (Kar) 23 G3
Çağlayan (Bur) 28 B2
Çağlayan (Erzi) 35 G3
Çağlayan (Kah) 47 H4
Çağlayan Çayı 51 H4
Çağlayan Deresi 22 C2
Çağlayangeçit 48 A5
Çağlıpınar 23 E1
Çağşak 47 G2
Çağsat 32 A1
Çakallar (Bal) 27 F4
Çakallar (Bur) 28 A4
Çakallı (Sam) 19 E3
Çakallı (Ada) 60 C2
Çakallıçullu 47 H6
Çakallık 15 G5
Çakarkaya 48 B5
Çakartaş 49 H3
Çakıbeyli 41 G6
Çakıl Dağı 20 D4
Çakıldak 18 B1
Çakıldere 23 G2
Çakılkaya 21 E6
Çakılköy 27 H2
Çakıllı (Kir) 13 G3
Çakıllı (Bal) 27 H6
Çakıllı (Nev) 46 B3
Çakıllı Gedik 58 B2
Çakır 27 F3
Çakıralan 18 D3
Çakırbey 37 H2
Çakırca 28 D1
Çakırçay 18 A2
Çakırdere 27 E5
Çakırgediği 47 F6
Çakırhöyük 48 C5
Çakırköy 56 C2
Çakırlar (Kon) 44 B4
Çakırlar (Ant) 57 G3
Çakırlar Deresi 32 D2
Çakırlı (Ord) 19 H5
Çakırlı (İçe) 60 B2
Çakıroglu (Kah) 47 H6
Çakıroğlu (Ela) 49 G2
Çakıröz 21 G6
Çakırözü 43 F3
Çakırpınar 37 E6
Çakırsoğut 51 H3
Çakır Suyu 60 C2
Çakırtarla 34 C3
Çakmak (Bur) 28 C4
Çakmak (Esk) 30 B6
Çakmak (Erz) 37 E2
Çakmak (Kon) 46 A6
Çakmakbeli 33 G2
Çakmak Dağ 16 D4
Çakmak Dağı 37 F1
Çakmakdüzü 34 C5
Çakmaközü 37 F2
Çakmaktepe 62 C2

Çakrak 20 D5
Çakraz 20 A5
Çal 42 C5
Çalapverdi 32 D5
Çalatlı 32 B3
Çalbaşı 35 F4
Calcı 30 A3
Çaldağ 18 B4
Çal Dağ (Esk) 30 A5
Çal Dağ (Man) 42 A4
Çal Dağı (Gir) 20 C4
Çal Dağı (Ank) 30 C5
Çal Dağı (Erzi) 34 D4
Çal Dağı (Man) 41 G2
Çal Dağı (Kon) 44 D6
Çaldere (Bal) 27 H5
Çaldere (Kon) 45 E4
Çaldıran (Van) 38 C3
Çaldıran (Van) 52 D2
Çalgan (Gir) 21 E6
Çalgan (Siv) 34 C5
Çalı 28 B2
Çalıbaba Dağ 41 G3
Çalıbalı Dağı 57 F4
Çalıçalan 29 H2
Çalı Deresi 51 H2
Çalıdüzü 37 G6
Çalıkı 32 A3
Çalış (Ank) 30 D5
Çalış (Nev) 32 B6
Çalışkan 33 E3
Çalışlar 43 G2
Çalıyurt 34 B5
Çalkaya 57 H3
Çalköy (Ama) 18 C4
Çalköy (Küt) 43 E1
Çallı (Kar) 23 H4
Çallı (Siv) 33 G3
Callicolone 26 C3
Çalligedik Geçidi 32 C6
Çalören 45 G2
Çalpınar (Mar) 51 E5
Çalpınar (Ant) 57 E3
Çal Tepe 29 H1
Çaltepe (Tok) 33 G1
Çaltepe (Siv) 34 A2
Çaltepe (Siv) 34 A4
Çaltepe (Burd) 56 D1
Çaltepe (Ant) 57 H2
Çaltı (Çan) 26 C4
Çaltı (Bil) 29 E3
Çaltı (Den) 42 D6
Çaltı (Kon) 44 D4
Çaltı Burnu 19 G3
Çaltıcak 18 A6
Çaltı Çayı 34 D4
Çaltıdere 41 E2
Çaltılı 37 F2
Çaltılıbük 28 A3
Çamalak 32 A5
Çamalan 28 C5
Çamaltı (Sam) 19 E3
Çamaltı (Tok) 19 G6
Çamarası 42 B6
Çamardı 46 C5
Çamaş 20 A4
Çambalı 20 A6
Cambaşı Y. 20 B5
Cambazlı 59 H4
Çambel 41 F3
Çambeyli 43 E3
Cambreion 27 F6
Çambulak 35 G3
Çam Burnu 20 B3

Çamburun 21 H3
Çam Dağ 15 G5
Çamdalı 19 H6
Çamdere (Bay) 21 H6
Çamdere (Uşa) 42 C3
Çamdere (Şan) 49 G4
Çameli 56 C3
Çam Geçidi 23 F1
Çamiçi (Tok) 19 H5
Çamiçi (Muğ) 55 F1
Çamiçi (Kon) 58 D3
Camili (Kas) 17 G2
Camili (Art) 22 D1
Camili (Ank) 31 F1
Camilibeli 31 E2
Camiliyurt 47 H1
Camimülk 35 E1
Çamköy (Zon) 16 B4
Çamköy (Tok) 19 H6
Çamköy (Ayd) 41 F5
Çamköy (Muğ) 55 G2
Çamköy (Burd) 56 D2
Çamlı (Ord) 20 A4
Çamlı (Güm) 21 F5
Çamlıbel (Tra) 21 H4
Çamlıbel (Erz) 23 E4
Çamlıbel (Tok) 33 F2
Çamlıbel Geçidi 33 G2
Çamlıbeli Dağları 33 F2
Çamlıca (Edi) 12 D6
Çamlıca (Art) 22 D2
Çamlıca (Art) 23 F1
Çamlıca (Çan) 26 C3
Çamlıca (Bur) 28 A2
Çamlıca (Bin) 36 B4
Çamlıca (Kon) 44 B5
Çamlıca (Kay) 46 D4
Çamlıca (İçe) 59 F4
Çamlıçatak 23 G1
Çamlıdere (Ank) 16 D6
Çamlıdere (Burd) 43 G6
Çamlıdere Geçidi 16 D6
Çamlıhemşin 22 B2
Çamlık (Küt) 28 B5
Çamlık (Siv) 34 C3
Çamlık (İzm) 41 F5
Çamlık (Van) 52 D2
Çamlık (Burd) 57 G1
Çamlık (Isp) 58 B2
Çamlıkale 23 F5
Çamlıkaya 22 C4
Çamlıkköyü Mağarası 58 B2
Çamlık Milli Parkı 32 B3
Çamlıköy (Muğ) 55 H3
Çamlıköy (Ant) 56 D5
Çamlıkoz 22 A5
Çam Limanı 55 F2
Çamlıpınar 59 E6
Çamlı Tepe 45 G2
Çamlıtepe 58 B4
Çamlıyamaç 22 D4
Çamlıyayla 60 B2
Çamlıyurt 21 G4
Çamoluk (Gir) 21 E6
Çamoluk (Burd) 57 F1
Çamönü 41 G1
Çampınar (Gaz) 48 D3
Çampınar (İçe) 59 F3
Camsaray 33 E2
Çamsu 42 D2
Çamur Barajı 35 G1
Çamurdük 28 D6
Çamurköy (Güm) 35 G1
Çamurköy (Muğ) 56 C5

Çamurlu (Erz) 23 F6
Çamurlu (Siv) 33 H5
Çamurlu (Kon) 44 C5
Çamurluk 59 G2
Çamuşlu 23 H5
Camuzcu 60 D3
Çamyatağı 18 D4
Çamyayla (Çan) 26 D3
Çamyayla (Bil) 29 E3
Çamyayla (Muğ) 56 A2
Çamyolu 58 C5
Çamyurt 26 D2
Çamyuva (Uşa) 42 D2
Çamyuva (Ant) 57 G5
Çan (Çan) 27 E3
Çan (Ela) 36 A4
Canacık 27 G3
Canae 26 D6
Çanakça 14 A4
Çanakçı (Gir) 21 E3
Çanakçı (Bal) 28 B5
Çanakçı (Erzi) 34 D5
Çanakçı (Niğ) 46 B6
Çanakçı (Şan) 63 G1
Çanak Deresi 15 E5
Çanakkale 26 C2
Çanakkale Boğazı (Dardanelles)
  26 D2
Çanaklı 43 G6
Çanakpınar (Mal) 34 C6
Çanakpınar (Ant) 58 B3
Çanaksu 23 H2
Çanakyayla 37 G4
Çandarlı (Bur) 29 E1
Çandarlı (İzm) 41 E1
Çandarlı Körfezi 40 D2
Can Deresi 27 E3
Çandır (Bal) 27 G4
Çandır (Ank) 31 F1
Çandır (Yoz) 32 D5
Çandır (Kon) 45 E3
Çandır (Muğ) 56 A4
Çandır (Isp) 57 H1
Çandırlar 47 E5
Çangal Dağları 18 A2
Can Hasan Höyüğü 59 F1
Canık 18 D4
Canik Dağları 19 G5
Cankara 48 C4
Çankaya (Ank) 31 E3
Çankaya (Mar) 50 C5
Çankırı 17 G6
Çanköy 41 F1
Cankurtaran Geçidi 22 D1
Çanlı Kilise 45 H3
Cansa 42 B2
Çapalı 43 F5
Çapırköy 15 E6
Cappadocia 46 C3
Çarcı Deresi 23 H2
Çardak (Çan) 26 D2
Çardak (Yoz) 33 E3
Çardak (Den) 42 D5
Çardak (Nev) 46 B2
Çardak (Kah) 47 H3
Çardak (Hat) 61 G2
Çardakbaşı 29 H4
Çardaklı 50 B1
Çardaklı Deresi 35 F2
Çardak Tepesi 47 E2
Carencavan (A) 24 D3
Carene 26 D6
Carevo (B) 13 G1
Çarıklıfabrikasıköyü 50 B3

Çarıksaraylar 44 A4
Camiyanı 18 C1
Çarpanak Adası 38 A5
Çarşamba (Sam) 19 G3
Çarşamba (Küt) 28 B4
Çarşamba Ovası 19 G3
Çarşıbaşı 21 F3
Çarşıcuma 32 A2
Çarşıköy 19 F4
Çat (Riz) 22 B3
Çat (Erz) 36 C2
Çat (Nev) 46 B2
Çatacık 29 G2
Çatağan Deresi 47 H3
Çatak (Kas) 17 G2
Çatak (Ord) 19 H3
Çatak (Tra) 21 G4
Çatak (Erz) 22 C5
Çatak (Erz) 23 F4
Çatak (Bol) 29 G2
Çatak (Çor) 32 C1
Çatak (Erzi) 35 E1
Çatak (Bin) 36 C3
Çatak (Bin) 36 D3
Çatak (İzm) 41 H4
Çatak (Kon) 44 C4
Çatak (Şan) 49 G5
Çatak (Van) 52 A2
Çatak (Kara) 59 E3
Çatak (İçe) 59 H4
Çatakbaşı 35 G6
Çatak Çayı (Bol) 29 G2
Çatak Çayı (Van) 52 A2
Çatakdere 36 A2
Çatakkaya 22 B4
Çatakköprü 50 D2
Çataklı (Siv) 34 D1
Çataklı (Muş) 37 F4
Çataklı (Ada) 61 F2
Çataksu 23 E3
Çatal Adası 56 C6
Çatalağaç 48 B5
Çatalağzı 16 B3
Çatalan 60 D1
Çatalan Barajı 60 D1
Çatalarmut 35 F2
Çatalca (İst) 14 A4
Çatalca (İzm) 41 E4
Çatalca (Hak) 53 F4
Çatalçam (Bal) 28 A5
Çatalçam (Erzi) 35 E1
Çatalçam Tepesi 34 D1
Çatalçeşme (Ank) 31 F4
Çatalçeşme (Aks) 45 H2
Çataldere 22 B3
Çatalelma (Erz) 23 F4
Çatalelma (Kar) 23 G4
Çatalerik 37 F6
Çatalgül 37 F3
Çatal Höyük 45 E6
Çatalhöyük 61 F1
Çatalhüyük 61 G4
Çatalkaya 33 F2
Çatalköprü (Sak) 15 F5
Çatalköprü (Ard) 23 F2
Çatallar 37 E5
Çatallı 31 H2
Çataloluk (Siv) 20 C6
Çataloluk (İçe) 59 F5
Çataltepe (Tra) 22 B4
Çataltepe (Gaz) 48 B4
Çataltepe Geçidi 17 G2
Çatal Tepesi 16 A5
Çatalyaka 35 H3

Çatalyurt 50 D5
Çatalzeytin 17 H1
Çatar 18 B5
Çat Dağı 38 B6
Çatdağı Tepesi 23 F3
Çatkale 36 D2
Çatkese 17 E5
Çatköy (Küt) 28 D6
Çatköy (Siv) 33 E4
Çatköy (Kon) 59 H2
Çatköy (Hat) 61 G2
Çatkuyu 43 F2
Çatlıca 52 A2
Çatma Dağ 43 E3
Çatmakaya 58 C2
Çatören (Erzi) 36 B2
Çatören (Kon) 44 D6
Çatören Barajı 29 F5
Çatpınar 34 B1
Çat Suyu 23 G1
Çavak 60 B3
Çavdar (Ord) 20 B6
Çavdar (Ayd) 41 F6
Çavdarhisar 28 D6
Çavdarlı (Afy) 43 G2
Çavdarlı (Niğ) 46 C4
Çavdır (Ant) 56 C5
Çavdır (Burd) 56 D2
Çavlı 50 A2
Çavlı Han 48 A2
Çavuş 44 B6
Çavuşçu 31 H1
Çavuşçugöl 44 B3
Çavuşçu Gölü 44 B3
Çavuşdere (Bol) 15 H6
Çavuşdere (Ela) 36 A6
Çavuşköy (Tek) 13 E5
Çavuşköy (Ama) 18 C5
Çavuşköy (Erz) 37 E2
Çavuşköy (Ant) 57 F5
Çavuşlar (Zon) 16 D4
Çavuşlar (Ord) 20 B4
Çavuşlar (Bin) 36 C5
Çavuşlu (Koc) 14 D5
Çavuşlu (Ank) 31 E4
Çavuşlu (Yoz) 32 D3
Çavuşpınarı 59 F2
Çavuştepe 38 B6
Çay 43 H3
Çayağzı (İst) 14 C4
Çayağzı (Ard) 23 G1
Çayağzı (Bal) 27 G1
Çayağzı (Kır) 31 H5
Çayan (Çor) 17 H6
Çayan (Ama) 18 D6
Çayarası 23 G5
Çaybağı 35 G6
Çaybağı Deresi 38 C5
Çaybaşı (Kas) 17 H4
Çaybaşı (Sin) 18 A1
Çaybaşı (Sin) 18 A3
Çaybaşı (Ama) 18 C5
Çaybaşı (Ord) 19 H4
Çaybaşı (İzm) 41 F4
Çaybeyi 62 C3
Çayboğazı Barajı 56 D5
Çayboyu (Siv) 33 H3
Çayboyu (İçe) 60 C3
Çayçatı 36 D4
Çaycuma 16 B3
Çaydere İstasyonu 13 H4
Çaydır Barajı 56 D3
Çayeli 22 B2
Çaygören Barajı 27 H6

Çayhan 46 A6
Çayhisar 56 B3
Çayır (Zon) 16 B3
Çayır (Sam) 19 E3
Çayır (Sii) 51 G3
Çayıralan (Ord) 19 H4
Çayıralan (Ord) 19 H5
Çayıralan (Yoz) 32 D5
Çayırbağ 43 G2
Çayırbağı (Tra) 21 F4
Çayırbağı (Kon) 44 D6
Çayırbaşı (Ard) 23 G2
Çayırbaşı (Kon) 44 C2
Çayırbeyli 23 F6
Çayırçukur 21 E4
Çayırdere 37 G3
Çayırhan 30 A2
Çayırkent 19 F3
Çayırköy 49 G2
Çayırköy Mağarası 16 B3
Çayırlar 21 G4
Çayırlı 35 H2
Çayıroba 22 A4
Çayıroğlu 32 D1
Çayıroluk 28 D4
Çayırözü (Erz) 22 B4
Çayırözü (Yoz) 32 D2
Çayırözü (Kay) 46 D3
Çayırşeyhi 33 F4
Çayırtepe 22 D6
Çayıryazı 43 G3
Çaykara (Tra) 21 H4
Çaykara (Adı) 48 C5
Çaykaşı 17 E4
Çaykavak Geçidi 46 B6
Çaykaya 51 F2
Çaykent 35 H2
Çayköy (Kas) 17 G2
Çayköy (Erz) 22 B6
Çayköy (Bil) 29 F3
Çayköy (Mal) 49 E2
Çayköy (Ant) 56 C5
Çayköy Kaplıca 18 B6
Çaylakköy 29 G1
Çaylar 36 D3
Çaylarbaşı 49 G4
Çaylıca (Kay) 47 E3
Çaylıca (Hak) 52 C3
Çayönü 20 A6
Çayönü Deresi 37 E4
Çayözü 32 C3
Çaypınar (Bal) 27 G4
Çaypınar (Yoz) 32 D3
Çaytepe 50 C2
Çayüstü (Erz) 23 E4
Çayüstü (Afy) 43 F4
Çayyaka (Kas) 17 E1
Çayyaka (Çor) 17 H6
Çayyolu 30 D3
Çayyurt 16 B5
Cebe 35 E5
Cebeci (Koc) 15 E4
Cebeci (Çor) 17 G3
Cebeci (Kar) 24 A2
Ceceli 46 A2
Cecimli 48 C1
Cedit Ali Paşa Camii 13 E3
Cehennem Deresi 51 F5
Çekalan 18 D3
Çekemlikuz Tepesi 48 A1
Çekerek 32 D2
Çekerek Irmağı 18 D6, 33 F2
Çekirdekli 27 H5
Çekirge 30 D6

Celali 34 A3
Celaliye (Kir) 13 F3
Celaliye (İst) 14 A5
Celaller 46 C5
Celallı 19 E4
Çelebi (Erd) 12 C6
Çelebi (Kır) 31 F4
Çelebibağı 38 A3
Çelebi Dağı 31 F4
Çelebiler 33 H3
Celep 31 E6
Celi 45 F4
Çelik 41 H3
Çelikhan 48 D3
Çelikköy 48 B5
Çelikli (Tok) 33 F2
Çelikli (Erz) 37 F2
Çeltek (Yoz) 32 D2
Çeltek (Siv) 33 H2
Çeltek (Isp) 44 A5
Çeltek (Aks) 45 H3
Çeltek (Burd) 57 E1
Çeltek Dağı 33 H2
Çeltik (Edi) 12 D6
Çeltik (Kon) 30 B6
Çeltikbaşı 17 G4
Çeltikçi (Bur) 27 H3
Çeltikçi (Ank) 30 D1
Çeltikçi (Küt) 42 C1
Çeltikçi (Burd) 43 F6
Çeltikçi Geçidi 43 F6
Çeltikçi (Burd) 57 F1
Çeltik Gölü 12 C6
Çeltikli (Ank) 30 D5
Çeltikli (Bit) 51 G1
Çeltiksuyu 36 B5
Cemalköy 33 G4
Cem Deresi 37 G2
Cemilbey 18 C6
Cemilköy 46 C2
Çemişgezek 35 E5
Cenchreae 26 C3
Cendere Köprüsü 49 E4
Cendere Suyu 49 E3
Çendik 43 F6
Çene Dağı 15 E5
Çeneköy 13 F4
Çengel 29 E1
Çengeller (Bol) 16 B5
Çengeller (Zon) 16 C4
Çengelli Dağ 34 C3
Çengelti 45 E5
Çenger 58 B4
Cengerli 35 E2
Çengiler Geçidi 14 C6
Cengilli 23 H5
Cennetpınar 35 H1
Cennet ve Cehennem Mağaraları
   60 A4
Çepeali Deresi 44 B4
Çepni (Bol) 16 A6
Çepni (Afy) 43 E3
Çeralan 47 F4
Cerasus 20 C4
Çerçi (Tok) 19 F6
Çerçi (Şan) 49 G4
Çerçialanı 33 F4
Çerçiler 18 C3
Çerdiğin 19 F6
Çerikli 31 H3
Cerityaylası 43 E4
Çerkeş 17 E5
Çerkeşli 14 D5
Çerkez 17 H5

Çerkezköy 13 H4
Çerkez Söğütlü 33 F6
Çermeli Çayı 22 B5
Çermik 49 H3
Çermik Çayı 49 H2
Çermik Kalesi 49 H2
Çermik Suyu 33 H2
Cernicevo (B) 12 B4
Çerte 28 D6
Çeşme 40 C4
Çeşmealtı 40 D3
Çeşmecik 44 C4
Çeşmekolu 13 F3
Çeşmelisebil 44 D2
Çeşnigil 18 B2
Çeştepe 15 H3
Çetenli (Ağr) 38 C1
Çetenli (Hat) 61 G5
Çetibeli Geçidi 55 H3
Çetinkaya (Siv) 34 B4
Çetinkaya (Şır) 51 G3
Çetinler 50 C6
Çetmi 58 D3
Cevdetiye 61 F2
Çevikli 61 F5
Çeviksu 50 D2
Çevirme (Kir) 32 A4
Çevirme (Siv) 34 A6
Cevizdüzü 51 H4
Cevizköy (Kir) 13 G3
Cevizköy (Siv) 34 C5
Cevizli (Çor) 18 C6
Cevizli (Esk) 29 G5
Cevizli (Hak) 52 C4
Cevizli (Ant) 58 B2
Cevizli (Gaz) 62 A2
Cevizli Dağ 41 G5
Cevizlik (Sam) 19 F4
Cevizlik (Sii) 51 G2
Çevre 53 E4
Çevreli 19 G6
Ceyhan 61 E2
Ceyhan Boğazı 61 E3
Ceyhan Nehri 47 G6-H5, 61 E3
Ceylanköy (Kir) 13 F3
Ceylanköy (Muğ) 56 D4
Ceylanlı 37 H1
Ceylanpınar 64 B1
Ceylan Tepesi 45 E4
Chammah Limã (Irq) 53 E5
Charweli 21 H4
Chaveti (Ge) 23 H1
Chimaera (Yanartaş) 57 G5
Chryse 26 B5
Chtskonk (Beşkilise) 24 A4
Church of St Nicholas 57 E6
Çiçek 58 D2
Çiçekbaba Tepesi 56 B3
Çiçekdağı 32 A4
Çiçekdağı Geçidi 32 A4
Çiçek Dağları 31 H4
Çiçekdağları 44 A5
Çiçekler 44 B6
Çiçekli (Erz) 22 D6
Çiçekli (Man) 27 H6
Çiçekli (Tun) 35 G4
Çiçekli (Van) 38 B2
Çiçekli (Kar) 59 E2
Çiçekli (İçe) 60 C3
Çiçekli (Ada) 60 D2
Çiçeklidağ 23 G1
Çiçeklikeller 31 H2
Çiçekpınar 44 A5
Çiçektepe 43 G4

Çiçekyayla 17 H1
Cide 17 E1
Çiftçidere 27 G5
Çiftehan 46 B6
Çifteköprü (Riz) 22 A4
Çifteköprü (Art) 22 D1
Çifte Kümbet 46 D1
Çifteler 29 H5
Çifte Medrese 46 D2
Çifte Mezar 59 H5
Çifte Minare 33 H3
Çıfte Minareli Medrese 22 C6
Çiftepınar 60 A3
Çiftevi 45 H1
Çiftlik (Bol) 15 H5
Çiftlik (Erzi) 36 B2
Çiftlik (İzm) 41 H4
Çiftlik (Aks) 46 A4
Çiftlik Deresi 13 E4
Çiftlikdüzü 22 D3
Çiftlikkale 48 A4
Çiftlikköy (Kir) 13 F4
Çiftlikköy (İst) 14 A4
Çiftlikköy (Koc) 15 E5
Çiftlikköy (Kas) 17 H3
Çiftlikköy (Ağr) 24 C6
Çiftlikköy (Man) 27 F6
Çiftlikköy (Afy) 30 A6
Çiftlikköy (Kay) 33 F6
Çiftlikköy (İzm) 40 C4
Çiftlikköy (Den) 42 B6
Çiftlikköy (Nev) 46 A2
Çiftlikköy (Muğ) 55 F3
Çiftlikler 61 F2
Çiftliközü 44 C5
Çiğcik 61 F1
Çiğdeli 32 A5
Çiğdemköy 32 A6
Çiğdemli (Yoz) 32 C3
Çiğdemli (Diy) 50 D2
Çiğdemli (Kar) 59 F2
Çiğdemlik 19 E5
Çiğil 45 F6
Çiğli (İzm) 41 E3
Çiğli (Hak) 52 B4
Çiğlık 58 D5
Çiğnir 34 D5
Cihadiye (Mal) 48 D2
Cihadiye (Ada) 61 E2
Cihanbey 16 C3
Cihanbeyli 45 E2
Cihangazi 29 E4
Çıkrıcak 28 D5
Çıkrık 43 G2
Çıkrıkçı (Yoz) 32 D4
Çıkrıkçı (Man) 42 B2
Çilçenin Tepesi 33 H2
Çıldır 23 H1
Çıldır Gölü 23 H1
Çile Dağı 30 C3
Çilekli 21 F3
Çilene 41 E4
Çilhane 19 H6
Çilhorozdağı Geçidi 21 F6
Çilimli 15 G5
Çiller 45 H6
Çilli Geçidi 24 C6
Cilvegözü 61 H5
Çimen 30 D6
Çimencik 45 H6
Çimenkaya 23 F1
Çimenli (Güm) 35 F1
Çimenli (Ağr) 37 H3
Çimenli (Gaz) 62 B2

Çimento Geçidi 34 D4
Çimiköy 58 B3
Çimşit 31 E5
Çınar (Siv) 34 A2
Çınar (Diy) 50 B4
Çınarardı 37 F5
Çınarbaşı 61 H3
Çınar Burnu 40 D1
Çınarcık (İst) 14 C6
Çınarcık (Uşa) 42 C2
Çınar Göksu Barajı 50 C4
Çınarlı (Çan) 26 C3
Çınarlı (Kah) 48 A6
Çınarlı (Ada) 60 D2
Çınarpınar Dağı 47 G5
Cincinli Sultan Hanı 32 D3
Cindere 42 B4
Cindi 20 C4
Çine 41 G6
Çine Çayı 41 G6
Cinge 27 F6
Cin Kalesi 57 F2
Cipköy Barajı 35 F6
Çıplakada 26 D6
Çıralı (Tun) 35 G4
Çıralı (Ant) 57 F5
Çırçır 33 G2
Çırdak (Bol) 16 C5
Çırdak (Kas) 17 F2
Çirişgediği 60 D2
Çirişli Dağ 43 H4
Çırıştepe 60 B2
Ciritdüzü 23 F1
Çırlek 43 F1
Çırpı (İzm) 41 F4
Çırpı (Muğ) 55 H2
Çırpılar 26 D4
Cisthena 26 D5
Çıtak (Man) 41 H1
Çıtak (Den) 42 D4
Cıva Burnu 19 F2
Civan 22 D1
Civan Dağı 28 B5
Cıvcan Dağı 16 C6
Çiviliçam 28 A3
Cıvıklı 47 F4
Civler 58 D4
Çivril (Tok) 19 E6
Çivril (Den) 42 D4
Çizgili 52 B2
Cizözü 33 F2
Cizre 51 G4
Cizre Barajı 51 G4
Claros 41 E5
Cleopatra's Gate 60 C3
Çobanbey 62 B3
Çobanbeyli 47 H3
Çobandüzü 38 A3
Çobanhasan 41 G1
Çobanisa (Isp) 43 G5
Çobanisa (Muğ) 56 D3
Çobanisa (Ant) 57 E3
Çobankaya 43 G3
Çobanlar (Man) 27 G6
Çobanlar (İzm) 41 G4
Çobanlar (Afy) 43 G2
Çobanlı 34 D1
Çobanlı Çayı 34 D1
Cobansaray 43 F4
Çobansuyu 51 G1
Çobantaş Geçidi 36 C4
Çöğmen 56 C3
Çoğulhan 47 H3
Çoğun 31 H5

Çoğun Barajı 31 H5
Çöğürler 29 F6
Çokak 47 G5
Çökelek 41 H3
Çökekyazı 51 H1
Çokmaşat 34 C5
Çokören 30 D4
Çokraalan 32 D5
Çokumağıl 32 C5
Çokumeşme 32 D4
Çolağan 50 C3
Çolak Burnu 40 C3
Çolaklar 41 H2
Çolaklı 49 E2
Çolap Deresi 49 F6
Çöl Gölü 46 C3
Çölgüzeli 50 B3
Colonae 26 D2
Colophon 41 E4
Çölova 50 D6
Çölyaylası 30 D6
Çomaklı 57 G3
Çomaklıbaba Tepesi 38 B5
Çomaklı Dağı 33 E3
Comana Pontica 19 G6
Çomar 17 G4
Çömelek 59 G3
Çömlek 22 C4
Çömlekçi (Man) 41 G2
Çömlekçi (Kay) 47 E2
Çömlekköy 12 D2
Çömlekpınar 12 D2
Çömleksaz 42 C6
Çömlük 47 E5
Çöpköy (Edi) 12 D4
Çöpköy (Uşa) 42 B4
Çöplü (Çor) 32 B2
Çöplü (Ada) 60 C3
Çopraşık 32 B4
Çorakboğazı 34 C2
Çoraközü 30 D6
Corca Hüyük 45 E2
Çöreğibüyük 19 G6
Çörekçiler 17 F5
Çorlu 13 G4
Çorlu Suyu 13 G4
Cortak (Man) 42 B2
Cortak (İçe) 59 G4
Çoruh Nehri 22 A6-D1
Çoruhözü 31 G3
Çoruk 27 E5
Çorum 18 B6
Çorum Deresi 18 B6
Çörüş 58 D5
Coşan Dağ 22 A6
Çöteli 35 F6
Çotuklu 38 B2
Çöve 18 C3
Çövenli 13 G3
Cremaste 26 D2
Çubuk 31 E2
Çubuk Barajı I 31 E2
Çubuk Barajı II 31 E1
Çubukbeli 31 E2
Çubuk Beli 57 F2
Çubuk Çayı 31 E2
Çubuk Dağı 23 E2
Çubukkoyağı 59 E6
Çubuklu (Tra) 21 G3
Çubuklu (Tok) 33 F2
Çubuklu (Van) 38 C3
Çubuklu (Van) 38 C4
Çubuklu (Kay) 46 D4
Çubuklu (Muğ) 56 C3

Cüceli 47 H5
Cücükşar Tepesi 33 H4
Cudi Dağı (Şır) 51 H4
Cudi Dağı (Şan) 63 F2
Çuhadaroğlu 17 G1
Çuhalı 18 B2
Cukarovo (B) 12 C1
Çukurağıl 42 C3
Çukurasma 59 G5
Çukurbağ (Niğ) 46 C5
Çukurbağ (Ant) 56 D6
Çukurbağ (Kar) 59 E4
Çukurca (Esk) 29 G6
Çukurca (Afy) 43 E3
Çukurca (Hak) 52 C5
Çukurca (Hak) 53 E3
Cükurcaalan 18 C2
Çukurçayır 21 G3
Çukurçimen 44 C6
Çukurhan 18 B2
Çukurhisar 29 F3
Cukurite (B) 12 B4
Çukurka 57 H1
Çukurkışla 47 F3
Çukurköy (Edi) 12 D3
Çukurköy (İst) 14 C6
Çukurköy (Kas) 17 H5
Çukurköy (Den) 42 C6
Çukurköy (Ada) 46 C6
Çukurköy (Muğ) 55 G1
Çukurköy (Kar) 59 E3
Çukurkuyu (Aks) 45 F4
Çukurkuyu (Niğ) 46 A5
Çukurören (Bil) 29 E2
Çukurören (Küt) 42 D1
Çukurova 60 D3
Çukuröz 34 C4
Çukurpınar 13 F2
Çukurtarla 37 G4
Çukurtaş 49 E4
Çukuryayla 36 D2
Çukuryurt 13 G3
Çulha 47 E3
Çullar 46 A2
Cullu 37 E1
Culuk 30 D5
Cumaçay 24 A6
Cuma Çayı 24 A6
Cumalı (Ayd) 41 H6
Cumalı (Den) 42 D6
Cumalı (Aks) 45 H2
Cumalı (Ant) 57 H3
Cumaova 15 G5
Çumra 45 E6
Çüngüş 49 G2
Curali 32 D5
Çürdük 33 G1
Curi Çayı 19 H3
Çürükbağ 27 E6
Çürükköy 32 D2
Çürüttüm 29 F5
Çuvallı 57 E1

Dăbovec (B) 12 B2
Dabyra 18 A5
Dadağlı 47 H6
Dadat (S) 62 D3
Daday 17 F3
Dadiá (G) 12 C4
Dadiá Forest Reserve (G) 12 C4
Dadil Hanı 32 D2
Dafnón (G) 40 B4
Dağ 57 G2
Dağağzı 15 E4

Dağakça 28 B3
Dağardı (Küt) 28 B5
Dağardı (Kay) 47 E2
Dagarli (A) 24 B3
Dağbağ 57 E5
Dağbaşı (Tra) 21 G4
Dağbaşı (Şan) 49 G3
Dağcayırı 37 E3
Dağdelen (Sin) 18 B3
Dağdelen (Ağr) 38 C1
Dağdere (Man) 41 H1
Dağdere (Kah) 47 H3
Dağdibi (Güm) 21 E5
Dağdibi (Bit) 37 H6
Dağdibi (Şır) 52 B4
Dağevi 31 G3
Dağkale Tepesi 36 D3
Dağkızılca 41 F4
Dağküplü 29 G3
Dağkuzören 30 C1
Dağlıca (Kah) 47 H2
Dağlıca (Hak) 52 D4
Dağmarmara 42 C4
Dağnı Dağı 32 C2
Dağören 17 F5
Dağpazarı 59 G3
Dağpınar 55 G3
Dağtarla 22 A5
Dağyanı 49 G6
Dağyeli 51 F3
Dağyenice 14 A4
Dağyolu 35 H3
Dağyurdu (Siv) 34 C2
Dağyurdu (Erz) 36 C2
Dahuk (Irq) 52 B6
Dalama 41 H6
Dalaman 56 B4
Dalaman Nehri 56 B3
Dalbasan 35 H4
Dalca 15 E5
Daldalık 37 H2
Dallıbahçe 35 H4
Dallımandıra 27 G4
Dallıtepe 36 B4
Dallı Tepesi 36 C5
Daloba 26 D4
Dalyan (Çan) 26 C4
Dalyan (Muğ) 56 A4
Dalyasan 31 E1
Damal 23 G1
Damatlı 41 H3
Damat Rüstem Paşa Camii 13 F5
Dambaslar 13 F4
Damhüyük 35 F6
Damızlık 47 H2
Damlacık 49 F4
Damla Dağı 52 A2
Damlama 60 C2
Damlapınar 59 E2
Damlataş Mağarası 58 C4
Damla Tepesi 52 B2
Damlıca 48 D6
Damlık 41 H4
Dampınar 41 F5
Damsa 46 C2
Damsa Barajı 46 C2
Damyeri 19 H4
Dana Adası 59 H5
Danaçalı 28 B4
Danacı 31 G2
Danacıovası 31 F4
Dānālu (Irn) 38 D1
Danapınar 27 E2
Dandalaz 42 A6

Dandalaz Barajı 42 A6
Danişment (Bay) 21 H5
Danişment (Bal) 27 F3
Danişment (Siv) 34 C4
Danişment (Muğ) 55 F1
Danişment (Ada) 60 D3
Danişmentler 42 B1
Dara 50 D5
Daraçya Yarımadası 55 H4
Daran 59 E4
Darbant (A) 24 B2
Darboğaz 46 B6
Dardanos Tümülüsü 26 C3
Darende 48 B2
Daret 'Azzeh (S) 61 H4
Dargeçit 51 F4
Dargiyuk (Ge) 24 B1
Darıbükü 43 H6
Darıca (İst) 14 C6
Darıca (Bal) 27 G3
Darıca (Yoz) 32 C2
Darıca (Mal) 48 B2
Darıcabaşı 20 B4
Darıçayırı 15 F4
Darıkent 35 H5
Darıköy 20 C4
Darıovası 47 G6
Darıveren 56 D2
Darköprü 50 C2
Darlıkköyü 14 D5
Daryach-ya Orümiýé (Irn) 53 G1
Daskyleion 27 H3
Datça 55 F4
Datça Körfezi 55 F4
Davaslar 57 E6
Davras Dağları 43 G6
Davulalan 33 F3
Davulga 44 A1
Davul Höyük 33 H6
Davuteli 12 D5
Davutevi 18 D6
Davuthan 48 D4
Davutköy 27 E3
Davutlar 41 E6
Davutlu 13 F4
Davutoğlan 30 A2
Dayakpınar 34 B6
Dayılar 42 D4
Dayılı (Yoz) 32 B3
Dayılı (Yoz) 32 D4
Dayuluk 47 G3
Daz Dağı 61 G3
Dazkırı 43 E5
Dedebağı 56 D2
Dede Dağı (Çan) 26 D2
Dede Dağı (Den) 26 D4
Dedegöl Dağları 43 H5
Dedekılıcı 23 F2
Dedeköy (Çank) 17 G6
Dedeköy (Diy) 50 B1
Dedeler (Çan) 26 D3
Dedeler (Bal) 28 A6
Dedeler (Bur) 28 C3
Dedeler (Bol) 29 G2
Dedeler (Kon) 45 E3
Dedeler (İçe) 59 G5
Dedeli (Yoz) 32 B4
Dedeli (Van) 38 A3
Dedeli (Kır) 45 H1
Dedem 17 H4
Dedemoğlu 45 E6
Dedeören 37 F3
Dede Tepesi 58 D3
Değircik 59 G2

Değirmen (İst) 13 H4
Değirmen (Bal) 27 H5
Değirmen (Van) 52 A2
Değirmenbaşı 61 F4
Değirmencayırı 14 D5
Değirmencieli 27 F6
Değirmencik Deresi 27 H4
Değirmendere (Koc) 14 D6
Değirmendere (Çor) 18 C5
Değirmendere (İzm) 41 E4
Değirmendere (Afy) 43 G2
Değirmendere (İçe) 60 B2
Değirmen Deresi (İzr) 13 F1
Değirmen Deresi (Bil) 29 F2
Değirmendüzü 37 H3
Değirmenkaşı 45 H1
Değirmenköy (Küt) 28 C6
Değirmenköy (Kon) 44 A3
Değirmenler 23 F5
Değirmenli 46 C4
Değirmenlidere 23 F4
Değirmenlik 19 F5
Değirmenözü (Kas) 17 F2
Değirmenözü (Çor) 32 B1
Değirmentaş (Siv) 20 B6
Değirmentaş (Kay) 47 F2
Değirmenyanı 55 H4
Değirmenyolu 31 G6
Değirmisaz 28 C5
Deir Dajieh (S) 51 H5
Deirhafer (S) 62 C5
Delemenler 42 A4
Delfinıon (G) 40 B3
Deli 50 B6
Delialiuşağı 46 D4
Delibaba 23 F6
Delibekirli 61 G4
Deli Burnu 60 C3
Deliçal Dağı 27 F3
Deliçay (Van) 38 B3
Deliçay (Hat) 61 G2
Deli Çayı 38 B3
Delice (Bal) 28 A4
Delice (Kır) 31 H3
Delice (Yoz) 32 A4
Delice Çayı 31 H2-3, 32 A3
Deligazili 34 A5
Delihasan 38 B2
Delilyas 33 G4
Deliktaş (Kas) 17 G1
Deliktaş (Siv) 34 A4
Deliktaş (İzm) 40 D1
Deliler (Kas) 17 G3
Deliler (Çor) 18 B6
Deliler (Man) 41 H2
Delimahmutlu 46 A6
Deliyusuflar 27 G4
Demirarslan 19 G3
Demirbahçe 35 G5
Demirbilek 22 C4
Demirci (Kas) 17 G1
Demirci (Gir) 21 E3
Demirci (Man) 28 A6
Demirci (Bur) 28 B4
Demirci (Küt) 28 B6
Demirci (Tun) 35 G5
Demirci (Man) 41 F2
Demirci (Aks) 45 H4
Demirci (Şan) 50 A5
Demirci Geçidi 47 G2
Demircihalil 13 F2
Demircik 33 H4
Demirciler (Çor) 17 H5
Demirciler (Den) 56 B2

Demircili 59 H5
Demircilik (Siv) 33 G3
Demircilik (Kah) 48 A3
Demirdağ 34 C4
Demir Dağı 22 B3
Demirdere 27 H3
Demirhan 41 H5
Demirhanlı 12 D2
Demirhisar 60 B3
Demirkapı (Güm) 21 E5
Demirkapı (Bal) 27 H4
Demirkapı (Tun) 35 G4
Demirkapı (İçe) 59 G3
Demirkapı Tepesi 13 F2
Demirkent 22 D3
Demirköprü 61 G5
Demirköprü Barajı 41 H2
Demirköy (Kır) 13 G2
Demirköy (Bil) 29 E3
Demirli (Afy) 29 F6
Demirli (Kır) 31 H5
Demirli (Diy) 49 H4
Demirli (Diy) 50 D1
Demirli (Hak) 52 D4
Demirli (Muğ) 56 B3
Demirli Dağ 15 G4
Demirören (Çor) 18 A4
Demirören (Uşa) 42 C3
Demiröven 23 E6
Demirözü (Bay) 21 H6
Demirözü (Ank) 30 D5
Demirözü Barajı 21 G6
Demirpınar 50 D3
Demirsaban 35 F5
Demirşeyh 32 A1
Demirşık 28 D2
Demirtaş (Kas) 17 E2
Demirtaş (İzm) 27 G6
Demirtaş (Man) 27 G6
Demirtaş (Bur) 28 C2
Demirtaş (Tun) 35 G5
Demirtaş (Ant) 58 C5
Demiryurt 59 E1
Demiryut Gölü 34 B2
Demre 57 E6
Demrek 61 G3
Dengiz 36 D2
Denizbükü 17 H1
Deniz Gölü 23 H5
Denizkonak 17 E1
Denizköy (Sak) 15 F4
Denizköy (İzm) 40 D1
Denizler (Bur) 28 C4
Denizler (Den) 42 D5
Denizli (Bal) 27 F2
Denizli (Den) 42 C6
Deniz Mağarası 58 C5
Derbend Ağzı Han 48 C3
Derbent (Koc) 15 E6
Derbent (Küt) 28 C4
Derbent (Man) 41 G3
Derbent (Uşa) 42 C2
Derbent (Kon) 44 C5
Derbent (Kah) 48 A4
Derbent Barajı 18 D2
Derbentçi 19 E6
Dere (Man) 27 G6
Dere (Tun) 35 G5
Derebağ (Yoz) 31 H3
Derebağ (Muğ) 55 H1
Derebaşı (Erzi) 35 E2
Derebaşı (İzm) 41 G4
Derebaşı (İçe) 59 F6

Dereboyu 50 A2
Derebucak 58 A1
Derebük 35 H2
Derebulaca 16 B4
Dereceören 16 A6
Dereçepni 32 C5
Dereçiftlik 27 G5
Derecik (Tra) 21 F3
Derecik (Ağr) 37 H3
Dereçine 44 A3
Deredibi 15 H5
Deredolu 21 G6
Deregözü (Gir) 21 E4
Deregözü (Tra) 21 F3
Dereiçi 58 D2
Derekaya 28 D5
Dereköy (Kır) 13 F1
Dereköy (Kas) 17 H2
Dereköy (Sam) 18 D4
Dereköy (Sam) 19 E2
Dereköy (Tra) 22 A4
Dereköy 26 B2
Dereköy (Bal) 27 F2
Dereköy (Man) 27 F6
Dereköy (Küt) 28 C6
Dereköy (Bur) 28 D1
Dereköy (Esk) 29 G3
Dereköy (Ank) 30 D4
Dereköy (Siv) 34 C2
Dereköy (Man) 41 G3
Dereköy (Man) 41 H3
Dereköy (Ayd) 41 H5
Dereköy (Isp) 43 F4
Dereköy (Kon) 44 D5
Dereköy (Muğ) 56 D4
Dereköy (Ant) 57 E4
Dereköy (Ant) 57 F4
Dereköy (Kon) 58 C2
Dereköy (Ant) 58 C4
Dereköy (Kara) 59 F2
Dereköy (İçe) 59 G4
Derekuşçulu 21 E3
Dereler 52 A3
Dereli (Bar) 16 D2
Dereli (Gir) 20 C4
Dereli (Bal) 27 H4
Dereli (Ank) 30 C1
Dereli (Uşa) 42 B3
Deremahal 32 B2
Derenti 27 E3
Dereören 27 E4
Dereova 35 H4
Derepazarı 22 A3
Deresoplan 16 D5
Deretepe 15 E6
Dereüstü 38 B5
Derevürük 29 E2
Dereyurt (Yoz) 33 F3
Dereyurt (Muş) 37 E4
Derici 41 G3
Derik 50 B5
Derik (İrn) 53 E1
Derikmustafa 51 H4
Derinboğaz 48 C2
Derinçay 59 F4
Derince (Erz) 37 E3
Derince (Bat) 37 E6
Derince (Muğ) 55 F1
Derince (İçe) 59 G5
Derindere 36 A3
Derin Deresi 38 A3
Derinkuyu (Nev) 46 B3
Derinkuyu (Şan) 63 G1
Derinsu 50 B5

Demek 22 B2
Demekpazarı 21 H3
Dervişli 42 B3
Derwah Tisü (Irq) 53 E6
Destek 19 E4
Destek Çayı 19 F5
Deştiğin 44 B4
Deştin 55 H2
Deveboynu Tepesi 21 G5
Devebük 23 H5
Deveçayırı 47 H1
Deveci (Tek) 13 E5
Deveci (Ama) 18 D5
Deveci (Ank) 30 D4
Deveci Dağı 18 A5
Deveci Dağları 33 E2
Devecik 36 C4
Devecikargın 33 E2
Devecikonağı 28 A3
Devecipınarı (Ank) 30 D6
Devecipınarı (Yoz) 32 D5
Devecitaşı 57 F6
Deveciuşağı 61 E3
Devedağı Tepesi 22 D4
Devedamı 45 H1
Devedurağı 50 A3
Devegeçidi Barajı 50 A3
Devegölü 49 H3
Devehöyüğü 62 C3
Develi (İzm) 41 E4
Develi (Kay) 46 D3
Develi Dağı 46 D3
Develi Ovası 46 D3
Deviska Mogila (B) 12 C1
Devletkuşu 49 H2
Devletliağaç 13 E1
Devrek 16 B4
Devrekâni 17 G2
Devrek Çayı 16 B3
Devrez Çayı 17 G5
Deyrekanı Deresi 17 F2
Deyrul Zafaran 50 C5
d'haselis 57 G5
Diavolorrema (G) 12 B4
Dibek Dağı (Man) 41 H2
Dibek Dağı (Kah) 47 G3
Dibek Dağı (Mar) 51 E-F5
Dibek Dağları (Ada) 47 F-G3
Dibek Dağları (Ada) 47 F5
Dibekdüzü 49 H5
Dibekkaya 23 H5
Dibekli 18 A1
Dicle (Diy) 50 A1
Dicle (Şır) 51 G5
Dicle Nehri (Tigris) 50 B2-D3, 51 E3-G4
Didi-Chanchal (Ge) 24 A1
Didyma 55 E2
Didymótiho (G) 12 C4
Dieycha (G) 40 B3
Digor 24 A4
Digor Çayı 24 A4
Dığrak 44 B5
Dikbıyık 19 F3
Dikboğaz 51 G3
Dikendere 23 G6
Dikili (İzm) 26 D6
Dikili (Mal) 34 C5
Dikili (Erz) 37 E3
Dikili Körfezi 26 D6
Dikilitaş (Küt) 28 D5
Dikilitaş (Ank) 30 D4
Dikilitaş (Kay) 33 H5
Dikilitaş (Kon) 44 C6
Dikilitaş (Niğ) 46 C4

Dikilitaş (Ada) 47 E6
Dikilitaş (Sesönk) 48 D5
Dikkaya 21 F4
Dikme (Bin) 36 A5
Dikme (Kay) 46 D4
Dikme (Şan) 63 G1
Dikmeli 35 E6
Dikmen (Sak) 15 G6
Dikmen (Sin) 18 C2
Dikmen (Erz) 22 D4
Dikmen (Çan) 27 E2
Dikmen (Erzi) 34 D3
Dikmen (Mar) 50 B6
Dikmen (Ant) 58 A3
Dikmen Dağı (Kas) 17 E4
Dikmen Dağı (Kas) 17 F1
Dikmen Tepesi (Sak) 15 F6
Dikmen Tepesi (Kas) 17 G1
Dikmetaş 37 E6
Diktepe 50 D3
Dikyar 22 D4
Dikyar Kalesi 22 D4
Dilek 48 D2
Dilekçi 44 C5
Dilek Dağı 22 B4
Dilekli (Şan) 49 H4
Dilekli (Hak) 52 D4
Dilek Mağarası 59 H5
Dilektepe (Bin) 36 C5
Dilektepe (Sii) 51 F2
Dilek Tepesi 51 F2
Dilek Yarımadası Milli Parkı 41 E6
Dilekyolu 21 F6
Dilezi Geçidi 53 E3
Dil Gölü 41 E6
Dilimli 63 G2
Dilizhan (A) 24 D2
Dimçay Barajı 58 C4
Dim Çayı 58 C4
Dinar 43 F5
Dinarbey 36 B3
Dinçkök 50 A6
Dinek (Kon) 58 D2
Dinek (Kar) 59 F1
Dinekköyü 30 A3
Dineksaray 58 D1
Dinevo (B) 12 A2
Dip 56 C5
Diphisar 49 F6
Dipni Barajı 36 B6
Dippoyraz Dağı 44 A6
Dipsiz Gölü 60 C3
Dipsiz Mağarası 59 G2
Direkkale 49 E3
Direkli (Ord) 20 A4
Direkli (Siv) 33 G3
Direkli (Isp) 43 G6
Dirgar (Irq) 52 A5
Dirgenler 57 E5
Diri (Irq) 53 E4
Dirimli Geçidi 56 D3
Dirsekli 51 F4
Dişbudak 12 D6
Dişli (Yoz) 32 C3
Dişli (Afy) 43 H2
Dişlik 34 B5
Dıştaş 35 E2
Divanlı 32 D3
Divanlar 45 E5
Divriği 34 C4
Divrik Dağı 46 D5
Diyadin 38 B1
Diyänah (Irq) 53 F6
Diyarbakır 50 B3

Dizaj (Irn) 38 D4
Dizaj (Irn) 53 G4
D'kea (G) 12 C2
Dobrič (B) 12 D1
Dodurga (Çor) 18 B5
Dodurga (Bil) 29 E4
Dodurga (Bol) 30 A1
Dodurga (Ank) 30 D3
Doğa 28 D5
Doğal 42 D5
Doğalar 46 B3
Doğan 20 B4
Doğanalanı (Bur) 28 A3
Doğanalanı (Ada) 47 E6
Doğanay 29 H5
Doğanbaba 42 D6
Doğanbey (İzm) 40 D4
Doğanbey (Ayd) 41 E6
Doğanbey (Kon) 44 B5
Doğanbeyli 35 F2
Doğanca (Güm) 21 F6
Doğanca (Sii) 51 H3
Doğanca (Hak) 52 C3
Doğanca (Ant) 58 D5
Doğançam 20 B5
Doğançay 15 F6
Doğançay Dağı 38 C4
Doğançayır 29 G4
Doğancı (Gir) 21 E4
Doğancı (Bur) 28 B3
Doğancı (Van) 38 A3
Doğancı (Mar) 50 B6
Doğancı Barajı 28 B3
Doğancık 42 D2
Doğancılar (Sak) 15 F5
Doğancılar (Çank) 16 D4
Doğanhisar 44 B4
Doğankaş 19 E4
Doğankaya (Sam) 18 D2
Doğankaya (Kar) 23 H3
Doğankaya (Bin) 36 B4
Doğankaya (Man) 41 G1
Doğankent (Gir) 21 E4
Doğankent (Yoz) 32 D3
Doğankent (Ada) 60 D3
Doğanköy (Tek) 12 D5
Doğanköy (Bur) 28 B2
Doğanköy (Tun) 35 F5
Doğanköy (Kah) 48 A3
Doğanlar 43 G2
Doğanlı (Yoz) 32 C3
Doğanlı (Siv) 33 G1
Doğanlı (Afy) 43 F4
Doğanlı (Kay) 46 C4
Doğanlı (Hak) 52 C4
Doğanoğlu 29 H3
Doğanpınar 62 C2
Doğanşar 20 A6
Doğansaray 32 D4
Doğanşehir 48 C3
Doğansu 37 H3
Doğantepe (Ama) 18 D5
Doğantepe (Muş) 37 F4
Doğanyol (Mal) 49 F2
Doğanyol (Hak) 52 C3
Doğanyurt (Kas) 17 F1
Doğanyurt (Tok) 19 G5
Doğanyurt (Kar) 24 B5
Doğanyurt (Kon) 30 B6
Doğanyurt (Ayd) 41 G6
Döğer 29 F6
Doğlacık 16 D5
Doğruyol (Ard) 23 H1
Doğruyol (Bit) 37 G6

Doğruyol Dağı 51 G2
Doğubeyazıt 24 C6
Doğu Karadeniz Dağları 21 F4-22 B4
Doğuluşah 29 E5
Doğu Menteşe 41 H6
Doğupınar 33 G4
Döğüşbelen 56 A3
Doğuyeli 36 C5
Dökmetepe 19 F6
Dokumacılar 22 C3
Dokurcun 15 G6
Dokuz 44 D4
Dokuzdeğirmen 15 G5
Dokuz Gölü 56 D5
Dokuzköy 33 E3
Dokuzpınar 37 F4
Dokuzun Derbent Hanı 44 D5
Dokuzyol 59 G2
Dolay 15 H6
Dolay Hanı 46 B3
Dolaylar 41 G4
Dolaylı (Tra) 21 G3
Dolaylı (Kar) 24 A4
Dolayüz 29 H1
Dolbazlar 58 A3
Dölderesi 32 C2
Dolhanı 13 E2
Doliche 62 B1
Dolişhane 23 E2
Dolni Glavanak (B) 12 B2
Doluca 47 H6
Doluçay 36 B4
Doludere 20 D6
Dolugün 35 E3
Domaniç 28 D4
Dombay Çayı 27 H5
Dombaylı 41 H3
Dombayova 43 F4
Domuz Dağı 57 E2
Domuztepe 47 G6
Donalar 17 H2
Dönemeç 38 A6
Dönemeç Çayı 38 B6
Dönerdere 38 D4
Döngel (Sam) 19 F4
Döngel (Kah) 47 H4
Döngel Mağarası 47 H4
Dönükkaya Tepesi 33 G4
Dorikó (G) 12 B5
Dörtdivan 16 B5
Dörtkilise 22 D3
Dörtpınar 37 G2
Dörtyol (Bal) 27 F4
Dörtyol (Kay) 46 C2
Dörtyol (Hat) 61 G3
Doruk 50 D4
Dorukhan Geçidi 16 B4
Doruk Tepesi 28 C4
Dorumali (Şan) 49 G5
Dorumali (Şan) 63 F2
Dorutay 38 C4
Döşemealtı 57 G3
Döşkaya 37 G2
Dövünalcı 19 H3
Doyduk 32 B5
Doymuş 21 E4
Doyran 57 G3
Doyuran (Adı) 48 D5
Doyuran (Mar) 50 C6
Doyuran Tepesi 34 D6
Drakei (G) 40 D6
Dranoz Geçidi 18 B1
Dripçovo (B) 12 C1
Duacılı 42 B5

Dualar 27 F6
Dudaklı 28 C2
Dudan 52 B2
Dudaş 30 B2
Düden (Burd) 42 D6
Düden (Ant) 57 E4
Düdenbaşı Mağarası 57 G3
Düdencik Mağarası 58 B2
Düden Gölü 31 E6
Düdensuyu Mağarası 58 B3
Düdüklük 32 C1
Düğer (Siv) 33 H2
Düğer (Burd) 43 E6
Düğüncübaşı 13 F4
Düğün Dağı 52 A4
Düjükbaba Tepesi 62 B1
Dulkadirliyarımkale 31 H4
Dülük 62 B1
Duman 37 F3
Dumanköy 27 H3
Dumanlı 42 D4
Dumanlıdağ 41 E2
Dumanlı Dağ 56 D5
Dumanlı Dağı (Kar) 24 A3
Dumanlı Dağı (Erz) 36 B2
Dumanlı Dağı (Kay) 47 F2
Dumanlı Gölü 19 G3
Dümen Dağları 28 C3
Dumlu (Erz) 22 D6
Dumlu (Mal) 34 C6
Dumluca (Esk) 30 A4
Dumluca (Siv) 34 C4
Dumluca Barajı 50 B5
Dumlu Dağı 22 C5
Dumlugöze 58 D4
Dumlupınar 43 E2
Dümrek (Sam) 18 D3
Dümrek (Çan) 26 C3
Dümrek (Esk) 30 A4
Dümrek (Ank) 30 B3
Dündarlı 46 C4
Dunluca 18 C3
Dupnisa Mağarası 13 F2
Durabeyler 28 A4
Durağan 18 B3
Durak (Bal) 27 H4
Durak (Ada) 60 C2
Durak Dağı 24 B6
Duraklar 15 H5
Duraklı 15 E5
Durak Tepesi 37 F4
Duraselli 41 H3
Durhasan 42 A2
Durhasanlı 45 H2
Duri (Irq) 52 B5
Durjān (Irq) 53 F5
Durmuş Dağı 41 F5
Durmuşlar 35 H5
Dursunbey 28 A5
Dursunlu (Ord) 20 B5
Dursunlu (Mal) 34 C6
Dursunlu (Kon) 44 B3
Duru 51 G5
Duruca 51 E6
Durucasu 51 E6
Duruçay 18 C4
Duruhan 59 F5
Durukaynak 48 D4
Durusu 14 B4
Durusu (Terkos) Gölü 14 A4
Düşecek 28 D6
Düstân (Irn) 53 E2
Dutlu (Art) 23 E1
Dutlu (Ank) 30 B2

Dutluca (Bur) 28 B4
Dutluca (Esk) 29 E4
Dutluca (Erzi) 34 D5
Dutluca (Uşa) 42 C3
Dutluca (Den) 42 D5
Dutluca (Şan) 49 E5
Dutluca Geçidi 34 D4
Dutlu Dağı 23 E3
Dütlük Kaplıca 46 D4
Dutlutaş Tepesi 34 A3
Düvenlik 49 F2
Düvertepe 28 A6
Duygulu 51 E2
Düzağaç (Afy) 43 F2
Düzağaç (Ela) 49 H1
Düzağaç (Ant) 58 A2
Düzardıç 19 F3
Düzbağ 48 B5
Düzce (Bol) 15 H5
Düzce (İzm) 40 D4
Düz Dağ 17 H2
Düzgeçit 24 A4
Düziçi 61 G1
Düzköy (Tra) 21 F4
Düzköy (Uşa) 42 C3
Düzlüce 43 E2
Düzmeşe (Bil) 29 E2
Düzmeşe (Bat) 51 E4
Düzova 51 G4
Düzyayla 20 A5
Dvin (A) 24 D5
Dzanfida (A) 24 C5
Dzorap (A) 24 C3
Džrvež (A) 24 D4

Ebecik 56 B1
Ebegümeci 16 B4
Ebeler Çayı 48 C2
Eber Gölü 43 H2
Eceabat 26 C2
Echmiadzin (A) 24 C4
Ecikağıl 31 H6
Edessa 49 F6
Edikli 46 C3
Edincik 27 G2
Edirne 12 D2
Edremit 27 E4
Edremit (Gümüşdere) 38 A6
Edremit Körfezi 26 D5
Efeköy 43 G3
Efemçukuru 41 E4
Efendiköprüsü 28 D6
Efir 28 B6
Eflâni 17 E3
Eflatun Pınar 44 B5
Efteni Gölü 15 H5
Eğerci (Zon) 16 B4
Eğerci (Siv) 33 E5
Eğercili 15 E5
Eğerkıran 49 G5
Eğerlibaşköy 16 B5
Eğerli Dağı 18 C5
Eğerti 22 C6
Eğil 50 A2
Eğimli 35 G3
Eğirdir 43 G5
Eğirdir Gölü 43 G4
Eğirmez 23 E6
Eğlence 32 C4
Eğlence Çayı 46 D6
Eğme Dağı 20 C6
Eğnek Tepesi 28 C-D5
Eğrekdere 24 B5
Eğrekkaya Barajı 16 D6

Eğret Hanı 43 F1
Eğribayat 45 E4
Eğribelen 38 D4
Eğribel Geçidi 20 D6
Eğribucak 61 G3
Eğriçay 49 H4
Eğriceova Dağları 17 E3
Eğridere 41 H4
Eğrigöz Dağları 28 C5
Eğrikır Dağı 19 H5
Eğri Köprü 33 H3
Eğrikuyu 44 C2
Eğriyamaç 35 F4
Eke 63 F2
Ekecik 35 E2
Ekecik Dağları 45 H2
Ekenek 62 D1
Ekiciler 16 A6
Ekincik 37 H1
Ekinciuşağı 32 B4
Ekindağı 35 G6
Ekindüzü 51 H2
Ekinhisar 43 F3
Ekinli (Sak) 15 F6
Ekinli (Siv) 34 B2
Ekinli (Bat) 51 E4
Ekinlik 49 G5
Ekinlik Adası 27 F1
Ekinözü (Kah) 48 A3
Ekinözü (Kara) 59 F1
Ekinyazı 63 G2
Ekinyolu 36 B5
Ekmekçi 28 A2
Ekmek Tepesi 17 G4
Ekşiler 59 H5
Ekşili 57 G2
El'a (G) 12 C2
Elafohori (G) 12 C3
El Ahmar Kilisesi 52 D4
Elaioussa Sebaste 60 A4
Elata (G) 40 B4
Elazığ 35 G6
Elbaşı 47 E2
Elbeğendi 49 H6
Elbeyli (Bur) 28 D1
Elbeyli (Gaz) 62 B3
Elbistan 48 A3
Elçialan 27 E2
Elçili 12 D3
Elden Dağları 17 E6
Eldere 43 H6
Eldirek 56 C4
Eldivan 17 F6
Eldivan Dağları 17 F6
Elecik 31 F2
Elekçi Irmağı 20 A4
Elek Dağları 17 H2
Elekgölü 46 C5
Elena (B) 12 B2
Eleousa (G) 55 G6
Eleşkirt 23 G6
Eleşkirt Deresi 23 G6
Eley 45 G1
Elgin Dağı 56 A2
Elhovo (B) 12 D1
Eliaçık (Ağr) 24 A6
Eliaçık (Diy) 50 C3
Elif 48 C6
Ellibaş 16 C3
Elmabağı 46 D4
Elmabeli Geçidi 18 A5
Elmacık (Burd) 57 E1
Elmacık (Kir) 13 E1
Elmacık (Gir) 21 E5

Elmacık (Kar) 47 H6
Elmacık (Muğ) 55 H1
Elmacık Dağı (Bol) 15 G6
Elmacık Dağı (Muş) 56 C5
Elmadağ 31 F3
Elma Dağ 42 D6
Elma Dağı (Ank) 31 E3
Elma Dağı (Uşa) 42 D2
Elmadağı Geçidi 31 F3
Elmagöl 24 C5
Elmakaya 37 G4
Elmakuz Dağı 59 F5
Elmalı (Edi) 13 E4
Elmalı (Tek) 13 E6
Elmalı (Çor) 18 C6
Elmalı (Çan) 27 E3
Elmalı (Bur) 29 E1
Elmalı (Kay) 32 C6
Elmalı (Erzi) 35 H2
Elmalı (Bin) 36 C4
Elmalı (Van) 38 B6
Elmalı (Niğ) 46 B3
Elmalı (Niğ) 46 C4
Elmalı (Kah) 48 A2
Elmalı (Ant) 57 E4
Elmalı Çiftliği 33 E2
Elmalı Dağı (Çor) 32 B1
Elmalı Dağı (Kay) 46 D4
Elmalı Dağı (Ant) 57 E4
Elmalıdere 37 F2
Elmalı Deresi 37 G2
Elmalık 35 H5
Elmanbahçe 28 D3
Elmapınar (Çor) 18 C6
Elmapınar (İçe) 59 G3
Elmasökü 17 F2
Elsazı 57 G1
Elvançelebi 18 C6
Elvanlı 60 B4
Embonas (G) 55 G6
Emboreios (G) 55 F6
Emborios (G) 40 B4
Emborios (G) 55 E4
Emborios (G) 55 G4
Emecik 55 G4
Emeğil 47 F1
Emek 38 C4
Emelcik 60 D2
Emen 46 A5
Emet 28 C5
Emet Suyu 28 C5
Eminönu 14 B5
Emiralem 41 E3
Emirali (Tek) 13 E6
Emirali (Kır) 13 F3
Emir Çayı 42 D5
Emirdağ 43 H1
Emirfakılı 42 C2
Emirgazi 45 H5
Emirhalil 17 H6
Emirhisar 43 E3
Emirler (Bal) 27 H5
Emirler (Ank) 30 D6
Emirler (Siv) 33 G3
Emirler (Kah) 47 G5
Emirler (Gaz) 48 A6
Emirler (İsp) 59 E2
Emirseyit 19 F6
Emirtolu 18 C3
Emiryusuf 19 G3
Emmiler 32 D6
Emporion (G) 40 B4
Emre (Bal) 27 H2
Emre (Siv) 34 A2

Emremsultan 30 A2
Encekler 42 A2
Enez 12 B6
Enez Körfezi 12 B6
Engilli 44 A4
Enginalan 24 C5
Engizek Dağları 48 A4
Engürücük 28 C2
Epçe 46 D3
Ephesus 41 F5
Epiphaneia (Gözen) 61 F2
Eralanı 36 D5
Eraslan 18 D5
Erbaa 19 G5
Erbeyli 41 F5
Erçek 38 B5
Erçek Gölü 38 B5
Erciş 38 B3
Erciyes 46 D2
Erciyes Dağı 46 D2
Erdağları 38 C2
Erdaş Dağı 46 B3
Erdek 27 G2
Erdek Körfezi 27 F2
Erdelli 41 F1
Erdem 52 B3
Erdembaba Tepesi 20 A6
Erdemli (Sak) 15 E6
Erdemli (İçe) 60 A4
Erdoğan 33 H6
Erdoğası 18 C3
Erdurağı 51 F2
Ereğli (Zon) 15 H4
Ereğli (Kon) 45 H6
Ereğli Ovası 45 G-H6
Erek Dağı 38 B6
Erence (Erz) 36 D2
Erence (Erz) 37 F2
Eren Dağı 56 D4
Erenkaya (Güm) 21 E6
Erenkaya (Kon) 44 C6
Erenköy (Bil) 29 E4
Erenköy (Gaz) 62 C1
Erenler 51 G2
Erenler Dağı 44 C6
Erenler Dağları 44 C6
Erenli 20 B4
Erentepe 37 F4
Erenyurt 19 H4
Eressos (G) 26 B6
Eressos (G) 26 B6
Erfelek 18 B1
Ergani (Ağr) 24 A6
Ergene Çayı 13 G4
Ergene Nehri 12 D4, 13 F4
Ergenli 41 G4
Ergili 27 H3
Ergin 31 E4
Ergince 20 C4
Erhacı Gölü 24 C5
Erica 56 D2
Erice 42 D3
Ericek (Gir) 20 D4
Ericek (Güm) 21 F6
Eriçek (Bur) 28 C2
Ericek (Kah) 47 H3
Eriço Tepesi 20 B5
Erikbelen 18 D3
Erikleryurdu 13 F3
Erikli (Edi) 12 C6
Erikli (Sin) 18 A2
Erikli (Bal) 27 H2
Erikli (Bil) 29 E4
Erikli (Mar) 50 C5

Erikli Dağı 17 H5
Erine 55 H4
Erithropótamos (G) 12 C3
Erkekli 32 B3
Erkenek 48 C4
Erkilet 46 D1
Erler (Bit) 37 E6
Erler (Kon) 44 D5
Erler (Diy) 50 C2
Ermenek 59 E4
Ermenek Çayı 59 F4
Ermez Tepesi 20 D5
Erminlik 46 B6
Ermişler 38 B4
Erneler 28 B3
Ertuğrul (Bal) 27 G4
Ertuğrul (Den) 42 B5
Ertuğrul (Kon) 44 D4
Ertuğrul Gazi Türbesi 29 E3
Ertuğrulköy 30 A5
Eruh 51 G3
Eryemezli 19 G3
Erythrai 40 C3
Eryurdu 36 D3
Erzincan 35 G2
Erzin (Yeşilkent) 61 G2
Erzurum 22 D6
Esadiye 14 C6
Esatlar 28 D5
Eşen (Küt) 28 C4
Eşen (Muğ) 56 C5
Esenbey 48 C2
Esençay (Çor) 18 B5
Esençay (Sam) 18 D3
Esençay (Ama) 19 F5
Esen Çayı 56 C5
Esence (Bur) 28 B2
Esence (Kah) 47 H3
Esence Dağları 35 G2
Esence Tepesi 35 G2
Esendal 22 D3
Esendere (Hak) 53 E2
Esendere (Hak) 53 E3
Esendurak 22 D5
Esenkaya 56 A2
Esenkır 23 H5
Esenköy (İst) 14 B6
Esenköy (Bil) 29 F2
Esenköy (Ayd) 41 H5
Esenler Dağları 59 E2
Esenli (Kas) 17 G3
Esenli (Ada) 47 F5
Esenlik (Ağr) 24 A6
Esenlik (Muş) 37 F4
Esen Ovası 56 C5
Esentepe 21 E5
Esenyamaç 52 D2
Esenyamaç Deresi 52 D2
Esenyayla 24 A2
Esenyazı 23 H4
Esenyurt (Bar) 16 C2
Esenyurt (Siv) 33 H3
Eser (Zon) 17 E3
Eser (Şan) 50 A6
Eshabıkehf 60 C2
Esimli 35 F3
Esir Çölü Tepesi 22 B6
Esirkul Deresi 50 B3
Esiroğlu 21 G3
Eskiakören 30 A6
Eskialibey 17 H6
Eski Armutluk 22 C2
Eskibağ (Bin) 36 B6
Eskibağ (Ant) 58 C4

Eskibalta 36 B3
Eskibey 59 F5
Eski Beyazıt 24 C6
Eskiçağa 16 B5
Eskiçeltek 18 A6
Eskiçine 55 H1
Eskidoğanlı 32 A5
Eskieğmir 43 G1
Eskiergine 24 A3
Eski Feke 47 F5
Eski Gediz 28 C6
Eski Gümüş 46 B4
Eskiharman 23 H6
Eski Harran 63 G2
Eskihisar 55 G2
Eski Hisarı 14 C6
Eski Hizan 51 H1
Eski Kale (Arsameia) 49 F3
Eskikaracakaya 28 D3
Eskikent (Adı) 49 G3
Eskikent (Ada) 61 F1
Eski Kızılelma 28 A3
Eskiköseler 30 C4
Eskiköy (Çor) 18 A5
Eskiköy (Sam) 18 C2
Eskiköy (Mal) 48 D3
Eskil 45 F3
Eski Manyas (Paemanenos) 27 G3
Eskimengencik 15 H5
Eskin 42 B2
Eski Narlı 48 A6
Eskioba 41 F4
Eskiömerler 32 C6
Eski Palu 35 H6
Eskipazar 16 D5
Eskişehir 29 F4
Eskisekiören 29 F3
Eskitaşlı 13 F3
Eskitatvan 37 G5
Eskiyapar 32 B2
Eski Yassıpınar 47 G1
Eskiyen Geçidi 47 F5
Eskiyol 35 G1
Eskiyüreğil 29 E4
Eşler Dağı 42 C6
Eşme (Uşa) 42 B3
Eşme (Mar) 50 C6
Eşmekaya 45 F3
Esmer 37 G2
Eşmetaş 36 D5
Espiye 20 D3
Essimi (G) 12 B5
Etili 27 E3
Eumeneia 43 E4
Euromos 55 F2
Evbakanan Kalesi 23 F3
Evci (Çor) 32 A2
Evci (Siv) 34 A3
Evci (İçe) 60 C3
Evcihöyük 48 A2
Evciler (Kır) 13 G2
Evciler (Çan) 26 D4
Evciler (Bal) 27 F4
Evciler (Man) 27 G6
Evciler (Ank) 31 E3
Evciler (Yoz) 33 E4
Evciler (Afy) 43 E5
Evciler (Mar) 50 B5
Evcilerağılları 31 E3
Evcili 60 B2
Evdilos (G) 40 B6
Evdir Hanı 57 G3
Evkafteke 41 F1
Evren 31 G6

Evrenbey 13 E5
Evrencik 13 G3
Evrensekiz 13 F4
Evri 62 A1
Evros Delta (G) 12 B6
Evros/Meriç Nehri (G) 12 C5-6
Evsin 59 F4
Eymir (Yoz) 32 C2
Eymir (Siv) 33 H2
Eyneli 33 E4
Eynelli 46 C4
Eynesil 21 E3
Eynez 27 F6
Eyüp 14 B5
Eyüpler 37 E1
Ezine 26 C4
Ezine Çayı 17 G1
Ezinepazarı 19 E5

Fadlım Irmağı 33 H3
Fakıcık 45 H2
Fakıdağı 32 D2
Fakılar Geçidi 16 B5
Fakılı 42 C3
Fakıoğlu 48 A2
Fakıuşağı 46 A2
Fanari (G) 40 C6
Faraşderesi 33 F3
Faraşlı 31 G2
Fasıllar 44 B6
Fasikan Geçidi 58 D3
Fatih 14 B5
Fatsa 20 A4
Faysh Khābūr (Irq) 51 H5
Fazanovo (B) 13 G1
Fehimli 32 C5
Feke 47 F4
Felâhiye 32 D5
Fener Adası 13 G6
Fenerbahçe 14 C5
Fener Burnu 21 F3
Fenerköy 13 H4
Féres (G) 12 C5
Ferhatlı 23 E2
Fericek 62 A2
Ferizli 15 F5
Fertek 46 B4
Feruz 30 D2
Fethiye (Bur) 28 C2
Fethiye (Ank) 30 D2
Fethiye (Mal) 48 D1
Fethiye (Muğ) 56 C4
Fethiye Körfezi 56 B5
Fevzipaşa 61 H2
Fevziye (Bur) 28 C3
Fevziye (Kon) 31 F6
Fevziye (Muğ) 56 B4
Filâkio (G) 12 C3
Filiouri (G) 12 B4
Filira (G) 12 A4
Filizli 23 G2
Fındıcak 28 C2
Fındık (Kah) 47 H3
Fındık (Şır) 51 G4
Fındıkbeli Geçidi 21 E6
Fındıkköy 48 C3
Fındıklı (Zon) 16 A4
Fındıklı (Ama) 18 D5
Fındıklı (Riz) 22 A3
Fındıklı (Çan) 26 D1
Fındıklı (Bal) 27 F3
Fındıklı (Bur) 28 C1
Fındıklı (Erz) 36 B2
Fındıklı (Ada) 46 C6

Fındıklıkoyak 47 G4
Fındıkpınarı 60 A3
Finike 57 F6
Finike Körfezi 57 F6
Fıraktın 47 E3
Fırat Nehri 34 D4, 35 F-H3
Fırat Nehri (Euphrates) 48 C6
Fırtına Deresi 22 B3
Fıstıklı 28 B1
Fita (G) 40 B3
Fittar 50 B5
Flaviopolis 43 E2
F'lia (G) 26 C5
Fluk Dağ 15 F5
Foça 40 D2
Fökas (G) 26 B6
Fourni (G) 40 C6
Fourni Islands (G) 40 C6
Fuadiye 32 C2

Gaffarlar 41 G6
Gaffarlı 47 G6
Gaidaros (G) 55 E5
Gâlâbovo (B) 12 B1
Gani Dağı 48 B6
Gare Dağı 52 D4
Garip 36 B5
Garipçe (İst) 14 C4
Garipçe (Ant) 57 F2
Garız 61 F5
Garni (A) 24 D4
Gâvar Dağ 44 B2
Gavathas (G) 26 B5
Gâvkan (İrn) 53 H1
Gavur Kalesi 30 D4
Gavuruçtuğu 60 A3
Gayipler 42 C1
Gaz Gölü 37 F3
Gaziantep 62 B2
Gazibey 33 G4
Gaziemir 41 E4
Gaziköy (Tek) 13 F6
Gaziköy (Siv) 33 H2
Gaziler (Erz) 23 F4
Gaziler (Kar) 24 A5
Gazimağosa 60 B4
Gazipaşa (Çor) 32 C2
Gazipaşa (Ant) 58 D5
Gazligöl 43 F2
Gazlıkuyu 63 G2
Gebeciler 43 G2
Geben 47 G5
Gebere Barajı 46 B4
Gebze 14 C6
Geçen 17 F2
Gechard (A) 24 D4
Geçimli 52 C4
Gecirim 59 G5
Geçit 37 H2
Geçitköy (Gir) 20 D4
Geçitköy (Erzi) 35 G2
Geçitköy (Erz) 36 D1
Geçitli (Tra) 21 H3
Geçitli (Riz) 22 A3
Geçitli (Bil) 29 E2
Geçitli (Hak) 52 C3
Geçitveren 24 A6
Geçitvermez 52 D1
Geçkinli 13 E2
Geçmiş 19 G3
Gedelek 28 C1
Gedelova 38 B5
Gedik (Ard) 23 G3
Gedik (Çan) 26 D4

Gedik (Ank) 31 E2
Gedikbaşı (Siv) 34 C3
Gedikbaşı (Van) 52 C1
Gedikdere 36 A2
Gedik Han 34 F4
Gedikler 35 E5
Gedikli (Isp) 44 A5
Gedikli (Ada) 47 E4
Gedikli (Ada) 47 F6
Gediksaray 18 D6
Gedik Tepesi 48 A2
Gedikyurt 35 H5
Gediz (Küt) 42 C1
Gediz (Ant) 57 H3
Gediz Çayı 42 C2
Gediz Nehri 41 E2-G3, 42 A2
Gelembe 27 G6
Gelemiç 28 C3
Gelemiş 56 C6
Gelenbe 42 A5
Gelendost 43 H4
Gelenek 49 F5
Gelenler 38 D5
Gelibolu 26 D1
Gelibolu Yarımadası Tarihi Milli
   Parkı 26 C2
Gelinbuğday 48 B6
Gelincik (Burd) 43 F6
Gelincik (Afy) 44 A1
Gelincik (Diy) 50 B1
Gelincikdağı 43 G5
Gelincik Tepesi 52 A3
Gelingüllü Barajı 32 C3
Gelinkaya (Afy) 29 E5
Gelinkaya (Mar) 51 E4
Gelişen 53 E5
Gemecik (Siv) 34 D2
Gemecik (Kon) 45 E2
Gemerek 33 F5
Gemiç 29 F5
Gemicikırı 27 E2
Gemiciler 17 G1
Gemiçköyü 43 E6
Gemin Deresi 34 C1
Gemlik 28 C1
Gemlik Körfezi 28 B1
Genç 36 B5
Gençali (Ank) 30 B3
Gençali (Isp) 43 G4
Gencek 58 A1
Gençler 58 B4
Genişler (Küt) 29 F6
Genişler (Küt) 43 F1
Gerçekli 36 B6
Gercüş 51 E4
Gerdek 49 E6
Gerdekgirse Deresi 59 G2
Gerdekhisar 21 F6
Gerdekkaya 22 D6
Gerdek Kaya 29 G6
Gerede 16 C5
Gerede Çayı 16 D5
Geredeli 15 E5
Gerek 23 F5
Geren 40 D2
Gerga 55 H1
Gerger 49 G3
Gerger Kalesi 49 G3
Gergis 26 C3
Geriş (Bol) 30 B1
Geriş (Ant) 58 B3
Germeç 17 G2
Germencik 41 F5
Germiyan 19 E4

Germugar Çayı 33 E2
Gernävik (İm) 38 D5
Gerrek Gölü 19 E2
Gerrenli 29 H5
Gerze 18 C1
Gevaş 38 A6
Gevrekli 44 B6
Geyik Barajı 55 G1
Geyik Dağı 58 C3
Geyikli 26 C4
Geyikli Dağı 27 E6
Geyikpınar (Siv) 34 D1
Geyikpınar (Bat) 37 F6
Geyiksu 35 F4
Geyre 42 B6
Geyve 15 F6
Gezbeli Geçidi 47 F3
Gezende 59 F4
Gezende Barajı 59 F4
Gezi 47 E1
Gezin 49 G1
Gezit Dağı 47 F5
Gidengelmez Dağı 58 B2
Gidiriç 45 H4
Gidirli 18 D4
Gildirli 46 C6
Girdev Gölü 56 D4
Giresun 20 C4
Giresun Adası 20 D3
Giresun Dağları 20 C5-21 F6
Girme 57 G1
Girmeli 51 E5
Girveli 47 F1
Giyim 49 H6
Glavan (B) 12 C1
Göbekören 47 H1
Göbel (Bal) 27 H3
Göbel (Bal) 28 A5
Göçbeyli 27 F6
Göcek 56 B4
Göcek Geçidi 56 B4
Göçeli 32 A3
Göcenovacığı 18 B6
Göçeruşağı 34 D5
Göçer Y 59 E2
Göçer Y. 59 E2
Göçmen 45 E3
Gödet Barajı 59 F2
Göğeç 63 G2
Göhertaş 34 B1
Gökağaç 28 D6
Gökbahçe 29 G6
Gökbel 58 B3
Gökbel Dağı 42 B6
Gökbelen (Kas) 17 G3
Gökbelen (İçe) 59 G5
Gökbel Geçidi 55 H1
Gökbez 46 B5
Gökbudak 44 B5
Gök Burnu 57 E6
Gökçam 32 A2
Gökçay 59 F3
Gökçe (Sam) 19 F3
Gökçe (Bur) 28 B2
Gökçe (Man) 41 F2
Gökçe (Aks) 45 H3
Gökçe (Mal) 49 F2
Gökçe (Mar) 50 C5
Gökçeada 26 A2
Gökçeağaçsakızı 18 A2
Gökçeağıl 26 D6
Gökçealan 41 F5
Gökçeali 20 C4
Gökçe Barajı 14 C6

Gökçebayır 26 C4
Gökçebey 16 C3
Gökçedağ 28 B5
Gökçedere (İst) 14 C6
Gökçedere (Sam) 19 F4
Gökçedere (Güm) 21 G6
Gökçedere (Erz) 23 E4
Gökçedere (Bal) 27 G4
Gökçehüyük 30 D4
Gökçek (Afy) 43 E5
Gökçek (Kah) 48 A2
Gökçekaya Barajı 29 H2
Gökçekent 20 C6
Gökçekışla 32 B4
Gökçekonak 35 H3
Gökçekoru 51 H2
Gökçeköy (Tra) 21 E4
Gökçeköy (İsp) 43 G5
Gökçekuyu 29 G5
Gökçeler (Sak) 15 G6
Gökçeler (Zon) 16 A3
Gökçeler (Man) 41 H1
Gökçeler Barajı 55 G2
Gökçeli (Sam) 19 G3
Gökçeli (Tok) 19 G5
Gökçeli (Muş) 37 F5
Gökçeli (Mal) 49 F3
Gökçeli (Ada) 60 D3
Gökçeli (Gaz) 62 C2
Gökçen 41 G4
Gökçeören (Man) 42 A3
Gökçeören (Den) 56 B2
Gökçeören Gölü 15 F5
Gökçesaray 29 G1
Gökçeşeyh 36 B2
Gökçesu (Bol) 16 B5
Gökçesu (Bil) 28 D2
Gökçetaş 20 D5
Gökçetepe 12 D6
Gökçeyaka 29 G6
Gökçeyazı 27 F4
Gökçimen 44 B6
Gökçukur 27 G6
Gök Dağı 52 C2
Gökdağı Tepesi 23 E4
Gökdere (Çor) 18 B4
Gökdere (Tok) 19 E6
Gökdere (Tok) 19 G6
Gökdere (Erz) 22 C5
Gökdere (Ela) 36 A5
Gökdere (Erz) 36 B1
Gökdere (Bin) 36 B5
Gökdere Çayı 58 D4
Gökdere Dağları 36 A5
Gök Deresi 14 D5
Gökeşme 31 G4
Gökeyüp 41 H2
Gökgedik (Man) 42 A4
Gökgedik (Kah) 47 G5
Gökgöl Mağarası 16 B3
Gökhüyük 44 D6
Gökiniş Geçidi 32 C2
Gökırmak 17 H2, 18 B3
Gökkaya Tepesi 31 H5
Gökköy 28 A4
Gökkusağı 60 B3
Gökler (Küt) 28 D6
Gökler (Ank) 30 C3
Gökme 16 A3
Göknebi 29 F5
Gökoğlan 36 D2
Gökömer 20 B4
Gökomuz 17 H4
Gökören 15 H6

Gökova 55 H3
Gökpınar (Kon) 30 B6
Gökpınar (Ant) 57 E4
Göksel 22 A4
Göksöğüt 44 A4
Göksu (Sak) 15 G6
Göksu (Bil) 29 E2
Göksu (Erz) 37 F2
Göksu (Ada) 47 F4
Göksu Boğazı 47 F4
Göksu Çayı (Adı) 48 D4
Göksu Deresi (Bar) 16 D2
Göksu Deresi (Erz) 37 F2
Göksu Deresi (Kah) 48 B4
Göksü Kanyon 59 G5
Göksun 47 G4
Göksun Çayı 47 H3
Göksu Nehri 58 D3, 59 E3-H5
Göksu Tepesi 37 E2
Göktaş (Kas) 17 F1
Göktaş (Mar) 50 B5
Göktepe (Sak) 15 F5
Göktepe (Esk) 30 B6
Göktepe (Muğ) 56 A1
Göktepe (Kara) 59 E4
Göktepe (Şan) 62 D2
Göktepe Dağı 59 H3
Gök Tepesi (Kas) 17 F3
Gök Tepesi (Den) 56 C3
Gökyar Tepesi 17 G4
Gökyurt (Kon) 44 C6
Gökyurt (Hak) 52 D3
Gölbaşı (Ank) 31 E3
Gölbaşı (Bit) 37 F5
Gölbaşı (Adı) 48 B4
Gölbaşı Gölü (Bur) 28 C2
Gölbaşı Gölü (Adı) 48 B4
Gölbelen 23 H1
Gölbent 56 C5
Gölcük (Tek) 13 E6
Gölcük (Koc) 14 D6
Gölcük (Bal) 27 G6
Gölcük (Kır) 31 H3
Gölcük (Küt) 42 C2
Gölcük (Niğ) 46 B3
Gölcük (Şan) 49 F5
Gölcük (Muğ) 56 A3
Gölcük Beli 57 F3
Gölcük Deresi 27 H5
Gölcük Gölü 41 G4
Göldağı 18 A1
Göl Dağı 34 D5
Göldüzü 38 A4
Göle 23 G3
Gölecik 27 H2
Göletçeşme 18 A3
Gölezkayı 17 F6
Gölgeli 49 F4
Gölgeli Dağları 56 C2
Gölgören 37 G4
Gölhisar (Ayd) 41 G6
Gölhisar (Ant) 56 D2
Gölhisar Gölü 56 D2
Goljam Dervent (B) 12 D1
Goljam Izvor (B) 12 A2
Gölkaynak 35 E3
Gölköy (Çor) 18 A3
Gölköy (Sam) 18 C4
Gölköy (Ord) 20 A5
Gölköy (Ank) 31 F2
Gölköy (Muş) 36 D5
Gölköy (Sii) 51 G2
Göller (Zon) 17 E3
Göller (Siv) 34 B3

Göller Dağı 22 C3
Göllü (İst) 14 C4
Göllü (Kır) 31 H4
Göllü (Mar) 50 C5
Göllüce (Çank) 17 F5
Göllüce (Bur) 28 D2
Göllüce (Siv) 34 D1
Göllü Dağı 46 B3
Gölmarmara 41 G2
Gölören (Zon) 16 D4
Gölören (Kon) 45 H5
Gölova (Ant) 57 E4
Gölova (Siv) 34 D1
Gölova Barajı 34 D1
Gölovası 61 F3
Gölpazarı 29 F2
Gölpınar (Kah) 47 G4
Gölpınar (Şan) 49 F6
Göltarla 57 E5
Göltepe 20 A5
Göltepe Tepesi 33 H6
Gölyaka (Bol) 15 G5
Gölyaka (Bal) 27 G2
Gölyaka (Bur) 28 C2
Gölyaka (İsp) 44 A6
Gölyaka (Kon) 44 B3
Gölyanı 37 G4
Gölyazı (Bur) 28 A2
Gölyazı (Kon) 45 F2
Gölyeri Tepesi 28 C4
Gölyurt Geçidi 22 B5
Gölyüzü Gölü 24 C6
Gömbe 56 D5
Gömce 42 D4
Gömenek 19 G6
Gömer Tepesi 63 H2
Gömmetaş 50 A3
Gömü (Bar) 16 C2
Gömü (Kon) 29 H6
Gömürgen 33 F5
Goncalı 23 H6
Gonca Tepesi 36 A5
Gönderiç Tepesi 20 C5
Gönen (Bal) 27 G3
Gönen (İsp) 43 G5
Gönenç 49 H3
Gönen Çayı 27 F3
Gonikó (G) 12 B4
Gördes 41 H1
Gördes Deresi 41 H2
Gordion 30 B4
Gördük Dağları 49 F3
Göre 46 B2
Göredin Kalesi 47 H5
Göreken 47 F5
Görele 21 E3
Görele Çayı 21 E4
Gorelovka (Ge) 24 A1
Göreme 46 B2
Göreme Tarihi Milli Parki 46 B2
Görenez Dağı 41 G1
Gören Tepesi 38 A4
Görgü 37 E3
Gorno (B)13 E1
Gorska Poljana (B)13 E1
Görükle 28 B2
Görümlü 51 H4
Görüşlü 38 A3
Gövdeli Tepesi 47 G2
Göve 18 B3
Gövelek 38 B5
Göydün 33 H2
Göyne 35 F2

Göynücek 18 D6
Göynük (Bol) 29 G1
Göynük (Bin) 36 C4
Göynük (Afy) 43 H2
Göynük (Nev) 46 C1
Göynük (Ant) 57 G4
Göynükbelen 28 B3
Göynük Çayı 36 B4
Göynük Dağı 17 G1
Göynük Suyu 29 G1
Göynüş Vadisi 29 F6
Gözcü 63 G2
Gözecik 48 B2
Gözegöl 50 A3
Gözelem Tepesi 64 A1
Gözelen 50 A3
Gözeler (Erzi) 35 F2
Gözeler (Şan) 63 G1
Gözeli 49 F2
Gözeli Dağı 51 H2
Gözene 48 D3
Gözkaya 61 H3
Gözlek (Ama) 18 D6
Gözlek (Tun) 35 F4
Gözler (Kır) 31 H6
Gözler (Den) 42 C4
Gözlü 44 D3
Gözlü Baba Dağları 42 A4
Gözlüçayır 35 E5
Gözlüce 36 D2
Gözlü D.Ü.Ç. 44 D3
Gözlükuyu 45 H4
Gözne 60 B2
Gözpınar 44 B3
Gözsüzce 59 F6
Gözucu 38 A1
Gözükkızıllı 31 H2
Gramatikovo (B) 13 G1
Gramna (A) 24 C4
Gryneion (Çifit Kalesi) 41 E1
Güce 20 D4
Güçlükonak 51 G4
Güçü 45 E5
Gücük (Siv) 33 G4
Gücük (Kah) 48 B3
Güdül (Gir) 20 D5
Güdül (Güm) 21 F6
Güdül (Ank) 30 C2
Güdülelmahacılı 32 B3
Güdül Tepesi 21 G6
Gugutka (B) 12 B3
Gukasyan (A) 24 B1
Gükova Körfezi 55 F3
Gülalan 42 B4
Gülan Çayı 35 E2
Gülbahar Tepesi 62 A3
Gülbahçe 35 E3
Gülbayır 46 C3
Gülbumu 51 G3
Gülçayır 30 A5
Gül Dağı (Art) 22 C-D2
Gül Dağı (İzm) 41 G4
Güldalı 50 A3
Güldere (Sam) 18 D3
Güldere (Kara) 59 G3
Güldiken 36 C6
Güldürcek Barajı 17 E6
Güleç 27 E2
Güleçler (Van) 52 C1
Güleçler (Van) 52 D1
Gülek (İçe) 60 B1
Gülek (İçe) 60 C2
Gülek Boğazı 60 C1
Gülen 21 H3

Güleryüz 49 H5
Güleşli 51 G4
Gülgöze 51 E5
Gülkoru 37 G3
Gülköy 43 F5
Güllab Deresi 63 G2
Güller 28 A3
Güllü (Erz) 37 F1
Güllü (Uşa) 42 C4
Güllüali 34 B1
Güllübahçe 41 F6
Güllübeli Geçidi 56 D3
Güllüce (Erz) 22 B6
Güllüce (Bur) 27 H3
Güllüce (Siv) 34 B4
Güllüce (Kay) 47 E1
Güllü Dağları 23 F4
Güllühasan 32 B4
Güllü Hüyük 29 G4
Güllük 55 F2
Güllük Dağı Milli Parkı 57 F3
Güllük Körfezi 55 E2
Güllüova 37 G3
Gülnar 59 G5
Gülpınar (Kars) 24 C5
Gülpınar (Çan) 26 B5
Gülpınar (Adı) 49 E5
Gülşehir 46 B2
Gültepe 37 F5
Gülümuşağı 49 E3
Gülünç Barajı 16 A4
Gülünç Irmağı 16 A4
Gülveren (Kır) 31 G4
Gülveren (Kay) 47 E2
Gülveren (Mar) 51 E4
Gülyurt 22 B5
Gülyüzü (Ard) 23 H2
Gülyüzü (Ağr) 24 C6
Gümeçbağlar 35 H6
Gümele 29 F3
Gümeleönü 19 H6
Gümeli 27 E5
Gümülceli 41 F2
Gümuldür 41 E5
Gümüş (Ama) 18 C5
Gümüş (Ada) 47 H6
Gümüşakar 34 D2
Gümüşçay 27 F2
Gümüş Çayı 50 C6
Gümüşçevre 34 B2
Gümüşdere (Esk) 28 D3
Gümüşdere (Siv) 33 H2
Gümüşgölcük 28 D4
Gümüşhacıköy 18 C4
Gümüşhane 21 F5
Gümüşkale Tepesi 37 F1
Gümüşkavak 58 D4
Gümüşkaya 48 D6
Gümüşkent 46 B1
Gümüşköy 14 B4
Gümüşkuşak 37 H2
Gümüşler 46 B4
Gümüşler Barajı 46 B4
Gümüşlü 59 H5
Gümüşlük Köyü 55 E3
Gümüşören 47 E3
Gümüşpınar 13 H4
Gümüşsu (Bay) 22 A5
Gümüşsu (Yoz) 33 E2
Gümüşsu (Den) 43 E4
Gümüştaş 50 A4
Gümüştuğ 21 E5
Gümüşyaka (ist) 13 H5
Gümüşyaka (Ant) 57 E3

Gümüşyeni 28 D4
Günaydın 27 H3
Günbatmaz 37 F4
Günbuldu 38 B1
Gündaş 63 F2
Gündeğdi 35 H4
Gündeğer 23 F6
Gündelen Çayı 33 E3
Gündere 48 B3
Gündoğan (Bal) 27 F2
Gündoğan (Siv) 33 F2
Gündoğdu (Sam) 19 G3
Gündoğdu (Tok) 20 A6
Gündoğdu (Güm) 21 E4
Gündoğdu (Riz) 22 A2
Gündoğdu (Çan) 27 E2
Gündoğdu (Bur) 28 B2
Gündoğdu (Ant) 58 A3
Gündoğmus 58 C4
Gündüzbey 48 D2
Gündüzler (Esk) 29 G3
Gündüzler (içe) 59 H4
Gündüzü 51 E2
Günedoğru 48 C3
Güneş Dağı 20 A6
Güneşgören 37 G1
Güneşköy 33 H6
Güneşli (Kay) 32 D6
Güneşli (Siv) 34 A4
Güneşli (Aks) 45 G4
Güneşli (Şır) 51 G4
Güneşli (Muğ) 56 C5
Güneşönü Tepesi 34 C2
Güney (Riz) 22 C2
Güney (Siv) 33 G4
Güney (Uşa) 42 B3
Güney (Den) 42 C4
Güney (Burd) 56 D1
Güney (Ant) 58 D6
Güneyağıl 36 A3
Güneybaşı 35 E5
Güneyçam 22 B6
Güneyce (Ord) 20 B6
Güneyce (Riz) 22 A3
Güneyce (Bol) 30 A1
Güneyce (Isp) 43 G6
Güneydere 44 C6
Güneydoğu Toroslar 49 F3
Güneykent 43 F5
Güneykonak 35 F3
Güneyköy 43 E2
Güneyören 16 D2
Güneysınır 59 E2
Güneysu 22 A3
Güneyyurt 59 E4
Güngören (Ord) 20 C4
Güngören (Yoz) 32 D3
Güngörmez (Tek) 13 G3
Güngörmez (Erz) 22 D5
Güngörmez (Bur) 27 H2
Güngörmez Dağı 27 H2
Güngörmüş 21 G3
Günkoru 19 E4
Günlüce (Erz) 23 E3
Günlüce (Küt) 28 C5
Günlüce (Bat) 37 E6
Günören 20 B4
Günorta 23 F2
Günova 49 H3
Gün Tepesi 50 A2
Günyamaç 34 A2
Günyarık 29 E3
Günyayla 23 E2
Günyurdu 37 G4

Günyüzü (Esk) 30 B5
Günyüzü (Kon) 45 E3
Gürağaç 28 C4
Gürbulak 38 D1
Gürbüz 50 B1
Gürbüzler 23 G4
Gürçeşme 27 E2
Güre (Bal) 27 E4
Güre (Uşa) 42 C2
Güreci 27 E2
Güredin Çayı 47 G4
Güreşen 22 D1
Gürgen 51 F4
Gürgentepe 20 B4
Gürgentepe Geçidi 20 B4
Gürgün Irmak 46 C6
Gürkaynak 51 F5
Gürle (Bur) 28 C2
Gürle (Man) 41 F3
Gürlek 42 C6
Gürlevik Dağı 34 B3
Gürleyen 28 A5
Güroluk (Riz) 22 B2
Güroluk (Diy) 50 C2
Güroymak 37 F5
Gürpelit 17 E2
Gürpınar (ist) 14 A5
Gürpınar (Van) 38 B6
Gürpınar (Den) 42 D3
Gürpınar (Mal) 48 B2
Gürsöğüt 30 B3
Gürsökü 18 A1
Gürsu (Bur) 28 C2
Gürsu (Aks) 46 A3
Gürüh Dağı 17 F2
Gürün 48 A1
Guthayran 23 H4
Güvem 16 D6
Güvemalanı 27 F2
Güvemçetmi 27 H5
Güvenç 30 D2
Güvence 23 H6
Güvendik 44 B4
Güvenli (Ord) 20 B5
Güvenli (Hak) 53 E3
Güvenli (Gaz) 62 B2
Güvenlik 23 E4
Güvenocak 23 H1
Güvercin 23 H2
Güvercinli 22 C1
Güvercinlik (Sam) 18 D4
Güvercinlik (Muğ) 55 F2
Güvercin Mağarası 56 C6
Güvez 56 A4
Güzderesi 50 D2
Güzelbağ 58 C4
Güzelbahçe 40 D3
Güzelçamlı 41 E6
Güzelçay 49 F4
Güzelce (Kay) 47 F2
Güzelce (Hat) 61 G3
Güzelcehisar Burnu 16 C2
Güzeldere (Muş) 36 D3
Güzeldere (Sii) 51 F2
Güzeldere (Hak) 52 C4
Güzeldere Geçidi 38 C6
Güzelim 47 F3
Güzelköy (Diy) 50 B3
Güzelköy (Ant) 57 F3
Güzeloğlan 33 G5
Güzeloluk 59 H3
Güzelöz 46 C3
Güzelpınar 42 C5
Güzelsu (Erz) 23 E4

Güzelsu (Bit) 37 F5
Güzelsu (Van) 38 C6
Güzelsu (Ant) 58 B3
Güzelsuyu 62 B2
Güzelyalı 26 C3
Güzelyayla (Erz) 22 D5
Güzelyayla (Ank) 30 D6
Güzelyayla (Diy) 36 D6
Güzelyurt (Mal) 34 C6
Güzelyurt (Aks) 46 A3
Güzyurdu (Güm) 35 G1
Güzyurdu (Mal) 48 D2
Gyullibulas (A) 24 B2

Haberli 51 F5
Habiller 59 E2
Habur 51 H5
Habur Çayı 52 B3
Hacıabdullah (Ank) 31 G5
Hacıabdullah (Niğ) 46 B4
Hacı Ahmet 23 F5
Hacıahmet 44 A2
Hacıahmetli 18 A2
Hacıalanı 60 A3
Hacıali 17 H2
Hacıarslanlar 27 E4
Hacıbaba 28 C6
Hacıbekirözü 31 E5
Hacıbektaş 32 B6
Hacıbektaş Veli Müzesi 32 A6
Hacıbeli 17 H3
Hacıbeyli (Afy) 29 F6
Hacıbeyli (Niğ) 46 C4
Hacıdanişment 13 E2
Hacıfakılı 44 C1
Hacıgelen 26 D2
Hacıhıdır 41 H2
Hacıhıdır Barajı 49 G4
Hacıhıdırlar 42 A6
Hacıhalil (Çor) 17 H5
Hacıhalil (Erz) 23 F6
Hacıhalil (Kar) 23 H4
Hacıhalil (Adı) 48 D5
Hacıhalil Dağı 23 H4
Hacıhalimler 15 H6
Hacıhamza 18 A4
Hacıhasanlar 57 H3
Hacıkebir 28 D6
Hacıköseli 41 H2
Hacıköy (Tek) 12 D5
Hacıköy (Çan) 26 D3
Hacılar (Erz) 22 B5
Hacılar (Ank) 30 D3
Hacılar (Kır) 31 F3
Hacılar (Çank) 31 G1
Hacılar (Burd) 43 E6
Hacılar (Kay) 46 D2
Hacılar (Ada) 61 F1
Hacılar Geçidi 19 E4
Hacılarkanı 32 A1
Hacılı (Tek) 13 E5
Hacılı (Kas) 17 H3
Hacılı (Ada) 60 C1
Hacim 42 D3
Hacımuharrem 17 F2
Hacımusa (Zon) 16 C3
Hacımusa (Ank) 30 C5
Hacımusa (Ank) 30 C6
Hacımusalar 15 H6
Hacınınoğlu 47 H4
Hacıömer (Gir) 20 D6
Hacıömer (Erz) 37 E2
Hacıosmanoğlu 30 C6
Hacıpaşa (Kay) 47 E3

Hacıpaşa (Hat) 61 G5
Hacıpiri 24 A2
Hacırahmanlı 41 F2
Hacıreis 17 H1
Hacısait 59 G4
Hacıselimli 31 G4
Hacısungur 13 E5
Hacıuğur 12 D2
Hacıveliler 41 G2
Hacıvelioba 27 F3
Hacıyakup 27 G3
Hacıyeri 16 A5
Haçlı Gölü 37 G4
Hadım (Den) 42 D5
Hadım (Kon) 58 D3
Hadımköy 14 A4
Hadımlı 24 B5
Hafemtay Kalesi 51 F5
Hafik 34 A2
H. Ahmetli 59 G4
Hakkari 52 C3
Hakkâri Dağları 52 C3
Hakkıbeyli 61 E2
Halaçlar 43 E2
Halaçlı 31 G1
Halakköy 33 G5
Halalca 27 G4
Halefoğlu 23 H3
Halfeti 48 C6
Halhacı 33 E3
Halilağa 26 D3
Halılar 18 A4
Halilbağı 29 H4
Halilçavuş 37 E3
Halilkaya 22 B6
Halilli 21 H3
Halisa (S) 62 B4
Halitağa 60 C3
Halitli 31 G3
Halitpaşa 41 F2
Halkalıyayla 59 E5
Halkapınar 46 A6
Halki (G) 55 F6
Hallaç (Ağr) 24 D6
Hallaç (Afy) 43 G3
Hallaçlar 32 B4
Hallaçlı (İst) 13 H4
Hallaçlı (Ank) 30 D4
Haltan Deresi 51 F4
Hamal 34 A5
Hamam 61 H4
Hamamayağı 18 D4
Hamam Dağı 30 B3
Hamamdere 42 B3
Hamamkarahisar 30 B5
Hamamköy (İzm) 41 G5
Hamamköy (Ada) 47 E6
Hamamlar 42 B2
Hamamlı (Art) 23 E2
Hamamlı (Bur) 28 D3
Hamamözü 18 B5
Hamamüstü 15 H6
Hamaxitos 26 B5
Hamburun Geçidi 45 H4
Hamdi 18 B6
Hamdibey 27 E3
Hamdilli 61 F2
Hamidiye (Edi) 12 D4
Hamidiye (Kır) 13 G3
Hamidiye (Sin) 18 B1
Hamidiye (Erz) 22 D5
Hamidiye (Man) 27 G6
Hamidiye (Bur) 28 A3
Hamidiye (Bur) 28 D2

Hamidiye (Bil) 29 F2
Hamidiye (Esk) 30 A3
Hamidiye (Man) 42 A2
Hamidiye (Afy) 43 H2
Hamidiye (Aks) 45 H3
Hamidiye (Gaz) 61 H2
Hamit (Kır) 31 G4
Hamit (Muğ) 56 A3
Hamitabat 13 F3
Hamsiköy 21 F4
Hamur 37 H1
Hamzabey (Küt) 28 B6
Hamzabey (Bur) 28 D3
Hamzabeyli 12 D1
Hamzahacılı 29 H6
Hamzalar (Erz) 36 D2
Hamzalar (Kon) 58 D2
Hamzalı (Gir) 21 E3
Hamzalı (Kır) 31 G1
Hamzalı (Kon) 45 F1
Hamzalı (Diy) 50 D1
Hamzalı (Ada) 61 F3
Hanak 23 G1
Hanas Deresi 47 H4
Hancağız 61 F5
Hancağız Barajı 62 C2
Hançakırı 47 E5
Hançalar 42 C4
Handere 23 F5
Hangediği 38 C2
Hani 50 B1
Hanife Deresi 27 H2
Hanımçiftliği 48 D2
Hanımyamaç Tepesi 38 A3
Hankaraağaç 29 G5
Hankendi 49 F1
Hanköy (Van) 38 C3
Hanköy (Kay) 47 F2
Hanlı 33 G4
Hanoğlu (Tek) 13 F4
Hanoğlu (Uşa) 42 D3
Hanönü 18 A2
Hanpaşa 27 H6
Hanpınar 19 G6
Hantepe 50 B3
Hanyatak 15 F6
Hanyeri (Uşa) 42 C4
Hanyeri (Ada) 47 F3
Hara 27 H3
Harabekayış 49 E2
Harabeköy 44 D2
Haraki (G) 55 G6
Haraköy 22 C2
Haramsu Deresi 50 B4
Harasbazin 50 C4
Harbiye 61 G5
Harçbeli 20 A5
Hardal 33 F4
Harem (S) 61 H5
Harge (Irq) 52 B5
Harik (Irq) 52 C5
Harın Dağı 45 H1
Harız 18 D2
Harlak 47 F5
Harmanaltı 31 H5
Harmancık (Çan) 26 D2
Harmancık (Bur) 28 C4
Harmancık (Siv) 33 H3
Harmancık (Kah) 48 B5
Harmandalı 41 F2
Harmandallar 42 A3
Harmankaya 15 G5
Harmanli (B) 12 B1
Harmanlı (Bur) 28 A2

Harmanlı (Bit) 37 H6
Harmanlı (Adı) 48 C4
Harmanören 43 G5
Harmanözü 22 A6
Harmanpınar 58 C2
Harmantepe 35 H2
Harput 35 G6
Harran 63 G2
Harrı Tepesi 17 G6
Harşit Çayı 21 E4
Harun 18 A5
Haruna Geçidi 53 E4
Harunı 36 D6
Harunköy 33 G4
Hasanabat 52 C2
Hasanabdal 38 B3
Hasanağa 12 D2
Hasanağa 28 B2
Hasanbeyli 61 G1
Hasançelebi 34 C5
Hasancık 49 E4
Hasancıklı 47 H5
Hasancılar 41 G6
Hasan Dağı (Erz) 22 B4
Hasan Dağı (Ela) 35 F6
Hasan Dağları 45 H4
Hasandede 31 F3
Hasanhan 24 D5
Hasankale (Erz) 23 E6
Hasankale (Bat) 51 E3
Hasan Kendi 48 A3
Hasankeyf 51 E3
Hasanköy (Kas) 17 F1
Hasanköy (Uşa) 43 E2
Hasanköy (Niğ) 46 B3
Hasanlar (Bol) 29 G2
Hasanlar (Nev) 32 B6
Hasanlar Barajı 15 H5
Hasanlı (Tok) 19 E6
Hasanlı (Mar) 50 B6
Hasanlu (İm) 53 E2
Hasanoba 45 F6
Hasanoğlan 31 E2
Hasanoğlu 48 C6
Hasanören 16 D2
Hasanova 36 C4
Hasanpaşa (Muş) 37 G2
Hasanpaşa (Burd) 57 E2
Hasantimur Gölü 38 D4
Hasan Uğurlu Barajı 19 F4
Hasar Tepesi 36 D5
Hasayaz 31 F2
Hasbağlar 36 A4
Hasbek 32 D4
Hasbek Tepesi 34 C5
Hasboğa 13 G3
Hasdere 58 D5
Haseki 40 C2
Hashtiyan (İm) 53 F2
Hasırlı 18 D2
Hasköy (Tek) 12 D5
Hasköy (Edi) 13 E3
Hasköy (Riz) 22 B2
Hasköy (Ard) 23 G2
Hasköy (Muş) 37 E5
Hasköy (İzm) 41 F4
Hasköy (Uşa) 42 C3
Hasköy (Diy) 50 C4
Hassa 61 G3
Hassake (S) 64 D2
Hastarla 35 H2
Hatay (Antakya) 61 G5
Hatip (Edi) 12 D2
Hatip (Kon) 44 D6

Hatipay 30 D6
Hatipkışlası 55 G1
Hatipler 41 F2
Hatırlı 44 D1
Hattuşaş 32 A2
Hatuncuk 36 B1
Hatunlu 50 D6
Hatunsaray 44 D6
Hatunsuyu 48 D2
Havran 27 E5
Havran Çayı 27 E5
Havsa 12 D3
Havuz 33 H5
Havza 18 D4
Hayat Deresi 49 G6
Haydarbeyli 32 A2
Haydar Dağı 58 C3
Haydariye 28 C1
Haydarlı 43 F4
Haydaroğlu 34 D6
Haydere 41 H6
Hayıroğlu 45 E6
Hayırsız Adası 13 F6
Haymana 30 D5
Hayrabolu 13 E4
Hayrangöl 23 G6
Hayranlı 33 G3
Hayrat 21 H3
Hayrettin 18 C5
Hayrettinköy 42 D5
Hayriye 14 D6
Haytabey 42 C5
Hazanlı Dağı 48 A2
Hazar 49 G2
Hazar Dağı 49 G2
Hazar Gölü 49 G1
Hazine 38 C5
Hazine Kapısı 38 B6
Haznedar 23 H5
Hazreti Eyüp Mezarı 49 H6
Hazro 50 C2
Hekim Adası 40 D3
Hekimdağ 29 F3
Hekimhan 34 C6
Helaldı 18 A1
Helvacı 41 F4
Helvacı Tepesi 13 E6
Helvadere 45 H4
Hemşin 22 B2
Hendek 15 G5
Hendvār (İm) 38 D1
Henüzçakırı 47 E6
Heraclia 13 G5
Heraion (G) 40 D6
Herakeia Pontike 16 A3
Hereke 14 D6
Herekli 31 G3
Herközü 20 B5
Herran 53 E5
Heybeliada 14 C5
Heybettepe 22 A6
Hezil Çayı 52 A4
Hıdırbaba 35 F6
Hıdırbey 61 F5
Hıdırdivan 42 B1
Hıdırköylü 41 F5
Hıdırlı 18 B2
Hıdırlık 18 C6
Hıdırşeyh 31 G2
Hıdrellez Mağarası 56 D6
Hierapolis (Den) 42 C5
Hierapolis (Ada) 47 F3
Hierapolis (Castabala) 61 G1
Hilâl 52 A4

Hilmiye 33 G6
Hilvan 49 F5
Hımıroğlu 32 C1
Himmetdede 32 C6
Himmetoğlu 29 G2
Hınıs 37 E3
Hınzır Dağları 33 F6
Hios (G) 40 B3
Hios (G) 40 B3
Hirfanlar 31 G5
Hirfanlı Barajı 31 G5
Hırka 32 D6
Hırka Dağı 46 B1
Hırkalı 42 A2
Hırkatepe 30 B2
Hırlas Kaplıca 19 E4
Hisar (Bar) 16 C2
Hisar (Bal) 27 H5
Hisar (Kır) 31 F3
Hisar (Den) 42 B5
Hisar (Burd) 43 G6
Hisar (Esk) 44 A1
Hisar (Gaz) 48 C6
Hisar (Şır) 51 H4
Hisaralan 27 H6
Hisarardı (Muğ) 55 H1
Hisarardı (Ant) 56 D3
Hisarbey 32 D4
Hisarçandır 57 F4
Hisarcık (Gir) 20 D4
Hisarcık (Küt)) 28 C6
Hisarcık (Kay) 46 D2
Hisarcık (Mal) 48 C2
Hisarcıkkayı 17 F6
Hisarkavak 18 C6
Hisarköy 56 C2
Hisarlar 49 E6
Hisarlıdağ 12 C6
Hisarlık 29 E1
Hisarönü (Zon) 16 B2
Hisarönü (Muğ) 55 H4
Hisartepe (Daskyleion) 27 G3
Hizan 51 H1
Hızarlı 23 E2
Hızır Dağı 30 D1
Hızıroğlu 16 B4
Hloi (G) 12 B4
Höbek (Kay) 32 D6
Höbek (Siv) 34 C4
Höbek Tepesi 47 G5
Hocabey 33 H3
Hocahasan 17 F5
Hocaköy (Bol) 16 A5
Hocaköy (Bar) 16 D2
Hocaköy (Kas) 17 F1
Hocaköy (Mar) 50 C6
Hocalar (Uşa) 42 C3
Hocalar (Afy) 43 E3
Hocallı 60 D2
Hoçaş 30 A1
Hodoğlu 45 E3
Hodul 27 F2
Hodulbaba Dağı 45 E5
Hodul Dağ 46 C2
Holoz 34 B2
Hombur 48 A5
Honaz 42 C6
Honaz Dağı 42 C6
Hopa 22 C1
Hop Geçidi 50 C5
Hopur Çayı 61 H3
Hora (G) 26 A1
Hora (G) 40 D6
Horaın.57 E6

Horasan 23 F5
Horasan Tepesi 23 E2
Horhor (Bin) 36 D4
Horhor (Kah) 48 A2
Horoz 46 B6
Horozdere 51 H1
Horozlu Han (Kon) 44 D5
Horozlu Han (Kon) 60 A1
Horoztepe 33 G1
Horsunlu 42 A5
Hortu 59 F5
Horzom Çayı 56 C3
Horzum 41 G3
Hoşafoğlu 15 H5
Hoşap Kalesi 38 C6
Hoşça 47 E3
Hoşhaber 24 C5
Hoşumlu 32 D3
Hotamış 45 F6
Hovarsin (Im) 53 E2
Höyük (Çor) 32 B1
Höyük (Siv) 33 F4
Höyüklü 50 D6
Hozat 35 F4
Hrysomilia (G) 40 C6
Hunat Hatun Camii 46 D2
Hurduk 38 B5
Hurma 57 G3
Hurma Boğazı 61 E4
Hurman Çayı 47 G2
Hurman Kalesi 47 H2
Hursunlu 44 B2
Hüseyinbeşeler 27 F5
Hüşeyinli 47 E3
Hüseyinmescidi 19 G3
Hüsrevpaşa 52 B3
Hüyücek 49 G6
Hüyük 44 B5
Hüyükburun 59 G1
Hüyüklü 47 H3
Hüyüklü Dağ 34 A5
Hydas 55 H4

Iasos 55 F2
ibek 18 C6
ibirler 27 G4
ibişler 17 G4
Ibrahim Al Khalil (Irq) 52 A5
ibrahimhacılı 32 C4
ibrahimşehir 62 C1
ibrala Barajı 59 F2
ibrikbaba 12 D6
ibrikli 22 D1
Ibrikтepe 12 D5
ibrişim 31 G6
icadiye 47 F2
içdedeler 29 F1
içel (Mersin) 60 B3
içeriçumra 44 D6
içikler 42 A2
içikli 43 G3
içimli 38 A6
içme 35 G6
içmeli 45 F6
içören 50 D4
idil 51 F4
Idlib (S) 61 H6
idris Dağı 31 F2
Idyma 55 H3
iğciler 30 C4
iğde 48 A3
iğdecik (Esk) 30 A4
iğdecik (Kay) 33 E6
iğdeli (Erz) 23 E4

iğdeli (Yoz) 32 D5
iğdeli (Siv) 34 B4
iğdeli (Şan) 62 D1
iğdeören 58 D3
iğdir (Kas) 17 E4
Iğdır (Kar) 24 C5
Iğdır (Bur) 28 C2
iğdir (Tok) 32 D1
Iğdır Dağı 20 C6
iğneada 13 H2
iğneada Burnu 13 H2
iğnebey 33 G2
iğneciler 15 H6
Ihlara 46 A3
ihsangazi 17 F4
ihsaniye (Ist) 13 H4
ihsaniye (Afy) 29 F6
ihsaniye (Kar) 59 E3
ihtiyarşahap Dağları 37 G6
iiyaslar 27 H5
Ikaria (G) 40 B6
ikibaşlı 28 C5
ikiköprü 51 E2
ikikuyu (Diy) 50 B2
ikikuyu (Mar) 50 C5
ikili 52 B3
ikisu 21 F5
ikitepe 16 C4
ikiyaka 52 D4
ikiyaka Dağları 53 E4
ikiz 21 G5
ikizbağlar 51 G2
ikizce (Ord) 19 H4
ikizce (Ank) 30 D4
ikizce (Bit) 37 E6
ikizcetepeler Barajı 27 G5
ikizdere (Riz) 22 A3
ikizdere (Riz) 22 A4
ikizdere (Ard) 23 G1
ikizdere (Ayd) 41 G5
ikizhüyük Tepesi 42 D3
ikizköy 55 G2
ikizler 51 F2
ikizoluk 50 C4
ikizören 17 G5
ikiztaş 51 H1
ikiztaşı Deresi 51 H1
ikiztepe 50 D3
ikiz Tepesi 43 H5
ikizyaka 20 B6
ikizyurt 20 D6
ikkurşunköy 41 G4
ilbiz Burnu 56 B5
ilbudak Dağı 43 F2
Ildır 40 C3
ilecik 21 E5
Ilgardere 26 C2
Ilgaz 17 G5
Ilgaz Çayı 17 F4
ilgazdağı Geçidi 17 G4
Ilgaz Dağı Milli Parkı 17 G4
Ilgaz Dağları 17 F4
Ilgaz Geçidi 17 H4
ilgın 44 C4
ilhanköy 27 G1
ilıbaşı 29 H5
Ilıca (Kas) 17 E2
Ilıca (Sam) 18 D4
Ilıca (Tok) 20 A6
Ilıca (Riz) 22 A3
Ilıca (Erz) 22 C6
Ilıca (Bal) 27 G3
Ilıca (Bal) 27 H6
Ilıca (Küt) 29 E4

Ilıca (Ank) 30 C5
Ilıca (Tok) 33 E2
Ilıca (Muş) 37 E5
Ilıca (İzm) 40 C4
Ilıca (Ada) 47 G6
Ilıca (Şır) 52 B3
Ilıca (Ant) 58 D5
Ilıca (İçe) 59 F4
Ilıca Deresi 29 F4
Ilıcak 48 D2
Ilıcaköy 22 A3
Ilıcaksu (Bur) 28 B4
Ilıcaksu (Küt) 28 D4
Ilıcaksu (Küt) 42 C1
Ilıcalar 36 B5
Ilıcaözü 30 C5
iliç 34 D3
iliğidağ 43 F5
Ilısu Barajı 51 F3
Ilıpınar 36 C3
illısu 18 D6
ilören 30 B4
Ilpınar 40 D2
ilyasbey 17 F1
ilyasdağı 13 F6
ilyaslar (Man) 27 G6
ilyaslar (Bal) 27 H5
ilyaslar (Kon) 44 B4
Ilyaslı 42 C3
ilyaspaşa 30 B6
imam Abdullah 51 E3
imamdamı 33 H4
imam Kulu 47 E3
imamkulu 47 E3
imamlar 56 C3
imamoğlu (Kas) 18 A3
imamoğlu (Ada) 61 E1
imamuşağı 59 H5
imecik 57 F3
imeciksusuzu 57 F3
Imircik 18 D3
imirli 31 H1
imralı 28 A1
imralı Adası 14 A6
imralıl 43 H1
imran 32 B5
imranlar 28 B5
imranlı 34 C2
imroz 26 B2
Imsık 55 F2
inanözü 18 A6
inay 42 C3
inboğazı Mağaraları 27 E5
incebel Dağları 33 F4
ince Burnu (Tek) 13 E6
ince Burnu (Sin) 18 C1
ince Burnu (Çan) 27 F1
ince Burnu (İzm) 40 C4
ince Burnu (Muğ) 55 G2
ince Burnu (Muğ) 56 B4
inceburun Dağları 36 B6
inceçay 23 F3
incecik 48 B2
incecikler 27 E6
incegedik 61 H2
inceğiz 14 A4
incekaya (Bit) 37 G6
incekaya (Sii) 51 G2
incekum Burnu 59 H5
inceler (Den) 42 D6
inceler (Sii) 52 A3
incesırt 13 G2
incesu (Riz) 22 B3

ıncesu (Kar) 24 A5
ıncesu (Ama) 32 C1
ıncesu (Siv) 33 H6
ıncesu (Erz) 36 D2
ıncesu (Aks) 45 G4
ıncesu (Kay) 46 C2
ıncesu (Kay) 46 D3
ıncesu (Mar) 50 B6
ıncesu Çayı 59 G2
ıncetarla 61 E2
ıncidere 63 F2
ınçiğez 17 F3
ıncık 29 F5
ıncıköy 23 E4
ıncili 37 H4
ıncirağacı 57 F5
ıncıraltı 41 E3
ıncir Burnu 19 E2
ıncirköy 56 C4
ıncirli (Ank) 30 D5
ıncirli (Ada) 47 F5
ıncirli (Şan) 48 D6
ıncirli (Hat) 61 H4
ıncirlik 60 D2
ıncirli Mağarası 57 F6
ıncirlova 41 G5
ıncirpınar (Sin) 18 B1
ıncüğez 17 E5
ınebolu 17 G1
ınece 13 E2
ınecik 13 F5
ınegöl 28 D3
ınegöl Dağı 18 C4
ınekli Gölü 48 B5
ıngölü 21 E6
ınhisar 29 F3
ınice 20 C4
ınişli 37 F6
ınkaya 23 F5
ınköy 34 A3
ınkumu 16 C2
ınler 30 C5
ınler Deresi 44 C1
ınli (Afy) 43 G3
ınli (Niğ) 46 B4
ınlice 44 C6
ınli Deresi 51 G3
ınönü (Ord) 20 A4
ınönü (Esk) 29 E4
ınönü (Yoz) 33 E4
ınousses (G) 40 C3
ınpiri 16 C2
ınsuyuköy 45 E2
ınsuyu Mağarası 43 F6
ıntepe 26 C3
ıntepe 58 D5
ınsala 12 C5
ırgıllı 43 E4
ırıağaç 48 C2
ırlağanlı 42 C5
ırmaz 41 G3
ırmaç 33 H6
ırmak 31 F3
ırmakyanı 22 D3
ırmashan Gediği 58 B2
ırşadiye (Koc) 14 D6
ırşadiye (Bal) 27 H3
ısabey (Bin) 35 H5
ısabey (Den) 42 D5
ısabey Dağı 38 B4
ısabeyli 41 H5
ısaköy 14 D4
ısalı 61 E2
ısaören 28 D3

ısçehisar 43 G2
ışgören 50 C4
ıshakçılar 28 D4
ıshak Paşa Sarayı 24 C6
ıshakuşağı 44 C1
ışhan 22 D3
īshgeh Sū (Irn) 53 G2
ışık 52 C3
ışık Dağı (Çank) 16 D6
ışık Dağı (Kah) 47 G3
ışık Dağı Geçidi 16 D5
ışıkkaya 47 E5
ışıklar (Bol) 16 B6
ışıklar (Tra) 21 F4
ışıklar (Çan) 26 C3
ışıklar (Bal) 27 G2
ışıklar (Erz) 37 E2
ışıklar (Ayd) 41 H5
ışıklar (Afy) 43 G2
ışıklar (Hak) 52 D3
ışıklar Barajı 42 B6
ışıklar Dağları 13 E6
ışıklı (Edi) 12 C6
ışıklı (Riz) 22 B2
ışıklı (Den) 43 E4
ışıklı (Ada) 47 E6
ışıklı (Van) 52 C2
ışıklı Gölü 43 E4
ışıkpınar 29 E4
ışıktepe (Ord) 20 A4
ışıktepe (Ela) 49 G1
ışıkvuran 35 G3
ışıkyaka 50 C4
ışıldak 49 H6
ısında 56 D6
ısırganlı Dağları 17 E1
ıskandil Burnu 55 F4
ıskankuyu 29 H6
ıskele (Bal) 27 H5
ıskele (Muğ) 55 F2
ıskele (Muğ) 55 H3
ıskele (İçe) 59 E6
ıskele Adası 26 D6
ıskender 12 D3
ıskenderli 21 E3
ıskenderşeyh 20 B6
ıskenderun 61 F3
ıskenderun Körfezi 61 F4
ıskilip 18 A5
ıslagan (A) 24 D5
ıslahiye 61 H2
ıslâmbeli 13 G2
ısleğen 32 C3
ıslık 45 F6
ısmail 18 B5
ısmailce 12 D2
ısmail Dağları 55 H1
ısma'll Hawah (Irq) 51 H6
ısmetpaşa (Çank) 16 D5
ısmetpaşa (Esk) 29 G5
ısmil 45 E6
ısparta 43 G6
ıspir 22 C4
ıssos 61 F3
ıssos Aquaduct 61 F2
ıstanbul 14 B5
ıstrios (G) 55 G6
ıt Dağı 47 G2
ıvajlovgrad (B) 12 B2
ıvajlovgrad (B) 12 B3
ıvanovo (B) 12 B2
ıverönü 19 G5
ıvrindi 27 F5
ıyidere (Riz) 22 A3

ıyidere (Erz) 22 B4
ızbırak 51 F4
ızgın 48 A3
ızgrev (B) 13 G1
ızmir 41 E3
ızmir Körfezi 40 D3
ızmit Körfezi 14 D6
ıznik 28 D1
ıznik Gölü 28 C1
ıztuzu 56 A4
ızzettin 41 G3

Jandiyus (S) 61 H4
Jarablos (S) 62 D2
Jebel 'Abd al 'Aziz (S) 64 C3
Jermi (Irn) 53 F3
Jir Ash Shugar (S) 61 G6
Julelom Kalesi 50 D5
Južni Rodopi (B) 12 A3

Kabaağaç (Kah) 47 H3
Kabaağaç (Muğ) 56 C5
Kabaca (Art) 22 D2
Kabaca (Ank) 29 H2
Kabadüz 20 B4
Kabahaydar 49 F6
Kabak (Ank) 30 C5
Kabak (Muğ) 56 C5
Kabakaya 50 C1
Kabakbaşı Dağı 59 E2
Kabakça 13 H4
Kabak Dağı 23 G3
Kabaklar (Bur) 28 C3
Kabaklar (Kah) 47 G5
Kabakoz 14 D4
Kabaktepe 47 E5
Kabala 50 C5
Kabalar 16 A4
Kabalı 18 B1
Kabasakal (Siv) 33 G4
Kabasakal (Ada) 46 D6
Kabataş (Ord) 20 A4
Kabataş (Erzi) 34 D4
Kabayel 36 A3
Kabazlı 41 H3
Kaçarlı 31 G6
Kacax (A) 24 C3
Kaçıt 52 A2
Kaçkar Dağı 22 C3
Kaçmaz 38 A2
Kadıbükü 17 E4
Kadıkalesi 41 E6
Kadıkırı 18 B6
Kadıköy (Tek) 12 D5
Kadıköy (Çan) 13 E6
Kadıköy (Tek) 13 G3
Kadıköy (İst) 13 H4
Kadıköy (İst) 14 B5
Kadıköy (Sak) 15 G4
Kadıköy (Bar) 16 D2
Kadıköy (Kas) 17 H2
Kadıköy (Ank) 29 H2
Kadıköy (Siv) 33 F3
Kadıköy (Erzi) 34 D2
Kadıköy (Den) 42 B4
Kadıköy (Kon) 44 D1
Kadıköy (Şan) 50 A5
Kadıköy (Muğ) 55 H1
Kadıköy (Abd) 60 D3
Kadıköy Barajı 12 D5
Kadıköy Deresi 27 G3
Kadıkuyusu 29 H6
Kadılar 43 F4
Kadılı (Koc) 14 D5

Kadılı (Yoz) 32 C4
Kadı Mağarası 58 D4
Kadimürsel 29 F6
Kadıncık 30 B5
Kadınhanı 44 C4
Kadıoğlu 44 D2
Kadıovacık 40 C3
Kadirleryakası 56 D6
Kadirli 47 F6
Kadışehri 33 E2
Kadish (Irq) 52 B5
Kadyanda 56 C4
Kafacakaplancık 55 H2
Kafa Dağ 44 B5
Kaftangiyen 33 G5
Kaf Tepesi 35 F3
Kağızman 23 H5
Kağnıcı 18 C4
Kağnılı 38 A2
Kahramanlar 22 C6
Kahramanmaraş 47 H5
Kâhta 49 E4
Kâhta Çayı 49 E4
Kahta Kalesi (Eski Kahta) 49 F3
Kahveci 33 E6
Kâhyalı 33 G3
Kaınok Horıon 19 G5
Kakavazon (A) 24 B3
Kalaba (Nev) 32 C6
Kalaba (Kara) 59 E3
Kalabak (Bal) 27 E4
Kalabak (İzm) 41 E2
Kalabakbaşı 27 E4
Kalaç 49 G3
Kalafat 17 E1
Kalamos (G) 40 B6
Kalamoti (G) 40 B4
Kalavarda (G) 55 G5
Kalaycı (Bar) 16 D2
Kalaycı (Kas) 17 E2
Kalaycı (Erz) 36 D2
Kalaylı Tepesi 36 D1
Kalburcu 27 H4
Kalburcu Çayı 49 E4
Kaldırı 61 E3
Kaldırım 30 A6
Kaldırımtuzla 31 F6
Kale (Tok) 19 F5
Kale (Güm) 21 G5
Kale (Bal) 27 H4
Kale (Siv) 33 F3
Kale (Bin) 36 C5
Kale (Kay) 47 E3
Kale (Mal) 49 E2
Kale (Den) 56 B1
Kale (İçe) 60 B3
Kale (Hat) 61 F5
Kalebalta 45 H2
Kalebaşı 23 G5
Kaleboynu (Ada) 47 F4
Kaleboynu (Gaz) 62 B2
Kale Burnu 21 E3
Kalecik (Bay) 21 G6
Kalecik (Ank) 31 F2
Kalecik (Nev) 32 B5
Kalecik (Van) 38 B5
Kaledağ 45 E1
Kale Dağı 46 D6
Kaledere 21 E6
Kale Deresi 21 F3
Kaledibi 34 C3
Kaleevci 31 H3
Kalehisar 32 B1
Kalekapı 17 H2

Kaleköy (Ama) 19 E5
Kaleköy 26 B2
Kaleköy (Kır) 31 G5
Kaleköy (Kon) 44 C3
Kaleköy (Kon) 45 E4
Kaleli Tepesi 27 G4
Kalem Burnu 14 B6
Kalemköy 55 G3
Kalender 24 A6
Kale Tepesi (Çor) 32 B1
Kale Tepesi (Kon) 45 H5
Kaletepesi 50 A5
Kaleyaka 20 B3
Kalfaköy 27 H3
Kâlik (Irn) 52 D2
Kalinağil 55 G2
Kalınçam 21 F4
Kalınharman 42 B3
Kalınköy 33 G3
Kalınkoz 56 C3
Kalınpelit 17 H5
Kalisa Kandi (Irn) 38 C1
Kalithie (G) 55 G5
Kalkan (Diy) 50 A2
Kalkan (Ant) 56 C6
Kalkandere 22 A3
Kalkanlı (Güm) 21 F4
Kalkanlı (Esk) 29 G4
Kalkanlı Dağları 21 F5
Kalkım (Çan) 27 E4
Kalkım (Siv) 34 B4
Kalkım Çayı 34 B5
Kalkın 15 H4
Kallimasia (G) 40 B4
Kaloni (G) 26 C6
Kalpak 46 D2
Kalymnos (G) 55 E3
Kalyon Burnu 19 F3
Kaman (Kır) 31 G5
Kaman (Siv) 33 F2
Kaman Dağı 47 G4
Kamariotissa (G) 26 A1
Kamber 47 E2
Kamberler (Sam) 18 D2
Kamberler (İzm) 41 F4
Kamberlikaya 61 G4
Kamennareka (B) 12 C1
Kâmil 18 B4
Kamiros (G) 55 G5
Kamış 17 F6
Kamış Çayı 55 H2
Kamışlar 61 G3
Kamışlı (Sak) 15 F6
Kamışlı (Kar) 23 G4
Kamışlı (Kar) 24 B5
Kamışlı (Ada) 46 C6
Kamışlık (Tun) 36 A3
Kamışlık (Hak) 53 E4
Kamışlık Dağı 49 F2
Kamışlıkuyu 45 H6
Kamışözü 23 E5
Kanak Çayı 32 D4
Kanatlı 49 G6
Kandamış 13 F4
Kandil Barajı 47 H3
Kandilli (Bil) 29 E4
Kandilli (Erz) 36 B1
Kandil Tepesi 37 H2
Kandıra 15 E4
Kandıra Tepesi 28 C6
Kanesh 32 D6
Kangal 34 A4
Kangal Balıklı Kaplıca 34 B4
Kangal Çayı 34 A4

Kan Geçidi 47 G3
Kanıgöl Burnu 17 G1
Kani Masi (Irq) 52 E5
Kâni Rash (Irn) 53 F2
Kanlı 47 H4
Kanlıavşar 48 D6
Kanlıca İstasyonu 32 B5
Kanlıdivane 60 A4
Kanlıdivane (Kanytelis) 60 A4
Kanlıkavak 47 G3
Kansız 27 H4
Kantar 50 D3
Kantari (S) 63 G3
Kantari Hüyük 63 G2
Kantarlı 22 B3
Kantarma 48 B3
Kapaklar 42 D2
Kapaklı (Tek) 13 G4
Kapaklı (Sam) 18 D2
Kapaklı (Bur) 28 B1
Kapaklı (Çor) 32 B1
Kapaklı (Yoz) 32 C6
Kapaklı (Man) 41 G2
Kapaklı (Ant) 57 E6
Kapaklıpınar 33 G5
Kapanbeleni 27 E2
Kapçık 52 B2
Kapi (G) 26 C5
Kapıdağ (Bal) 27 G1
Kapıdağ (Van) 52 B1
Kapıdağı Tepesi 43 G5
Kapıdağı Yarımadası 27 G1
Kapı Deresi 48 C3
Kapıkale 22 B6
Kapıkaya (Erz) 22 D5
Kapıkaya (Küt) 28 B6
Kapıkaya (Erzi) 35 E4
Kapıkaya (Kay) 47 E2
Kapıkaya (Şan) 49 G3
Kapıkayalar 29 F6
Kapıkırı 55 F1
Kapıköy 33 F2
Kapıkule 12 C2
Kapıormanı Dağları 15 F-G6
Kapısuyu 16 D1
Kapitan Andreevo (B) 12 C2
Kapız 56 B2
Kaplandede Dağı 15 H5
Kaplangı 18 C3
Kaplanköy 27 E6
Kaplanlar 42 C5
Kaplanlı 43 F5
Kaplıca 36 C2
Kaplıkaya Tepesi 35 F6
Kaptanpaşa 22 B3
Kapukaya 34 C2
Kapuli (A) 24 B3
Kapullu 16 D4
Kapulukaya Barajı 31 F3
Kaputaş Mavi Mağara 56 D6
Kara Ada 40 C3
Karaada (Bal) 26 D5
Karaada (Muğ) 55 F3
Karaada Termal Deniz Mağarası 55 F3
Karaağa (Kon) 44 B4
Karaağa (İçe) 58 D6
Karaağaç (Edi) 12 D2
Karaağaç (Kır) 13 F3
Karaağaç (Sak) 15 F4
Karaağaç (Zon) 16 D4
Karaağac (Ank) 16 D6
Karaağaç (Kas) 17 E3
Karaağaç (Çank) 17 E6
Karaağaç (Bal) 26 D5

Karaağaç (Çan) 27 E2
Karaağaç (Bur) 28 A2
Karaağaç (Muş) 37 E4
Karaağaç (Ağr) 37 G2
Karaağaç (Kon) 44 D6
Karaağaç (Hak) 53 E4
Karaağaç (Kon) 59 G1
Karaağaçlı 41 F2
Karaağıl (Kır) 31 F4
Karaağıl (Erz) 37 F1
Karaağıl (Muş) 37 F3
Karaağız 28 B4
Karaahmet 30 C3
Karaahmetli (Koc) 14 D6
Karaahmetli (Kır) 31 F4
Karaahmetli (Ada) 60 D3
Karaali (Ank) 31 E4
Karaali (Kon) 44 B5
Karaali (Ela) 49 F2
Karaali (Şan) 63 G1
Karaardıç 60 C1
Karaarkaç 32 B5
Karaatlı 46 C4
Karababa 13 E4
Karababa Dağı 33 F4
Karababa Gecidi 34 D5
Karabacak 32 C4
Karabağ (Kar) 23 H4
Karabağ (Kar) 24 B4
Karabağ (Kon) 45 E3
Karabahçe 28 A5
Karabalçık 33 H2
Karabayır 56 C3
Karabayır Geçidi 20 B6
Karabay Tepesi 44 A2
Karabedirler 42 D4
Karabel (Siv) 34 B3
Karabel (İzm) 41 F3
Karabel Çayı 34 B4
Karabelen Tepesi 41 E4
Karabel Geçidi (Van) 52 A1
Karabel Geçidi (Muğ) 56 D4
Karabey 17 G4
Karabeyler 42 B2
Karabeyli (İst) 14 D4
Karabeyli (Uşa) 42 C2
Karabiga 27 F2
Karabıyık 44 D2
Karaboğa Dağları 36 A4
Karaboğaz 34 C2
Karaboğaz Gölü 18 D2
Karaböğürtlen 56 A3
Karabörk 50 C3
Karabucak (Kır) 31 F4
Karabucak (Ada) 47 F5
Karabucak (Ant) 58 A3
Karabudak Çayı 34 D3
Karabük (Zon) 16 D4
Karabük (Kas) 18 A2
Karabük (Ant) 57 F5
Karabulak 24 C6
Karabulduk 20 D4
Karabulut 44 A3
Karaburna 46 A1
Kara Burnu (Bal) 26 D5
Kara Burnu (Ant) 58 B4
Karabürük 19 F3
Karaburun (İst) 14 B4
Karaburun (İzm) 40 C2
Karaca (Tra) 21 G3
Karaca (Mal) 35 E6
Karaca (Mal) 48 D1
Karaca (Şan) 62 D2
Karacaahmet (Afy) 29 F6

Karacaahmet (Ank) 30 B4
Karacaahmet (Afy) 43 F1
Karacaali (Bur) 28 B1
Karacaali (Bur) 28 D2
Karacaali (Man) 42 A4
Karacabey 27 H2
Karacaburç 62 B1
Karacadağ (Kir) 13 G1
Karacadağ (İzm) 41 E5
Karacadağ (Kon) 45 G5
Karacadağ (Şan) 49 H4
Karaca Dağı (Güm) 21 F5
Karaca Dağı (Kon) 31 E6
Karaca Dağı (Şan) 49 H4
Karaca Dağı (Şan) 50 A4
Karacagür 13 E5
Karacahasan 31 F3
Karacahayıt 41 F6
Karacahisar (Uşa) 42 D1
Karacahisar (İsp) 43 H6
Karacahisar (Muğ) 55 G2
Karacahisar (Kon) 58 C2
Karacakaya 30 D2
Karacakılavuz 13 F4
Karaçakmak Barajı 17 G3
Karacaköy (İst) 14 A3
Karacaköy (İst) 14 D4
Karacaköy (Muğ) 55 H3
Karaçal 32 B2
Karacalar (Bal) 27 G5
Karacalar (Bal) 28 A6
Karacalar (Ank) 31 E2
Karacalı 32 A6
Karaçal Tepesi 59 E5
Karaçaltı 27 H4
Karaçam (Kas) 17 G2
Karaçam (Muğ) 56 B3
Karaçam Tepesi 37 F2
Karacaoba 28 B2
Karacaoğlan 13 E3
Karacaören (Kas) 17 E3
Karacaören (Sin) 18 B2
Karacaören (Çor) 18 C6
Karacaören (Kar) 23 H3
Karacaören (Kar) 24 A5
Karacaören (Küt) 29 E4
Karacaören (Esk) 29 H4
Karacaören (Esk) 30 B5
Karacaören (Ank) 31 E5
Karacaören (Kır) 31 H5
Karacaören (Siv) 33 G2
Karacaören (Siv) 34 C2
Karacaören (Ayd) 41 G6
Karacaören (Ayd) 42 A5
Karacaören (Burd) 43 F6
Karacaören (Afy) 43 G4
Karacaören (Kon) 44 C6
Karacaören (Kara) 45 F6
Karacaören (Aks) 45 H4
Karacaören (Aks) 46 B2
Karacaören (Kay) 46 D3
Karacaören (Muğ) 56 B4
Karacaören (Burd) 57 G1
Karacaören Barajı 57 H2
Karacaşar 46 B2
Karacaşehir 29 F4
Karacasu (Bol) 16 A6
Karacasu (Ayd) 42 A6
Karacaviran 46 B5
Karaçavuş Dağları 37 E5
Karaçay (Esk) 29 G3
Karaçay (Çor) 31 H1
Karaçay (Erzi) 36 A1
Karaçay (Hat) 61 F5

Karaca Yarımadası 57 G5
Karaçayır (Siv) 33 H2
Karaçayır (Mal) 34 C6
Karacehennem 23 H6
Karaçevre 50 B4
Karaçimen 50 C2
Karaçoban 37 F3
Karaçobanpınarı 29 F3
Karaçokrak 32 D3
Karaçomak 24 B5
Karaçulha (Muğ) 56 C4
Karaçulha (Muğ) 56 D3
Kara Dağ (Sak) 15 F6
Karadağ (Ama) 18 D6
Kara Dağ (Güm) 21 E5
Karadağ (Tra) 21 F3
Karadağ (Çan) 27 E3
Kara Dağ (Bur) 27 H2
Karadağ (Erzi) 35 F2
Karadağ (Ayd) 42 A5
Karadağ (Kon) 44 C3
Karadağ (Kah) 48 B6
Karadağ (Hak) 52 C3
Karadağ (Hak) 53 E3
Karadağ (Ant) 56 D3
Karadağ (Kar) 59 F1
Karadağ (Şan) 62 D2
Karadağ Geçidi (Sam) 18 D4
Karadağ Geçidi (Sam) 19 E4
Kara Dağı (Art) 22 D3
Karadağı 41 G2
Kara Dağı (Hak) 53 F4
Karadana 45 F4
Karadat 30 A4
Karadayı (Çank) 31 G1
Karadayı (Kay) 47 E2
Karadedeoğlu 17 H3
Karademir Barajı 13 E5
Karaderbent Kaplıca 35 H3
Karadere (Sak) 15 G6
Karadere (Zon) 16 B4
Karadere (Bal) 27 E5
Karadere (Bil) 29 E3
Karadere (İzm) 41 F1
Karadere (Muğ) 56 C5
Kara Deresi (Tra) 21 G4
Kara Deresi (Bur) 27 H2
Kara Deresi (Bur) 28 D1
Karadiğin (Kon) 44 D6
Karadiğin (Mal) 48 B2
Karadiken 15 F5
Karadiken Dağı 59 E5
Karadilli 43 G4
Karadirek 43 F3
Karadirlik 60 C2
Karadona Deresi 20 D4
Karadoruk 34 B6
Karaduraklı 31 G6
Karadürgen Dağı 16 D5
Karadut (Kah) 47 H3
Karadut (Adı) 49 E3
Karadut (Adı) 49 F3
Karaerik Deresi 28 D4
Karageçit 51 G4
Karagedik 31 E4
Kara Gedik Dağı 55 H2
Karagöçer 60 D3
Karagöl (Sam) 19 E2
Karagöl (Ank) 31 E1
Karagöl (Siv) 33 F5
Karagöl (Den) 42 A6
Karagöl (Hat) 61 F5
Karagöl Dağı 20 C5
Karagöl Dağları 36 A3

Karagöl Düden Mağarası 57 E4
Karagömlek 33 H3
Karagöz (Çor) 18 A5
Karagöz (Hat) 61 G2
Karagücük 34 A5
Karagüney Dağı 18 A6, 32 A1
Karagüveç 48 C5
Karagüz 47 H3
Karahacı 50 D2
Karahalil 13 E3
Karahalka 33 H6
Karahallı 42 D4
Karahamza 13 E2
Karahamzalı 31 E5
Karahan Çayı 24 A2
Karahan Geçidi 48 C2
Karaharnup 59 F5
Karahasan (Ord) 20 A5
Karahasan (Muş) 37 G3
Karahasanlı 32 B5
Karahayıt (Bal) 26 D5
Karahayıt (Den) 42 C5
Karahıdır 31 H5
Karahıdırlı 27 E6
Karahisar (Edi) 12 D6
Karahisar (Van) 38 D5
Karahisar (Den) 42 B6
Karahisar (Kon) 44 B6
Karahisar Çayı 49 H5
Karahöyük (Mal) 34 D6
Karahöyuk (Kah) 48 A3
Karahöyük (Gaz) 62 B1
Karahüyük (Kay) 32 D6
Kara Hüyük 44 D5
Karahüyük (Kay) 46 C1
Karahüyük (Den) 56 C1
Karahüyük (Kon) 58 D1
Karaincirli 12 C6
Karainebeyli 26 C2
Karain Prehistorik Mağarası 57 G3
Karaisalı (İçe) 59 E6
Karaisalı (Ada) 60 C1
Karakaban Dağı 21 G5
Karakale (Erz) 22 C5
Karakale (Erz) 22 D5
Karakale (Ard) 23 H1
Karakale (Kar) 24 A4
Karakale (Muş) 37 F5
Karakale Deresi 37 F5
Karakamış 22 C4
Karakaş Dağı 51 F4
Karakasım 12 D3
Karakaya (Bol) 16 B5
Karakaya (Kas) 16 D2
Karakaya (Kas) 17 E3
Karakaya (Tok) 19 G6
Karakaya (Erz) 22 C5
Karakaya (Bal) 27 G4
Karakaya (Man) 27 G6
Karakaya (Küt) 28 C5
Karakaya (Ank) 29 H2
Karakaya (Ank) 30 C4
Karakaya (Kır) 31 G4
Karakaya (Siv) 33 F3
Karakaya (Erzi) 34 D3
Karakaya (Erzi) 35 G2
Karakaya (Muş) 37 G3
Karakaya (Ayd) 41 F6
Karakaya (Kon) 45 E4
Karakaya (Kon) 45 E5
Karakaya (Nev) 46 C2
Karakaya Barajı 49 G2
Karakaya Dağı 35 H2
Karakaya Deresi 37 G3

Karakayalı Dağı 14 D5
Karakaya Tepesi 16 C3
Karakeçi 49 H5
Karakeçili (Çor) 18 A6
Karakeçili (Kır) 31 F4
Karakent 43 E6
Kara Kilise 46 A4
Karakiriş Deresi 30 A2
Karakışla (Bar) 16 D3
Karakışla (Yoz) 32 D4
Karakışlakçı 46 C5
Karakızlar 41 F4
Karaköç (Siv) 33 F3
Karakoç (Van) 38 C6
Karakoca 28 A2
Karakoçan 35 H5
Karaköprü (Ama) 18 D6
Karaköprü (Erz) 37 F3
Karaköse 43 E2
Karaköse Kalesi 24 C6
Karakova 46 A2
Karaköy (Bol) 16 B6
Karaköy (Çan) 26 D4
Karaköy (Bil) 29 E3
Karaköy (Ank) 30 A2
Karaköy (Muş) 37 E4
Karaköy (İzm) 40 C4
Karaköy (İzm) 41 E2
Karaköy (İzm) 41 G4
Karaköy (Ayd) 41 G5
Karaköy (Den) 42 B4
Karaköy (Den) 56 B1
Karaköy (Ant) 57 E4
Karaköy (Şan) 63 E2
Karakoyun 49 G4
Karakoyunlu 24 C5
Karakür 42 C2
Karakurt 23 G5
Karakurt Kaplıca 31 H6
Karakuş (Ord) 19 H5
Karakuş (Adı) 49 E4
Karakuş Dağı (Isp) 43 G4
Karakuş Dağı (Kon) 58 D3
Karakuyu (Ank) 30 C4
Karakuyu (Kır) 31 H6
Karakuyu (Yoz) 32 D5
Karakuyu (Kay) 33 G6
Karakuyu (Kay) 33 H6
Karakuyu (İzm) 41 F4
Karakuyu (Ada) 47 F4
Karakuyu (Siv) 48 A1
Karakuyu (Muğ) 55 H2
Karakuyu (Ant) 57 F2
Karakuyu (Gaz) 62 B2
Karakuyu Gölü 43 F4
Karakuzu (Çank) 17 E4
Karakuzu (İzm) 41 E2
Karalar (Siv) 33 G4
Karalar (Şır) 51 F5
Karalargüneyi 18 B4
Karaldere 18 C3
Karalgazi 59 E2
Karalı (Kır) 31 G2
Karalı (Siv) 33 G3
Karalık 32 D2
Karaltı 55 G2
Karamahmutlu 46 B5
Karaman (Zon) 16 B3
Karaman (Bal) 27 G4
Karaman (Siv) 34 C2
Karaman (Kar) 59 F2
Karamanbeyli Geçidi 57 F5
Karaman Gölü 56 C3
Karamankaya Tepesi 21 G5

Karamanlar 58 B4
Karamanlı 56 D2
Karamanoğlu Türbesi 59 E4
Karamehmet 13 G4
Karameşe (Muş) 36 D4
Karameşe (Muş) 37 E4
Karamik (Afy) 43 H3
Karamik (Ant) 57 E4
Karamik Deresi 63 F2
Karamikkaracaören 43 H3
Karamış 17 H5
Karamollauşağı 45 G1
Karamurat 13 E5
Karamürsel 14 D6
Karamuş 50 D2
Karamusa 31 F1
Karandere 45 G1
Karanfil Dağı 46 C6
Karanlıcak Dağları 16 B3
Karanlıkdere 48 C4
Karanlık Deresi (Yoz) 32 B4
Karanlık Deresi (Gaz) 48 C4
Karanobalı 31 G5
Karaoğlak 51 E2
Karaoğlan 35 F4
Karaoğlan Dağı (Tun) 35 G4
Karaoğlan Dağı (Man) 41 H1
Karaoğlanlı 41 F3
Karaoğlan Tepesi 45 H5
Karaömerler (Çan) 26 D2
Karaömerler (Kon) 45 E4
Karaömerli 47 F6
Karaören (Çank) 17 F6
Karaören (Esk) 29 F6
Karaören (Kay) 47 E2
Karaorman 28 A3
Karaot 57 G2
Karaova 23 G4
Karaovabeli Geçidi 56 D5
Karaöz 57 F6
Karaözü 33 E5
Karapazar (Ank) 16 C6
Karapazar (Esk) 29 F4
Karapınar (Zon) 16 C3
Karapınar (Zon) 16 D3
Karapınar (Sin) 18 B1
Karapınar (Bal) 28 A4
Karapınar (Çor) 32 B1
Karapınar (Bin) 36 B4
Karapınar (Muş) 37 E4
Karapınar (Afy) 44 A2
Karapınar (Kon) 45 G5
Karapınar (Aks) 45 H2
Karapınar (Nev) 46 B2
Karapınar (Gaz) 61 H2
Karapınar Yaylası 45 F6
Karapir Deresi 37 H2
Karapürçek (Sak) 15 F6
Karapürçek (Kas) 17 H2
Karapürçek (Bal) 27 H3
Karasakal Dağı 35 G4
Karaşar (Çank) 17 E5
Karaşar (Ank) 30 B1
Karasınır 59 E2
Karasu (Sak) 15 G4
Karasu (Riz) 22 A3
Karasu (Erz) 22 C6
Karasu (Ağr) 23 H6
Karasu (Çan) 27 F3
Karasu (Erz) 36 A1
Karasu (Muş) 37 E5
Karasu (Van) 38 B5
Karasu (Kon) 44 D3
Karasu (Gaz) 48 B6

Karasu (Van) 52 D2
Karasu Aras Dağları 23 F6
Karasu Çayı (Sin) 18 B1
Karasu Çayı (Hat) 61 H3
Karasu Deresi 17 G3
Karatahta 59 F4
Karataş (Ama) 19 F5
Karataş (Erz) 22 B4
Karataş (Siv) 34 C2
Karataş (Tun) 35 F3
Karataş (Ela) 35 G6
Karataş (Erz) 36 D2
Karataş (Man) 41 H3
Karataş (Ant) 57 G2
Karataş (Ada) 60 D4
Karataş Burnu 60 D4
Karataş Dağı 16 D5
Karataş Gölü 57 E1
Karataşlar 23 E6
Karataş Tepesi 36 B4
Karatay Hanı 47 E2
Karatepe (Bol) 16 C6
Karatepe (Esk) 29 G4
Kara Tepe 30 C5
Karatepe (Man) 41 F2
Karatepe (Kon) 44 D3
Karatepe (Mal) 49 E2
Karatepe (Şan) 49 F6
Karatepe (Ant) 58 D5
Karatepe (İçe) 59 G6
Karatepe (Ada) 61 G1
Karatepe Aslantaş Milli Parkı 61 G1
Karaurgan 23 F5
Karaveli 32 C3
Karaveliler 27 E6
Karayahşi 41 G3
Karayahşiler 42 D4
Karayaka (Tok) 19 G5
Karayaka (Isp) 44 A5
Karayakup (Yoz) 32 D4
Karayakup (Gir) 35 E1
Karayakup (Diy) 50 A3
Karayakup (İçe) 60 A3
Karayatak 29 H6
Karayazı 37 F1
Karayemiş 22 A3
Karayün 34 A3
Karayusuf 45 E2
Karayusuflu (Edi) 12 C4
Karayusuflu (Sam) 19 E3
Karbasan 42 D4
Karbastı 51 G2
Karcachi (Ge) 23 H1
Karçal Dağı 23 E1
Karcı 36 B6
Karcı Dağı 56 C2
Kardamena (G) 55 E4
Kardamyla (G) 40 B3
Karga Dağı 49 F2
Kargalar 17 F2
Kargalı (Ank) 30 C4
Kargalı (Kon) 44 B2
Kargalı (Burd) 56 D3
Kargapazarı 36 C3
Kargapazarı Dağları 22 D6, 23 E5
Kargaşa Tepesi 51 E2
Kargasekmez Dağları 31 H5
Kargasekmez Geçidi 30 D1
Kargı (Çor) 18 A4
Kargı (Çor) 18 B5
Kargı (Ank) 30 B3
Kargı (Muğ) 55 F4
Kargı (Muğ) 56 B4
Kargı (Burd) 57 G2

Kargıcak 59 G5
Kargı Çayı 58 C4
Kargılı (Küt) 28 C5
Kargılı (Şan) 48 D6
Kargın (Kas) 17 G5
Kargın (Kir) 32 A6
Kargın (Man) 41 G3
Kargın (Ant) 57 F3
Kargın Dağı 46 C1
Kargınyenice 31 F5
Karınca Dağı 46 C6
Karıncalı (Kır) 31 H5
Karıncalı (Muş) 37 F3
Karıncalı Dağ 42 A6
Karıncalı Tepesi 16 C6
Karine 41 E6
Karıt 16 D4
Karkamış (Carchemish) 62 D2
Karkın 30 A4
Karkinagri (G) 40 B6
Karlı (Edi) 12 D6
Karlı (Tek) 13 G4
Karlı (Zon) 17 E3
Karlı (Sam) 18 D2
Karlı (Erz) 22 D5
Karlı (Küt) 28 D5
Karlıca 36 D2
Karlıgüney 18 D2
Karlık (Bal) 27 G4
Karlık (Ada) 61 E1
Karlık Dağı (Küt) 28 C6
Karlık Dağı (Ank) 30 D5
Karlık Dağı (Ayd) 41 H5
Karlık Dağı (Adı) 49 E3
Karlık Dağları 14 C6
Karlık Tepesi (Afy) 44 A2
Karlık Tepesi (Ant) 58 A2
Karlık Tepesi (Hat) 61 F4
Karlıova 36 C3
Karlıyayla 20 A6
Karlıyazı 23 G2
Karlovassi (G) 40 D5
Karmış 34 C1
Karoğlu 35 E6
Karpit All (Irq) 52 A5
Karpuzalanı 38 B5
Karpuz Çayı 58 B4
Karpuzcu 49 H4
Karpuzlu (Edi) 12 C5
Karpuzlu (Ayd) 41 G6
Karpuzlu (Bat) 51 E2
Karpuzlu Barajı 41 G6
Kars 23 H3
Karşar Geçidi 34 C4
Karsavuran 47 F3
Kars Çayı 23 H2-3
Karseki 59 F6
Karşı 57 F2
Karşı Kilise 46 B2
Karşıköy 22 D1
Karşılar 35 G4
Karşıyaka (Ama) 18 D5
Karşıyaka (Bit) 37 H4
Karşıyaka (İzm) 41 E3
Karşıyakaköyü 27 G1
Kartal 14 C5
Kartalca 33 G4
Kartal Dağı (Kon) 59 E3
Kartal Dağı (Gaz) 62 A2
Kartaldere 35 G6
Kartalkaya (Bol) 16 B6
Kartalkaya (Kır) 31 H4
Kartalkaya (Siv) 33 F5
Kartalkaya Barajı 48 B5

Kartalkaya Tepesi 33 H6
Kartalpınar 23 G1
Kartaltepe Geçidi 17 F2
Kartal Tepesi (Ard) 23 G2
Kartal Tepesi (Ela) 35 G6
Kartal Tepesi (Ant) 57 F4
Kartır Tepesi 35 F3
Karvouni (G) 40 D6
Karyağmaz 28 A4
Kaş (Kay) 46 C1
Kaş (Ada) 47 F5
Kaş (Ant) 56 D6
Kasaba (Kas) 17 G2
Kasaba (Ant) 56 D5
Kasar 41 G6
Kasarei 55 G4
Kaşıkçı (Tek) 13 F5
Kaşıkçı (Man) 41 H1
Kaşıkçı (Den) 42 B4
Kaşıkçı (Van) 52 A2
Kasımlar 57 H1
Kasımoğlu 38 B5
Kasım Paşa Camii 12 D3
Kaşınhanı 44 D6
Kaşkışla 32 C4
Kaşlık 36 B3
Kaşönü 37 H1
Kaşören 30 B6
Kastabos 55 H4
Kastamonu 17 G3
Kastanies 12 D2
Kastellorizo (Meis Adası) (G) 56 D6
Kaşüstü 21 G3
Katafiyion (G) 40 C6
Katarachtis (G) 40 B4
Katırağılı 45 F4
Katranca 13 E4
Katrancı (Kon) 45 E4
Katrancı (Muğ) 55 G2
Katrancık Dağı 57 F2
Katran Dağ 28 B6
Katran Dağı 57 G2
Katranlı 59 E4
Kattal 50 A6
Kaunos 56 A4
Kavacık (Edi) 12 D4
Kavacık (Bol) 16 D5
Kavacık (Bal) 28 A4
Kavacık (Kon) 45 F6
Kavacık Deresi 51 G3
Kavak (Çan) 13 E6
Kavak (Sam) 19 E4
Kavak (Esk) 30 B3
Kavak (Kır) 31 H2
Kavak (Siv) 33 F4
Kavak (Siv) 34 B4
Kavak (Kon) 44 D6
Kavak (Nev) 46 B2
Kavak (Ela) 49 G2
Kavakalan 41 G2
Kavakbaşı 37 F6
Kavakçalı 56 A3
Kavak Çayı 33 G2
Kavak Dağı (Ank) 17 E6
Kavak Dağı (Erz) 22 C6
Kavak Dağı (Çan) 26 C4
Kavak Dağı (Muğ) 55 G2
Kavakdere (Kir) 13 F3
Kavakdere (İzm) 40 D4
Kavakdibi 57 F5
Kavakköy (Ank) 30 C5
Kavakköy (Siv) 48 A1
Kavakköy (İçe) 59 H3
Kavaklı (Edi) 12 D4

Kavaklı (Kir) 13 E2
Kavaklı (Bal) 27 G4
Kavaklı (Bur) 28 D2
Kavaklı (Ayd) 41 H5
Kavaklı (İçe) 59 G4
Kavaklı Burnu (Kas) 17 E1
Kavaklı Burnu (Çan) 27 E1
Kavaklı Dağı 30 C1
Kavaklıdere 55 H1
Kavaklıgöl 19 E3
Kavaklıorman 15 F5
Kavaklısu 34 C4
Kavaköy 35 G6
Kavak Suyu 13 E6
Kavaktepe (Kar) 24 C6
Kavaktepe (Ela) 49 G1
Kavak Yeri 41 H2
Kavallı 49 F1
Kavili (G) 12 D3
Kavlaklar 47 F2
Kavlaktepe 46 C4
Kavsatal Dağı 27 E4
Kavsut 31 H1
Kavuklar 45 G6
Kavurgalı 31 G4
Kavuşak 52 C5
Kavutçu 61 F5
Kayaağıl 42 C3
Kayaaltı 32 B6
Kayaarası 18 C3
Kayabağ (Tun) 35 G5
Kayabaşı (Erz) 23 E6
Kayabaşı (Ank) 30 C4
Kayabaşı (Kon) 44 A6
Kayabaşı (Muğ) 56 D3
Kayabaşı (Ant) 57 E3
Kayabeli 44 B5
Kayabeyi 23 H1
Kayaboğaz 51 G2
Kayaboğazı Barajı 28 D5
Kayabükü 17 E2
Kayaburun 34 C4
Kayacı 60 A4
Kayacık (Ama) 18 D5
Kayacık (Bay) 21 H5
Kayacık (Bur) 28 C2
Kayacık (Man) 41 H1
Kayacık (Diy) 50 C1
Kayacık (Muğ) 56 B4
Kayacık (Muğ) 56 D4
Kayacık Barajı 62 B2
Kayacılar 58 D2
Kayadelen 37 E3
Kayadere (Çan) 26 C2
Kayadere (Mal) 49 F3
Kayadere (Diy) 50 D2
Kayadere (Muğ) 55 G2
Kayadlbl (Slv) 33 G4
Kayadibi (Ada) 46 D6
Kayadibi (Muğ) 56 C5
Kayadibiçavuş 16 C2
Kayadöven 24 A2
Kayadüzü 18 D4
Kayaışık 42 B2
Kayakent 30 B5
Kayakevi 46 D2
Kayakışla 33 E3
Kayakonak 52 D3
Kayaköy 41 H4
Kayaköy (Karmylassos) 56 C4
Kayak Tesisleri 36 D1
Kayakyeri 31 E3
Kayalar (Bal) 27 G4
Kayalar (Van) 38 A6

Kayalı (Kir) 13 E2
Kayalı (Uşa) 42 C3
Kayalı (Kon) 44 C6
Kayalı (Kon) 45 G5
Kayalı Dağ 26 D3
Kayalıdere 28 B6
Kayalıdere Kalesi 37 E4
Kayalık 36 A5
Kayalıkaya 34 B2
Kayalıköy Barajı 13 E2
Kayalısu 36 D5
Kayamezarlar 37 H2
Kayaoğlu 17 F2
Kayaönü 59 H2
Kayaönü Dağı 51 H3
Kayapa (Edi) 12 D2
Kayapa (Bal) 27 F5
Kayapınar (Kas) 17 H3
Kayapınar (Bal) 27 F3
Kayapınar (Ada) 47 F3
Kayapınar (Bat) 51 E4
Kaya Resimler 52 C3
Kayaş 31 E3
Kayasaray 60 A1
Kayasis Tepesi 21 E4
Kayasu 44 D6
Kayatepe 48 D4
Kayatepe Geçidi 17 H4
Kayaüstü 50 D4
Kaygılı 32 A4
Kayı (Kas) 17 E3
Kayı (Çank) 17 F5
Kayı (Küt) 28 C5
Kayı (Esk) 29 G6
Kayı (Esk) 30 A3
Kayıbeli Geçidi 18 A5
Kayıköy 43 G6
Kayışlar (Bol) 16 B5
Kayışlar (Man) 41 G2
Kaylacık Dağları 28 D4
Kaymak 33 F4
Kaymakçı 41 H4
Kaymaklı (Van) 38 C5
Kaymaklı (Nev) 46 B3
Kaymaz (Koc) 15 F5
Kaymaz (Esk) 29 H4
Kaymaz (Çor) 32 B2
Kaymaz Tepesi 43 G5
Kaynak (Erz) 23 F4
Kaynak (Mal) 35 E6
Kaynak (Mar) 51 E5
Kaynar 33 G6
Kaynarca (Kir) 13 F2
Kaynarca (Sak) 15 F4
Kaynarca (Art) 22 D1
Kaynarca (Kar) 23 G5
Kaynarca (Bur) 28 D2
Kaynarca (Mal) 34 B6
Kaynarca (Muş) 36 D3
Kaynarca Deresi 36 D4
Kaynarlı 23 G3
Kaynarpınar 36 B3
Kaynarpınar İsk. 40 C3
Kaynaşlı 15 H5
Kayneak Geçidi 17 G1
Kaypak 61 G2
Kaypaklar 16 B3
Kayrak (Ama) 19 E6
Kayrak (İçe) 59 G5
Kayrakkır Dağı 59 H3
Kayran (Ayd) 42 A5
Kayran (Bit) 51 F1
Kaysan Deresi 12 D5
Kayser Barajı 36 D6

Kayseri 46 D2
Kaytarmış 34 A1
Kaytazdere 14 D6
Kazağaç 55 H2
Kazak 44 B3
Kazaklar 42 B4
Kazan (Ank) 30 D2
Kazan (Hak) 52 C4
Kazan (Hak) 52 D3
Kazanağzı 13 E6
Kazancı (Çank) 17 G4
Kazancı (Diy) 50 C3
Kazancı (Kara) 59 E5
Kazancık 33 G5
Kazandere 41 H6
Kazankaya 35 G2
Kazanlı (Kas) 17 E2
Kazanlı (İçe) 60 B3
Kaz Dağı (Ida) 26 D4
Kazıkbeli Geçidi 42 C6
Kazıkkaya 23 G5
Kazıklı (Bur) 28 C2
Kazikli (Muğ) 55 F2
Kazıklı Çayı 34 A5
Kazıklı Limanı 55 F2
Kâzımkarabekir 59 E2
Kâzımpaşa 15 F6
Kazkıran Geçidi 29 F1
Kazmaca 31 G2
Keban 35 E6
Keban Barajı 35 F5
Keben 59 H5
Kebirli 63 F1
Kebrene 26 D4
Keçeci 19 F5
Keçeli Dağı 47 F4
Keçiborlu 43 F5
Keçiçalı 18 C3
Keçi Deresi 27 H4
Keçi Kalesi 41 F5
Keçikaya 21 G4
Keçikayası 38 D4
Keçikıran (Bol) 16 A6
Keçikıran (Şan) 63 F2
Keçiköy 18 C5
Keçikuyu 49 G3
Keçiler 43 E1
Keçili (Erz) 23 E3
Keçili (Siv) 33 H4
Keçili (Isp) 43 H4
Keçimuhsine 44 C5
Keçiören 18 C2
Keçivan Kalesi 23 H4
Kedek 35 E2
Kedria 55 H3
Kefalo Burnu 26 B2
Kefkalesi 37 H4
Kefken 15 E4
Kehros (G) 12 B4
Kekikpınar Çayı 34 D5
Kekik Tepesi 51 E4
Keklicek (Ank) 31 F4
Keklicek (Siv) 33 F4
Keklicek Dağı 32 C5
Keklik (Den) 42 C5
Keklik (Gaz) 62 C1
Keklikali 32 A4
Keklikdağı Tepesi 50 D5
Keklikoğlu 33 F5
Keklikova 38 B3
Kekova Adası 57 E6
Kekova Deniz Mağarası 57 E6
Kelan 50 D4
Kel Dağı 32 D5

Kelekçi 56 C2
Kelekçi Çayı 56 D2
Kelenderis 59 F6
Keler 22 A3
Keles 28 C3
Kelkit 21 F6
Kelkit Çayı 19 F5, 20 A6, 20 D6, 21 F6
Kelli 61 H4
Keloğlu 17 G1
Kel Tepe (Zon) 16 D4
Kel Tepe (Ank) 30 B2
Keluşağı 49 F1
Kemah 35 F3
Kemaliye (Erzi) 34 D4
Kemaliye (Man) 41 H3
Kemallı (Çan) 26 C4
Kemallı (Çor) 32 A2
Kemalpaşa (Art) 22 C1
Kemalpaşa (İzm) 41 F3
Kemalpaşa Dağı 41 F3
Kemalyeri 26 C2
Kemen Tepesi 52 C4
Kemer (Çan) 27 E1
Kemer (Kay) 32 D6
Kemer (Ayd) 42 A6
Kemer (Isp) 43 G4
Kemer (Kon) 45 F3
Kemer (Kay) 47 G2
Kemer (Muğ) 56 C4
Kemer (Ant) 56 D5
Kemer (Ant) 57 G4
Kemer Barajı 56 A1
Kemerburgaz 14 B4
Kemerdamları 41 H2
Kemerhisar 46 B5
Kemerkasım 15 H5
Kemerkaya 43 H1
Kemerli Kilise 45 H4
Kemertaş 21 H5
Kemeryaka 35 F3
Kemikler 55 F2
Kemiklidere 41 G2
Kendalan 51 F3
Kendalan Deresi 52 B2
Kenli 51 F5
Kepçe Dağı 52 A2
Kepçeler 28 C3
Kepçeli 36 C5
Kepekler 28 A4
Kepen (Bil) 29 E3
Kepen (Esk) 30 A5
Kepenek 37 E5
Keperçal 18 C3
Kepez 26 C3
Kepez Dağı 48 B2
Kepir 38 C5
Kepirler 29 E2
Kepirli (Şan) 49 F6
Kepirli (Bit) 51 H1
Kepsut 27 H4
Keram'a (G) 26 C6
Keramos 55 G3
Kerataş Semayük 57 E4
Kerbanlar 30 B2
Kerempe Burnu 17 F1
Kerim 18 G2
Kerimler 42 B4
Kerimmümin 33 G2
Keriz Dağı 57 H2
Kerketefs Oros (G) 40 D6
Kermelik 33 E6
Kerner 57 E2
Kerpiç 30 D6
Kerpiçlik 42 B1

Kerpiçören 50 C1
Keşan 12 D5
Keşap 20 D4
Keşiş Dağı 34 A1
Kertil 27 H6
Kertme 32 A1
Kervansaray (Tok) 19 E6
Kervansaray (Kay) 33 E6
Kesecik 61 F5
Keseköprü 35 G6
Keseköy 18 A3
Kesenler 29 F5
Kesenözü 30 A2
Kesik 61 E3
Kesik Çayı 37 G2
Kesikkaya 19 G4
Kesikkeli 61 F1
Kesikköprü (Ank) 31 F5
Kesikköprü (Yoz) 32 D2
Kesikköprü Barajı 31 F5
Kesiksuyu Barajı 47 F6
Kesilen 36 D6
Keskek 16 A3
Keskin (Esk) 29 F3
Keskin (Kır) 31 G4
Keslik 45 E3
Kesme (Siv) 34 D4
Kesme (Isp) 57 H1
Kesmesh Tappeh (Irn) 38 D1
Kesmetaş 49 E6
Kesmez 45 G6
Kestanelik 18 B1
Kestel 28 C2
Kestel Gölü 57 F1
Ketenli 44 C6
Ketenlik 42 D3
Kevçıkan 52 C2
Kevenli (Kır) 31 G4
Kevenli (Siv) 34 C2
Keyfallar 16 C4
Kezer Çayı 51 F2
Khānaqāh (Irn) 53 E1
Khanaser (S) 62 B6
Kharguslu (Irn) 53 E2
Khayruzunk (Irq) 53 E5
Khēifat (Irq) 52 C6
Kherī (Im) 53 G3
Khezerlu (Im) 38 D3
Kıbrıscık 30 B1
Kibyra 56 D2
Kıçır 28 A6
Kiği 36 A3
Kılavuz 46 B5
Kılavuzlar (Bol) 29 F1
Kılavuzlar (Burd) 57 E2
Kılavuztepe 50 C4
Kılavuz Tepesi (Aks) 45 H4
Kılavuz Tepesi (Şan) 49 F6
Kılbasan 59 F1
Kılcılar 27 G5
Kıldır 33 G2
Kıledere 46 B3
Kılıç (İst) 14 C6
Kılıç (Isp) 43 F5
Kılıçanlar 41 G2
Kılıç Dağı 41 F1
Kılıç Dağları 37 G1
Kılıç Geçidi 23 H6
Kılıçkaya (Art) 22 D3
Kılıçkaya (Diy) 50 A4
Kılıçkaya Barajı 20 D6
Kılıçkaya Dağı 36 A1
Kılıçköy 34 C2
Kılıçlar (Ank) 31 E2

Kılıçlar (Kır) 31 F3
Kılıçlar (Siv) 34 C2
Kılıçlı (Sin) 18 B2
Kılıçlı (Ant) 56 D6
Kılıçlı (Ada) 60 D2
Kılıçözü Çayı 31 H3
Kılıçyaka 43 G3
Kilimli (Zon) 16 B3
Kilimli (Erzi) 35 G2
Kilis 62 A3
Kilisederesi 37 E3
Kilitbahir 26 C2
Kilittaşı 24 B4
Kılkavak 58 A2
Kılkuyu 17 H4
Kıllar 44 C2
Killer Deresi 27 H5
Killik 42 A3
Kıllık 57 G2
Kilyos 14 C4
Kınalıada 14 B5
Kınalıçam 22 D3
Kınan Tepesi 17 F5
Kinaskalesi 47 F6
Kındıra 16 B5
Kınık (İzm) 27 F6
Kınık (Bur) 28 B4
Kınık (Küt) 28 B6
Kınık (Küt) 29 E5
Kınık (Esk) 30 A5
Kınık (Man) 41 H2
Kınık (Man) 42 B2
Kınık (Afy) 43 G4
Kınık (Ant) 56 C5
Kınık (Muğ) 56 D3
Kınık Deresi 13 G4
Kınıkyeri 56 D2
Kionion (G) 40 C6
Kios 28 C1
Kipr'nos (G) 12 C3
Kır 57 H3
Kıraçtepe 36 C4
Kıraman 59 H2
Kıran (Kir) 32 A6
Kıran (Uşa) 42 C2
Kıran Dağ 40 D4
Kıranköy (Uşa) 42 B3
Kıranköy (Muğ) 55 H3
Kıratlı (Bay) 22 A6
Kıratlı (İzm) 26 D6
Kıravdan 29 G4
Kıravga 59 F3
Kiraz 41 H4
Kirazdere Barajı 15 E6
Kiraz Deresi 17 H3
Kirazköy 27 F4
Kirazlı (Art) 23 F1
Kirazlı (Çan) 26 D3
Kirazlıyurt 47 F4
Kirazoğlu 30 D5
Kırbalı 49 H6
Kırbaşı 30 B3
Kırca 27 H5
Kırcağız 55 G2
Kırcasalih 12 D3
Kırdamı 23 H4
Kireç (Bal) 27 H5
Kireç (Küt) 29 E6
Kireçci Burnu 20 A3
Kireçli Geçidi 23 E5
Kireçlik 22 C1
Kıreli 44 A5
Kiremitçisalih 12 D4
Kiremitli (Tra) 21 F4

Kiremitli (Siv) 33 F3
Kireniş Çayı 56 C3
Kireslu (A) 24 D3
Kırgeçit 51 G2
Kırgil 28 C6
Kırgındere 37 F1
Kiriak' (G) 12 C4
Kırık (Bol) 15 H5
Kırık (Kas) 17 G4
Kırık (Erz) 22 B5
Kırık (Erz) 22 B5
Kırık Dağ 15 H5
Kırık Dağları 16 C3
Kırıkhan 61 G4
Kırıkkale 31 F3
Kırıkköy 13 F3
Kırıkkuyu 31 F6
Kırıklar (İzm) 27 E6
Kırıklar (Çan) 27 F4
Kırıklar (İzm) 41 F4
Kırıklı 21 G5
Kırıklı Çayı 34 A2
Kırıksoku 32 B3
Kırıktaş 34 D2
Kırımkaya 37 F3
Kırıngöl 49 G3
Kırızoğlu 19 E6
Kırka 29 F5
Kırkağaç 27 G6
Kırkaşın Tepesi 44 D3
Kırkbulak 36 A5
Kırkçalı 38 C4
Kırkgeçit (Van) 38 B6
Kırkgeçit (Kay) 47 G1
Kırkgeçit Deresi 46 B6
Kırkgöz 34 B4
Kırkgöze 37 G4
Kırkgöz Hanı 57 G3
Kırkkavak (Edi) 12 D4
Kırkkavak (İçe) 59 F4
Kırkkepenekli 13 F4
Kirki (G) 12 B5
Kırkışla 45 E3
Kırkısrak 47 G2
Kırkkuyu 50 A2
Kırklar 23 G5
Kırklar Dağı (Çor) 18 C6
Kırklar Dağı (Bin) 35 H4
Kırklareli 13 F2
Kırklareli Barajı 13 F2
Kırklartepe Barajı 21 H6
Kırklar Tepesi 26 D4
Kırköy 37 E5
Kırkpınar (Kar) 23 G4
Kırkpınar (Kon) 31 E6
Kırkpınar (Bin) 36 C4
Kırkpınar (Afy) 43 F3
Kirliakça 17 G6
Kırmasırt 50 B3
Kırmataş 50 C2
Kirmir Çayı 30 C2
Kırmızı Köprü 35 H3
Kırmızıtaş Tepesi 37 F6
Kırobası 59 H3
Kirovakan (A) 24 C2
Kirovo (B) 13 F1
Kırşehir 31 H5
Kısas 63 F1
Kisilkend (A) 24 A1
Kısır Dağı 23 G2
Kısırmandıra 14 B4
Kışla (Küt) 28 C5
Kışla (Mal) 34 D6
Kışlacık 13 G2

Kışlak (Diy) 49 H3
Kışlak (Hat) 61 G6
Kışlaköy (Erz) 23 E5
Kışlaköy (Uşa) 42 C3
Kışlaköy (Kah) 48 A2
Kıvırcık 62 D2
Kıvrıklı 61 E2
Kiyankiyan (A) 24 D3
Kiyi 36 C6
Kıyıbaşı 37 E4
Kıyıcak 38 A6
Kıyıç Deresi 29 G6
Kıyıcık 22 C1
Kıyık 17 G3
Kıyıkavurgalı 31 G1
Kıyıkışlacık 55 F2
Kıyıköy 13 H3
Kızbeli 34 B4
Kızderbent 14 D6
Kızık (Bol) 16 A6
Kızık (Küt) 28 D6
Kızık (Tok) 33 F2
Kızık (Siv) 34 B1
Kızık (Mal) 34 D6
Kızık (Afy) 43 F3
Kızıkhamurkesen 48 B6
Kızılabalı 18 C1
Kızılağaç 36 D5
Kızılahmet 37 E3
Kızılaliler 57 E3
Kızılburç 49 E6
Kızıl Burnu 59 F6
Kızılburun 48 A1
Kızılca (Ama) 18 D6
Kızılca (Ela) 35 H5
Kızılca (Erzi) 36 A2
Kızılca (İçe) 59 F5
Kızılcaağaç 57 F2
Kızılcaavlu 41 H4
Kızılcabölük 42 B6
Kızılcadağ 57 E3
Kızılcahamam 16 D6
Kızılcakaya 28 D5
Kızılçakır 58 D2
Kızılcaören 29 F6
Kızılcaova (Yoz) 33 E4
Kızılcaova (İzm) 41 F4
Kızılcapınar 16 A4
Kızılcasöğüt 42 D2
Kızılcaziyaret Dağı 24 A5
Kızılcık (Tun) 35 G5
Kızılcık (İsp) 43 F5
Kızılcıkdere 13 F2
Kızılcın 33 E5
Kızılçubuk 36 C3
Kızılçukur (Küt) 28 C4
Kızılçukur (Man) 42 A4
Kızıldağ (Erz) 23 G6
Kızıl Dağ (Kir) 32 A6
Kızıldağ (Siv) 34 B1
Kızıl Dağ (Afy) 43 E3
Kızıldağ (Afy) 43 G3
Kızıldağ (İsp) 43 H6
Kızıldağ (Kon) 44 C4
Kızıldağ (Kah) 48 A2
Kızıldağ (Hat) 61 F4
Kızıldağ Geçidi 34 D2
Kızıl Dağı (Nev) 32 B6
Kızıl Dağı (Yoz) 32 D3
Kızıl Dağı (İçe) 59 E3
Kızıl Dağı (İçe) 59 E5
Kızıldağ Milli Parkı 44 A6
Kızıldam 41 H1
Kızıl Deresi 20 B5

Kızıleller 17 F4
Kızılelma 20 B5
Kızılgeçit 59 H4
Kızılhan 47 F2
Kızılhisar (Mal) 34 C6
Kızılhisar (Uşa) 42 D2
Kızılhisar Tepesi 56 C1
Kızılhöyük 33 G5
Kızılın 48 D6
Kızıliniş Geçidi 33 G1
Kızılırmak 17 H6, 18 A4, 31 F4-G1,
    31 H6, 32 D6, 33 E5-G3, 34 B2,
    46 B2
Kızılırmak (Çank) 31 G1
Kızılkale 18 B2
Kızılkapı 46 C5
Kızılkaya (Nev) 46 A2
Kızılkaya (Ant) 57 F2
Kızılkese 18 B3
Kızıl Kilise 46 A3
Kızılköy 46 A2
Kızılkuyu 44 B2
Kızıllı (Ant) 57 G3
Kızıllı (Ant) 57 H2
Kızılmağara 48 C1
Kızılmescit 35 H3
Kızıloğlak 19 F3
Kızılören (Siv) 34 A6
Kızılören (Afy) 42 D5
Kızılören (Afy) 43 F4
Kızılören (Kon) 44 C5
Kızılören (Kay) 46 D2
Kızılören (Kay) 47 E2
Kızılot 58 B4
Kızılova 33 G4
Kızılöz 31 E1
Kızılsu 51 G4
Kızılsu Barajı 57 G2
Kızılsu Çayı 51 H4
Kızıltaş (Gir) 20 C5
Kızıltaş (Van) 38 A6
Kızıl Tepe 20 A6
Kızıltepe (Çan) 26 C4
Kızıltepe (Yoz) 32 B3
Kızıltepe (Siv) 34 C2
Kızıltepe (Ela) 49 G1
Kızıltepe (Mar) 50 C6
Kızıl Tepesi 16 A4
Kızılyaka (Muğ) 55 F2
Kızılyaka (Kara) 59 E2
Kızılyar 32 B4
Kızılyusuf 37 G4
Kiziroğlu (Ama) 18 C4
Kiziroğlu (Kar) 23 H2
Kızkadın 29 E6
Kızkalesi (Kah) 48 A3
Kızkalesi (İçe) 60 A4
Kızkayası 44 D4
Kız Kulesi Adası 40 D1
Kızlan 18 D2
Kızlar (Şan) 49 F6
Kızlar (Diy) 50 D2
Kızların Mağarası 38 C6
Kızlarsivrisi Tepesi 34 D2
Kızören 45 F4
Kız Tepe 30 A2
Klazomenai 40 D3
Klio (G) 26 C5
Kl'ma (G) 41 E6
Knidos 55 F4
Knjaževo (B) 12 D1
Kocaali 15 G4
Kocaaliler 57 G2
Kocaavşar 27 F4

Kocababa Tepesi 19 E5
Kocabaş 42 C6
Kocabey 27 H5
Koca Burnu 55 E3
Koca Çal 44 C4
Kocaçalı Tepesi 19 H5
Kocaçay 17 E1
Koca Çayı (Çan) 26 D3
Koca Çayı (Man) 42 B1
Koca Çayı (Muğ) 55 H3
Kocaçeşme 12 D6
Kocaçimen Tepesi 26 C2
Kocaçoban 38 B2
Kocaçukur 47 G5
Koca Dağ (Bar) 16 D2
Koca Dağ (Çank) 17 E4
Koca Dağ (Küt) 28 C6
Koca Dağ (İzm) 40 D3
Koca Dağı 47 F3
Kocadere 42 C5
Koca Deresi (Çan) 26 C2
Koca Deresi (Bur) 28 A2
Koca Deresi (Kon) 59 H2
Kocaeli (İzmit) 15 E6
Kocaeli Yarımadası 15 E5
Kocafşur Çayı 27 F4
Kocagöl (Ama) 19 E5
Kocagöl (Ama) 19 E5
Kocagöl (Afy) 43 E3
Kocagür 27 E2
Kocahıdır 12 C5
Kocain Mağarası 57 G2
Kocairmak 16 C2
Koçak (Tok) 19 F5
Koçak (Küt) 29 E5
Koçak (Den) 42 D4
Koçak (Şan) 49 G6
Koçaklar 37 G3
Kocakoç 35 G4
Kocaköy (Kar) 24 A4
Kocaköy (Van) 38 D6
Kocaköy (Diy) 50 B1
Kocakurt 34 A5
Koçalan 19 E4
Kocalar 48 A6
Koçali 48 D4
Kocaman Çayı 19 G3
Kocaman Dağı 29 G1
Kocamehmetler 57 H3
Kocaoba 27 F4
Kocaöz 43 G2
Kocaözü 34 C6
Kocapınar (Bal) 27 G3
Kocapınar (Van) 38 A3
Kocapınar (Burd) 43 E6
Koçarlı 41 G6
Koçaş (Kon) 44 B4
Koçaş (Kon) 45 E4
Koçaş (Aks) 45 G3
Koçaş (Kon) 58 D2
Koçaş Deresi 44 B4
Koçaşlı 59 G5
Kocasu Çayı 37 F3
Kocasu Deresi 28 B3-D5
Kocatepe (Tun) 35 G3
Kocatepe (Mar) 50 B6
Kocaveliler 60 C2
Kocayaka 42 D4
Koca Yayla 42 D6
Kocayayla Geçidi 28 D4
Kocayazı (Kir) 13 E1
Kocayazı (Kir) 13 F1
Koçbaba 50 C1
Koçcağız 47 E2

Koç Dağı (Kay) 46 D2
Koç Dağı (Kay) 47 F2
Koç Dağı (Kah) 48 A4
Koçdağı 52 D2
Köçekler 17 E5
Koç Geçidi 49 G1
Koçkıran Dağı 52 B1
Koçköprü 38 B3
Koçköy 24 A2
Koçlu 47 F6
Koçoğlu 23 G5
Koçovası (Van) 38 C3
Koçovası (Kah) 47 H2
Koçubaba 31 G2
Koçyayla 36 D2
Koçyazı 44 B2
Koçyiğit (Kon) 45 E3
Koçyiğit (Mar) 50 B5
Koçyiğit (Bit) 51 G2
Kofçaz 13 E1
Kofu Dağı 57 E5
Köhnem Dağı 35 F2
Koitul (A) 24 C3
Kokaksu 16 B3
Kokarpınar 57 F3
Köke 43 H4
Kökenez Dağı 32 C3
Kökez 44 D3
Kokkari (G) 40 D6
Köklü 21 F5
Köklüçam Dağ 56 B2
Köklüce (Tok) 19 G6
Köklüce (Gaz) 48 C6
Köklüce (Adı) 49 G3
Köknar 21 H4
Kökpınar 49 F2
Kolak 56 C3
Kolankaya 42 B3
Kolay 18 D3
Kolçekmezdağı Geçidi 35 G2
Koldere 19 F3
Koloe 41 H4
Kolonai 26 C4
Kolonkaya 35 G5
Kolossae 42 C6
Kolpos Jéras (G) 26 C6
Kólpos Kaloni (G) 26 C6
Kolsuz Geçidi 46 B6
Kolukısa 44 C3
Koman 20 D5
Komara (G) 12 C3
Kömür Burnu 40 C2
Kömürcü 31 E3
Kömürcüler 31 F3
Kömürhan Geçidi 49 F2
Kömürköy (Kir) 13 G3
Kömürköy (Erzi) 35 E2
Kömürler 61 H1
Kömürlimanı 26 B2
Kömürlü (Erz) 23 F3
Kömürlü (Sii) 51 G2
Kömürlük 34 D5
Kömürsuyu Deresi 47 G3
Konacık (Ela) 49 E1
Konacık (Hat) 61 F4
Konak (Güm) 21 F5
Konak (Ağr) 23 H6
Konak (Den) 42 D5
Konak (Mal) 48 D2
Konakbaşı 35 G3
Konakkale 44 B5
Konakkuran 47 E5
Konaklı (Niğ) 46 C4
Konaklı (Şan) 49 E6

Konaklı (Ant) 58 B4
Konaklı Dağı 52 B4
Konakpınar (Bal) 27 G5
Konakpınar (Siv) 34 A6
Konaktepe 34 B5
Konakyeri 22 A5
Konalga 52 B2
Konan 16 D4
Konarı 44 B3
Konstantina 50 A6
Konukbekler 36 D5
Konukçu 49 H5
Konuklar 32 D4
Konuklu 36 D6
Konuksayar 37 F6
Konuralp 15 H5
Konya 44 D5
Kopal 37 F2
Koparan 30 D3
Koparuşağı 49 F1
Köpek Gölü 45 E1
Köpekkayası Burnu 17 E1
Köpeksiz 49 E2
Kop Geçidi 22 A6
Köprüağzı 52 C2
Köprübaşı (Bol) 15 G5
Köprübaşı (Bol) 16 B5
Köprübaşı (Sam) 18 D4
Köprübaşı (Tra) 21 H3
Köprübaşı (Erz) 23 E3
Köprübaşı (Man) 41 H2
Köprübaşı (Den) 42 B5
Köprübaşı (Kay) 47 F1
Köprübaşı Kale 23 E3
Köprücek (Sak) 29 F1
Köprücek (Şir) 51 G4
Köprücü 22 C1
Köprüdere 35 H5
Köprügören 22 C4
Köprühisar 28 D2
Köprü Irmağı 57 H2
Köprüköy (Riz) 22 B2
Köprüköy (Kır) 31 F4
Köprüköy (Çobandede) 23 E6
Köprüler Deresi 23 E2
Köprülü (Ard) 23 F2
Köprülü (Ant) 58 C4
Köprülük 49 E6
Köprülü Kanyon Milli Parkı 58 A2
Köprüören 28 D5
Kopuz 49 F5
Kopuz Deresi 23 G6
Korakesion 58 C4
Koraman 15 H4
Kor Deresi 33 H2
Körfez 14 D6
Korgan 19 H4
Korgun 17 F5
Körhasan 29 H5
Körküler 43 H3
Körkün 62 B2
Körkün Dağı 48 C4
Korkut 37 E5
Korkuteli 57 F3
Körmen İskelesi 55 F4
Kornofolia (G) 12 C4
Köroğlu Beli 43 G6
Köroğlubeli 43 H1
Köroğlu Dağı 29 G2
Köroğlu Dağları (Bol) 16 B6
Köroğlu Dağları (Çank) 17 F6-G5
Köroğlu Tepesi 16 B6
Körpeağaç 27 G2
Körpınar 31 H5

Körs 29 F6
Körseki Dağı 27 H6
Körsu 37 E2
Körsulu Çayı 47 G5
Kortuca 35 G5
Koru (Mal) 34 D5
Koru (Muğ) 56 C4
Korualan 58 D3
Korubaşı 19 E4
Korucak (Sin) 18 B3
Korucak (Çan) 26 D3
Korucu (Edi) 12 D2
Korucu (İst) 14 D4
Korucu (Bal) 27 F5
Korucu (Şır) 51 G5
Korucu Çayı 30 A3
Korucu Dağları 27 F5
Korucuk 42 C6
Koru Dağı 57 E2
Koruköy (Çan) 12 D6
Koruköy (Sak) 15 F6
Koruköy (Muğ) 55 G2
Körüktaşı 26 C4
Korumaz Dağı 47 E1
Korykos 60 A4
Koš (A) 24 C3
Kos (G) 55 E3
Kos (G) 55 E3
Kosan Dağı 36 A2
Köscd 19 E3
Kös Dağı 17 H4
Köse 21 G6
Köseali 41 H3
Köseçeli 48 C5
Köseçobanlı 59 F5
Köse Dağı (Çor) 18 B5
Köse Dağı (Ağr) 23 G6
Kösedağı Geçidi 21 G6
Köse Dağları 19 H6, 20 A6, 34 C2
Kösedağ Tepesi 34 B1
Kösefakılı 31 H4
Kösehasan 37 F2
Köseilyas 13 F5
Köseköy 15 E6
Köşektaş 32 B6
Köseler (Kas) 17 E2
Köseler (Kas) 17 F4
Köseler (Ama) 18 C5
Köseler (Gir) 20 D3
Köseler (Çan) 26 C4
Köseler (Küt) 28 B5
Köseler (Erz) 36 C2
Köseler (Man) 41 E2
Köseler (İzm) 41 F1
Köseler (Gaz) 48 C6
Köseler (Ant) 57 F2
Köseler (Ant) 57 G2
Köselerli 59 G4
Köseli (Sin) 18 C2
Köseli (Tra) 21 H4
Köseli (Ank) 31 E4
Köseli (Adı) 48 C6
Köseli (Diy) 50 C3
Kösemen 21 E3
Kösere 46 A6
Kösetarla 50 D3
Köseyahya 48 B3
Köşk 41 H5
Köşker 31 F5
Köşkköy 22 D6
Kösreli 61 F2
Kostandağı Geçidi 21 G5
Köstekçiler 17 F1
Köstere 44 B4

Kosti (B) 13 G1
Koşutdere 34 A2
Kötek (Kar) 23 H5
Kötek (Ank) 30 D4
Kotroniá (G) 12 C4
Kovaçayır 18 A2
Kovada Gölü 43 H6
Kovada Gölü Milli Parkı 43 H6
Kovalı 18 C4
Kovalı Barajı 46 C3
Kovalık Geçidi 35 G2
Kovancı 49 F5
Kovancılar 35 H6
Kovanlı (Mar) 50 D5
Kovanlı (Gaz) 62 C2
Kovanlık (Gir) 20 C4
Kovanlık (Ant) 57 G2
Köybaşı 56 D6
Köybucağı 19 G3
Köyceğiz (Çank) 16 D4
Köyceğiz (Muğ) 56 B3
Köyceğiz Gölü 56 A3
Köylü 34 C5
Köylüoğlu 60 D3
Köylüürünü 32 D1
Koyulhisar 20 B6
Koyun Adası 27 F1
Koyunağılı 30 A3
Koyunbaba (Kir) 13 E2
Koyunbaba (Ank) 31 F1
Koyunbeyli 42 D3
Koyunculu 32 D2
Koyundere 41 E3
Koyuneli 41 E1
Koyunevi 61 E1
Koyungölü 35 F3
Koyunlar 41 H6
Koyunlu (Siv) 33 H6
Koyunlu (Diy) 50 D3
Koyunoba 52 B3
Koyunpınar 23 G1
Koyuntepe 12 C6
Koyunyeri 12 C5
Koyunyurdu 23 G4
Koyyeri (Kas) 17 E3
Köyyeri (Ada) 61 F1
Kozağaç (Güm) 21 F6
Kozağaç (Muğ) 56 D3
Kozağacı 57 E3
Kozak 27 E6
Kozaklı 32 B5
Kozaklı İstasyonu 32 B5
Kozalak 48 C2
Kozan (Sak) 29 E1
Kozan (Ada) 47 E6
Kozan Barajı 47 F6
Kozanlı 31 E6
Kozburun 42 B2
Kozcağız (Bar) 16 C3
Kozçağız (Sin) 18 B2
Kozcağız (Küt) 28 D4
Kozcağız (Kah) 47 H4
Kozçeşme 27 E2
Koz Dağ 56 D3
Kozdere (Bur) 28 D2
Kozdere (Mal) 34 C6
Kozdere (Kon) 58 C2
Kozderegüvem 27 G5
Kozköy 21 E4
Kozlar 56 B2
Kozlu (Zon) 16 B3
Kozlu (Tok) 19 F5
Kozlu (Erz) 22 B5
Kozlu (Bin) 36 B4

Kozluca (Bur) 28 C4
Kozluca (Küt) 29 E5
Kozluca (Tun) 35 F4
Kozluca (Nev) 46 A2
Kozluca (Şır) 51 F5
Kozluca Tepesi 18 A2
Kozlu Çayı 18 A1
Közlüce 35 H3
Kozlu Dağı 59 H1
Kozludere 48 A5
Kozluk 51 E2
Kozluk Çayı 34 D5
Koz Tepesi 36 C6
Kozyürük 13 E5
K'pi (G) 12 C5
Krajnovo (B)13 E1
Kralkızı Barajı 49 H2
Kratigos (G) 26 D6
Kremasti (G) 55 G5
Kremasto Nero (G) 26 A1
Kremna 57 G1
Kritinia (G) 55 F6
Krumovgrad (B) 12 A3
Krumovica (B) 12 A3
Kryk (A) 24 B3
Kubadabad Sarayı 44 A6
Kubbe Geçidi 49 E2
Kucak 24 B6
Kuçcu 35 E6
Küçük Ağrı Dağı (Little Ararat) 24 D6
Küçük Akçakese 19 H4
Küçükalan 56 D2
Küçük Altınbulak 23 G2
Küçük Anafarta 26 C2
Küçükaslıhanlar 43 E1
Küçükbahçe 40 C3
Küçük Boğatepe 23 G2
Küçük Çaltı 49 H4
Küçük Çatma 24 A2
Küçükçekmece 14 B5
Küçükçekmece Gölü 14 B5
Küçük Cerit 48 A5
Küçükçit 21 F5
Küçükçökelez Tepesi 42 C5
Küçükdere 21 H3
Küçük Doğanca 12 D5
Küçük Esence 15 F5
Küçükgezbeli 47 F3
Küçükhacıbey 17 F6
Küçükhayrettin Tepesi 26 C3
Küçükkabaca 43 F4
Küçük Karakarlı 13 F4
Kücükkarıştıran 13 F4
Küçükkavak 32 A6
Küçükkaya 27 E6
Küçükkayalı 42 C4
Küçük Kayapa 46 A1
Küçükkemerdere 41 G5
Kücük Kemikli Burnu 26 C2
Küçükköy (İzm) 26 D6
Küçükköy (Küt) 28 D4
Küçükköy (Kon) 45 E6
Küçükkuyu 26 D5
Küçükler 49 F6
Küçüklü 48 B3
Küçük Menderes Çayı 26 D4
Küçük Menderes Nehri 41 G4
Küçük Nacar 48 A5
Küçüknefes 26 A3
Küçükova (Kar) 24 B5
Küçükova (Şan) 63 E2
Küçük Söbeçimen 47 G2
Küçüksu 37 G6
Küçük Sütlüce 23 G2

Küçüktepe 49 G3
Küçüktuy 22 D6
Küçüktuzhisar 33 F5
Küçükyakalı 17 E6
Küçük Yapalak 48 A3
Küçükyayla 13 G3
Küçük Yerlisu 12 D6
Küçük Yoncalı 13 G3
Küçük Ziyaret 63 E2
Kufi Çayı 43 E3
Kufki (Irq) 52 B5
Kukir (Irq) 52 D5
Kükür 59 E5
Kükürt 28 D5
Kükürtlü 23 F6
Kula 42 A3
Kulaca 28 D3
Kulacadağ 19 E3
Kula Dağı 51 F2
Külafhöyük 48 D5
Kulak (Afy) 43 G3
Kulak (İce) 60 C3
Külcüler 26 D4
Külef 16 C5
Külefli 27 G2
Kuleli 13 E3
Kuleönü 43 G5
Külhöyük 31 H5
Külhüyük 32 C2
Kullar (Koc) 15 E6
Kullar (Kah) 48 B4
Küllköy 42 D3
Küllü 37 E2
Küllüce 46 B4
Küllük (Kar) 24 B5
Küllük (Siv) 33 H3
Kulmaç Dağları 33 G5
Kulp 36 D6
Kulp Çayı 36 D6
Kültepe 46 D1
Kulu 31 E6
Külübe Tepesi 57 F1
Kululu 33 F6
Kuluncak 34 B6
Kulundere 36 A5
Kuluşağı 49 E2
Kumaçorak 16 D2
Kumafşarı 56 D2
Kumalar Dağı 43 F3
Kumarlar 26 D3
Kumartaş 31 F1
Kumaşkaya 22 B4
Kumayrı (A) 24 B2
Kumbaba 18 B4
Kumbağ 13 F5
Kümbet (Gir) 20 D5
Kümbet (Esk) 29 E4
Kümbet (Esk) 29 G6
Kümbet (Siv) 33 G3
Kümbet (Ela) 35 H5
Kümbet (Muş) 37 F5
Kümbet Deresi 36 C1
Kümbet Kilise 23 H3
Kümbetli 23 H3
Kümbet Tepesi 17 G6
Kumburgaz 14 A5
Kum Burnu 40 D3
Kumburun 26 C3
Kumçatı 51 H4
Kumdanlı 43 H4
Kümeören 33 F5
Kumkadı 28 A2
Kumkale 26 C3
Kumkale Şehitliği 26 C3

Kumköy (İst) 14 B4
Kumköy (Kas) 17 E1
Kumköy (Çan) 26 C2
Kumköy (Ant) 57 H3
Kumlu 61 G4
Kumluca (Bar) 16 C3
Kumluca (Kas) 17 E1
Kumluca (Ağr) 38 B1
Kumluca (Bat) 51 E3
Kumluca (Ant) 57 F5
Kumluçat 50 C2
Kumluk 50 C2
Kumlukıyı 37 E4
Kumluyazı 22 C6
Kumru 19 H4
Kumrular 13 F3
Kumyurt 33 G3
Kundullu 44 B3
Kunduz Dağı 18 B4
Kunduzlar Barajı 29 F5
Kunduzlu (Çor) 17 H5
Kunduzlu (Afy) 43 F1
Küp Dağı 35 H6
Küpe Dağları 58 B1
Küpeler 27 G4
Küpeli 33 E5
Küpkıran 24 A6
Küplü (Edi) 12 C4
Küplü (Bil) 29 E3
Küptepe 49 H4
Kural 62 D1
Kurancılı 31 G5
Kura Nehri 23 F2
Kurbağa 59 G5
Kurbağalı (Çor) 32 A2
Kurbağalı (Şan) 49 H5
Kurbağalıbeli 34 B1
Kurbağalık 56 B1
Kurbançayırı 23 F5
Kurban Dağı 28 C2
Kürdemlibeli 49 G1
Küre (Kas) 17 G1
Küre (Bil) 29 E3
Küre (Çor) 32 B1
Küreboğazı 31 F3
Kürecik 48 C2
Küre Dağı 31 F4
Küre Dağları (Bar) 16 D2
Küre Dağları (Kas) 17 G1
Kürekçi 41 H2
Kürekli 50 B4
Küreli Dağı 51 G3
Kürendere 28 A6
Kureyşler 29 E6
Kurfallı (İst) 13 H4
Kurfallı (İzm) 27 E6
Kürkçü (Çor) 32 C2
Kürkçü (Niğ) 46 B5
Kürkçü (İçe) 60 B3
Kürkçüler 56 A4
Kürkçüyurt 33 H5
Kurma 19 H4
Kurna 14 C4
Kürnüç 29 G2
Kurşunlu (Çank) 17 F5
Kurşunlu (Bur) 27 H2
Kurşunlu (Bur) 28 B2
Kurşunlu (Bur) 28 D3
Kurşunlu (Man) 42 A2
Kurşunlu (Mal) 48 C1
Kurşunlu (Diy) 50 A1
Kurşunlu Cami (Nev) 46 B2
Kurşunlu Cami (Muğ) 55 H2
Kurşunlu Dağı 32 D6

Kurşunlu Şelalesi 57 G3
Kurtalan (B) 12 D1
Kurtalan 51 F2
Kurtbeliyeniyapan 31 H5
Kurtbey 12 D4
Kurtboğazı Barajı 30 D1
Kurt Çayı 59 G4
Kurt Dağı 16 B3
Kurtdere 13 G4
Kurtdoğmus 14 C5
Kurtgirmez 17 E2
Kurthasanlı 44 C3
Kurtkale 23 H1
Kurtköy (İst) 14 C5
Kurtköy (İst) 14 C6
Kurtköy (Sak) 15 E6
Kurtköy (Sak) 15 G5
Kurtköy (Sin) 18 B1
Kurtkulak 61 F2
Kurtlar (Zon) 16 A4
Kürtler (Sam) 19 E1
Kurtlukaya 33 H4
Kurtlu Tepesi 35 E2
Kurtoğlu (Güm) 21 F5
Kurtoğlu (Kır) 31 H2
Kurtoğlu Burnu 56 B4
Kurtören 45 H5
Kurtpınar 61 F2
Kurtşeyh 30 A6
Kurtsuyu 15 H5
Kurttepe 60 D2
Kurt Tepesi 36 B5
Kurtul 28 C2
Kürtüllü 12 D5
Kurtuluş (Şan) 49 H6
Kurtuluş (İçe) 59 H5
Kürtün (Sam) 19 G3
Kürtün (Güm) 21 E4
Kurtuşağı 44 B1
Kuruağıl 31 H6
Kurubaç 38 B5
Kurubaş Geçidi 38 B6
Kurucabel 59 F3
Kurucaova (İsp) 44 A6
Kurucaova (Kah) 47 G4
Kurucaova (Mal) 48 D4
Kurucaşile 16 D1
Kuruçay (Küt) 28 D5
Kuruçay (Erzi) 34 D3
Kuruçay (Diy) 50 C3
Kuruçay (Kon) 58 C2
Kuruçay Höyüğü 43 F6
Kurucu Geçidi 36 A5
Kuru Dağı 12 D6
Kurudere (Sak) 15 G5
Kurudere (İzm) 41 F3
Kurudere (Diy) 50 D3
Kurugöl (Bol) 15 H5
Kurugöl (Siv) 34 A3
Kurugöl (Den) 42 D6
Kurugöl (Nev) 46 A3
Kuru Gölü 34 A3
Kuru Han 47 H2
Kuruhayal Dağı 38 C4
Kuruhöyük 32 D5
Kuruköprü 47 E2
Kuruköy 41 H6
Kurukümes Dağı 55 G2
Kurumcu Dağı 30 C1
Kurupınar 33 E1
Kurusaray 18 A2
Kurutepe 62 B3
Kurutma Kanalı 45 G6
Kurutulutepe 31 G6

Kuruziyaret Tepesi 36 B1
Kuşadası 41 E5
Kuşadası Körfezi 41 E5
Kuşağacı 35 H6
Kuşak 34 D4
Kuşaklı 32 B5
Kuşbükü 18 D3
Kuşça 45 E2
Kuşçayır 26 D3
Kuşcenneti (Bal) 27 H2
Kuşcenneti (Ada) 60 D4
Kuşcennet Milli Parkı 27 G2
Kuşçu (Yoz) 32 B3
Kuşçu (Kay) 32 D6
Kuşçualı 31 F3
Kuşçu Dağı 41 E4
Kuşçukuru 51 E3
Kuşçular (Sam) 18 C4
Kuşçular (İzm) 40 D4
Kuş Dağı 52 B1
Küsedik M. 45 E3
Kuş Gölü 27 G2
Kuşhane 35 G6
Kusikent (A) 24 A1
Kuşiş Suyu 47 F6
Kuskan 59 F4
Kuşkayası (Siv) 33 H5
Kuşkayası (Siv) 34 B3
Kuşkayası Geçidi 34 B2
Kuşkayası Tepesi 33 G4
Kuşkonar 51 H3
Kuskuncuk 46 A6
Kuşkunkıran 38 C2
Kuşlu 37 G6
Küşpınar Tepesi 19 E5
Kuşsaray 32 C2
Kuşsarayı 49 E2
Kuştaşı 37 F6
Küstüllü 59 H4
Kuşuçmaz 23 G1
Kusura 43 F4
Kütahya 29 E5
Kutlu (Art) 23 E1
Kutlu (Erz) 23 F3
Kutlubey (Den) 42 C4
Kutlubey (Mar) 51 E5
Kutluca 36 A3
Kutluköy 45 G3
Kutluşar 31 F1
Kütüklü 61 E3
Kütüklük 53 E5
Kütüklüpınar 47 G1
Kütükuşağı 44 D1
Kütükyolu 58 A3
Kuyluca 35 G4
Kuyrukçu Dağı 31 E4
Kuytu 19 F6
Kuytuca 23 G3
Kuytucak 47 E5
Kuyubaşı (Bil) 29 E2
Kuyubaşı (Kon) 44 C2
Kuyubaşı (Burd) 57 G2
Kuyucak (Tok) 19 H6
Kuyucak (Tok) 20 A5
Kuyucak (Esk) 29 F4
Kuyucak (İzm) 42 A5
Kuyucak (Adı) 49 E4
Kuyucak (Ant) 58 B2
Kuyucak Dağları 57 H1
Kuyucuk Gölü 24 A2
Kuyular 50 B1
Kuyulu (Adı) 48 D5
Kuyulu (Mar) 50 B6
Kuyuluhöyük 50 B3

Kuyulusebil 44 D2
Kuyulutatlar 46 B3
Kuyumcu 31 E1
Kuyupınar 29 H3
Kuzağıl 44 C6
Kuzalan 19 F6
Kuzayca 32 B4
Kuzca 43 H6
Kuzcaköyü 57 F4
Kuzdere 57 F5
Kuzeh Rash (İm) 38 D6
Kuzfındık 16 A6
Kuzgeçe 19 E5
Kuzgun Barajı 22 C5
Kuzgur 60 C2
Kuzköy (Ord) 19 G4
Kuzköy (Gir) 20 C4
Kuzören (Esk) 30 B5
Kuzören (Kon) 44 B2
Kuzören (İsp) 59 E2
Kuztepe 43 H4
Kuzu 17 G6
Kuzucak 48 A5
Kuzucu 12 D3
Kuzucubelen 60 B3
Kuzucular 29 G2
Kuzuini 62 A3
Kuzuköy 57 E4
Kuzulan 17 F3
Kuzulimanı 26 B2
Kuzuluk (Sak) 15 F6
Kuzuluk (Çor) 17 H5
Kuzu Tepesi 19 G4
Kuzuyatağı 48 C6
Kuzyaka 17 G3
Kuzyaka Tepesi 44 C3
Kyaneai 57 E6
Kyme 41 E2
Kyra 56 B4
Kyzikos 27 G2

Labadadağı 55 F1-2
Labranda 55 G1
Lâçin (Çor) 18 B5
Lâçin (Esk) 29 G3
Ládi (G) 12 C3
Lâdik (Sam) 19 E4
Lâdik (Kon) 44 D4
Lâdik Gölü 19 E4
Láerma (G) 55 G6
Lagada (G) 40 B3
Lagina (G) 12 C4
Lagina 55 G2
Lagoudi (G) 55 E4
Lahana 13 E4
Laladağ Tepesi 37 G3
Lalahan 31 E3
Lalapaşa 12 D2
Lâlelibeli Geçidi 33 E6
Lalif Han 33 G4
Lalkovo (B) 12 D1
Lalyssos (G) 55 G5
Lamas Çayı 59 H3
Lamponia 26 C5
Laodicea 42 C5
Lâpseki 26 D2
Lara 57 G3
Lara Plaj 57 G3
Lardos (G) 55 G6
Larissa 41 E2
Lávara (G) 12 C4
Lazhamidiye 15 H5
Lefk'mi (G) 12 C5
Lemas Çayı 60 A4

Lepti (G) 12 D3
Lesvos (Mytilini) (G) 26 B5
Letoön 56 C5
Levent 48 C2
Levka (B) 12 C2
Leylek Dağı 34 B5
Leylekli 44 A2
Lice 36 C6
Lik Bin (İm) 53 G5
Likófos (G) 12 C4
Liman Burnu 13 G5
Liman Gölü 19 E1
Liman Kalesi 59 H5
Limanköy 13 H2
Limia (G) 40 B3
Limnae 26 C2
Limonlu 60 A4
Limonlu Çayı 59 H3
Limyra (Ant) 57 E4
Limyra (Ant) 57 F5
Lindos (G) 55 G6
Lissae 56 B4
Lithio (G) 40 B4
Livadia (G) 55 F5
Livane Kalesi 22 D2
Lizan 52 C5
Ljubenova (B) 12 B1
Ljubimec (B) 12 C2
Lökköy 32 B4
Lokmanlı 15 E5
Lome 22 C1
Loras Dağı 44 C5
Loryma 55 G5
Loutra (G) 26 C6
Loutrós (G) 12 B5
Lozenec (B) 13 G1
L'ra (G) 12 C5
Luda Reka (B) 12 B3
Lüleburgaz 13 F3
Lusakert (A) 24 D3
Lütfiye 41 G2
Lydae 56 B4
Lystra 44 D6

Maçahel Geçidi 22 D1
Maçka 21 G4
Maçka Deresi 21 F4
Ma'dan (S) 63 G6
Maden (Bay) 22 A6
Maden (Niğ) 46 B6
Maden (Ela) 49 H2
Maden (Şan) 64 B1
Maden Adası 26 D5
Madenboyu 61 G5
Madenköy (Riz) 22 B2
Madenköy (Şır) 34 C2
Madenli (Tok) 19 G5
Madenli (Erzi) 34 D3
Madenli (Şır) 52 A3
Madenli (Kon) 58 B2
Madenoğlu 61 H2
Madenşehri 59 F1
Madrababa Dağı 41 H6
Madra Dağı 27 E5
Madra Deresi 27 F5
Madran Çayı 41 H6
Mâdrec (B) 12 C1
Madžarovo (B) 12 B3
Magan'tis (G) 40 B6
Mağaracık 61 F5
Magidus 59 E6
Magnesia 41 F3
Magnesia ad Meander 41 F5
Mahābād (İm) 53 H5

Mahmetbeyli 61 H4
Mahmudbey Camii 17 G2
Mahmudiye (İzm) 27 E6
Mahmudiye (Çor) 32 B1
Mahmut 43 H5
Mahmutbey 14 B5
Mahmut Dağları 16 C3
Mahmuthisar (Esk) 30 A3
Mahmuthisar (Kon) 44 C4
Mahmutköy 12 D6
Mahmutlar (Ama) 19 E5
Mahmutlar (Kır) 31 F3
Mahmutlar (İzm) 41 F4
Mahmutlar (Ant) 58 C5
Mahmutlu (Erzi) 35 G2
Mahmutlu (Niğ) 46 A4
Mahmutoğlan 31 E1
Mahmutşevketpaşa 14 C4
Mahmutseydi 58 C4
Mahmut Tepesi 49 G6
Mahmuz Geçidi 19 E3
Mahperi Hatun Kervansarayı 19 F6
Mahras Dağı 59 F4
Maiden's Castle 60 A4
Makri (G) 12 B5
Makronisi (G) 40 C6
Maksempınarı 28 B3
Maksutlu (Tek) 13 G5
Maksutlu (Çor) 18 A4
Maku (İm) 38 D1
Malabadi Köprüsü 50 D2
Maläk Izvor (B) 12 A2
Malatya 48 D2
Malatya Dağları 48 D3
Malazgirt 37 G3
Maldağı 41 E2
Malek Kande (İm) 53 H3
Malevo (B) 12 A2
Malhamli (İrn) 38 D3
Malhoca 59 F3
Malıköy 30 C3
Malkara 13 E5
Malko Gradište (B) 12 B2
Malko Šarkovo (B)13 E1
Malko Tărnovo (B) 13 F1
Mallıca 27 F5
Malta 49 H6
Maltepe (Edi) 12 D5
Maltepe (İst) 14 C5
Maltepe (İzm) 40 D3
Maltepe (Afy) 43 H2
Maluneh (İrn) 53 F2
Malye D.Ü.Ç. 32 A5
Mama Hatun Türbesi 36 A2
Mamasın Barajı 45 H3
Mamattatar 46 C1
Mamure Kalesi 59 E6
Manahoz Deresi 21 H3
Manargat Şelalesi 58 A4
Manavgat 58 A4
Manavgat Çayı 58 B3
Manavgat Dağı 59 F4
Manavpınarı 15 F4
Manbej (S) 62 D3
Mancılık (Bal) 27 F3
Mancılık (Siv) 34 A5
Mancınık Dağı 27 G6
Mandamados (G) 26 C5
Mandarlar 28 C5
Mandıra 17 E3
Mandra (G) 12 C4
Mandraki (G) 55 E4
Mandrica (B) 12 B3

Manga Dağı 36 D2
Mangal Dağı 30 D5
Mangezn (Irq) 52 B6
Máni (G) 12 C3
Manisa 41 F3
Manisa Dağı 41 F3
Mansurlu 47 E5
Mantar 45 E3
Mantarlı 49 G5
Manyas 27 G3
Marãghé (İm) 53 H2
Maralik (A) 24 B3
Marankeçili 47 E5
Maraspoli Mağarası 59 E4
Marássia 12 D2
Marathokambos (G) 40 D6
Mardin 50 C5
Mardin Dağları 50 C5
Mare (S) 62 B4
Marica (B) 12 B2
Maritsa (G) 55 G5
Markaz (A) 24 C4
Marmara 13 F6
Marmara Adası 13 F6
Marmaracık (Tek) 13 G4
Marmaracık (Bur) 28 C2
Marmaraereğlisi 13 G5
Marmara Gölü 41 G2
Marmaris 55 H4
Mármaron (G) 40 B3
Mart 17 F6
Maruflar 41 E1
Masat Hüyük 33 E2
Ma'shūq (S) 51 F6
Masis (A) 24 B4
Maskaneh (S) 62 C5
Mastara (A) 24 B3
Mastar Dağı 35 G6
Mastaura 41 H5
Masualu (A) 24 D5
Mavikent 57 F5
Mavrokl'ssi (G) 12 C4
May Barajı 44 D6
Mayıslar 29 G3
Mazgirt 35 G5
Mazı 55 G3
Mazı Dağı 50 C5
Mazıdağı 50 C5
Mazıkıranbeli 33 G2
Mazıkıran Geçidi 48 A1
Mazıköy 46 B3
Mazmanlı 61 H3
Maznah (Irq) 53 F6
Mecidiye (Edi) 12 D6
Mecidiye (Bur) 28 B1
Mecidiye (Man) 41 G2
Mecitözü 18 C6
Medar Barajı 27 G6
Mededsiz Dağ 46 B6
Meden Buk (B) 12 B3
Medet 56 B1
Medetli 29 E2
Medik Barajı 48 D2
Mednikarovo (B) 12 B1
Medreseköy 51 H2
Méga Dério (G) 12 B4
Megalo Horio (G) 55 E1
Megalo Horio (G) 55 E5
Megalos Anthropofas (G) 40 C6
Meğri Dağları 16 C4
Mehmetli 47 F6
Mekece 29 E1
Meke Gölü 45 G6

Melanios (G) 40 B3
Melekgazi 29 G5
Meleki 24 C5
Melekşesuruç 15 E6
Melen Deresi 15 G5
Melendiz Dağları 46 A4
Melendiz Suyu 46 A3
Melene 26 D6
Melet Irmak 20 B4
Melikli 59 H2
Melitene 48 D2
Melnica (B) 12 D1
Meltopolis 27 H3
Memeceler 29 G1
Memikli 17 E4
Memişli 60 D2
Mem Tepesi 50 B1
Menderes (Cumaovası) 41 E4
Menderes Depresyonu 41 H5
Menekşesofular 12 D2
Menemen 41 E3
Mengen 16 B5
Mengene Dağı 38 D5
Mengensofular 33 F5
Menteşe (Kas) 17 F2
Menteşe (Bur) 28 C4
Menteşe (Siv) 33 G3
Menteşe (Afy) 43 E4
Menteşe (Muğ) 56 A1
Menteşe Tekkesi 56 D4
Menzelet Barajı 47 H5
Mercan 36 A2
Mercan Dağları 35 G3
Mercimek 61 E2
Mercimekkale 37 E4
Merdivenli Yayla 45 F5
Meriç 12 C4
Meriçler 41 G6
Meriç Nehri (G) 12 C2
Meriç Nehri 12 D4
Merkez Dağı 52 C2
Mermer 50 B2
Mermer Deresi 27 E2
Mersin 20 B3
Meryem (Ard) 23 G1
Meryem (Şır) 51 H3
Meryemana 41 F5
Meryemuşağı 48 C4
Merzifon 18 D4
Mescit (Siv) 33 F4
Mescit (Siv) 34 B5
Mescit Dağları 22 B5
Mescitli 37 G3
Mescit Tepesi 22 C5
Meşe Dağı 30 D3
Meşedalı 36 B5
Meşeköy 23 E2
Meşelik 60 C2
Meşepınarı 18 D4
Meşindağı Geçidi 51 H3
Messimvria (G) 12 A5
Messotopos (G) 26 B6
Mesta (G) 40 B4
Mesti (G) 12 A5
Mesudiye (Sam) 18 D4
Mesudiye (Ord) 20 B5
Mesudiye (Muğ) 55 F4
Metaxádes (G) 12 C3
Methiye 33 G5
Metris Geçidi 56 C4
Meydan (Bar) 16 D2
Meydan (Bit) 37 F6
Meydan (Kon) 44 D4

Meydancık (Art) 23 E1
Meydancık (Van) 38 B4
Meydancık Kalesi 59 G5
Meydanköy (Ord) 19 H4
Meydanköy (Gaz) 48 B4
Meyitler Geçidi 29 G1
Mezek (B) 12 C2
Mezit 28 D3
Mezitler 27 H5
Mezraa (Sam) 18 C3
Mezraa (Kar) 23 H3
Mezraa (Şır) 52 B3
Miãndoãb (İrn) 53 H4
Micinger Suyu 38 B5
Midas Şehri 29 G6
Mıdıklı 42 C2
Midilli Kanalı 26 D6
Midyat 51 E4
Mihalıççık 30 A3
Mikró Dério (G) 12 B4
Mikro Hcrio (G) 55 F5
Mikró Kehros (G) 12 B4
Milas 55 G2
Mildı 42 C4
Mileopon (G) 40 B6
Miletopolis 28 A2
Miletus 41 E6
Mili (G) 40 D6
Milia (G) 12 C3
Milyas 57 G2
Minare 56 C5
Mindos 55 E3
Minish' (Irq) 52 D5
Minnetler (Bal) 27 F5
Minnetler (Man) 28 B6
Mire Dağı 31 E2
Mirga Sur (Irq) 53 E5
Mirzaoğlu 35 H1
Misakça 27 G2
Mısırlı (Tek) 13 G4
Mısırlı (Art) 23 E1
Mısırören 33 H5
Misk Gölü 23 H3
Mistegna (G) 26 C6
Misthia 44 B6
Misvak 26 C4
Mithymna (G) 26 C5
Mkchyan (A) 24 D4
Mladežko (B) 13 F1
Moca Geçidi 59 F4
Moğan Gölü 31 E3
Mollaali 23 H6
Mollafeneri 14 D5
Mollahasan (Ard) 23 G2
Mollahasan (Ağr) 37 G2
Mollakasım 38 A5
Mollakendi 35 G6
Mollakent Deresi 37 F4
Mollaoğlu 29 F4
Mollaömer 36 B3
Mollapolat 50 C4
Mollasadidağı 38 C5
Mollasüleyman 23 H6
Molu 46 D1
Monolithos (G) 55 F6
Mopsuestia 61 E2
Mor Dağı 53 E2
Mordoğan 40 D3
Morhaman 34 D6
Moria (G) 26 C6
Morkaya 22 D3
Mozat Deresi 35 F5
Mramor (B) 12 C1
Mraviyan (A) 24 D3

Mriba (Irq) 52 C6
Mt Fengari (G) 26 A1
Muallı 32 D3
Mudanya 28 B2
Mudarlı 14 D4
Mudurnu 29 H1
Müezzinler 15 F5
Muğla 55 H2
Muhacir 28 D4
Muhacirler 17 E4
Mülâyim 17 E3
Mülk 30 D2
Mumcular 55 F3
Muncular Barajı 55 F3
Munzur Çayı 35 E4
Munzur Dağları 35 E3
Munzur Vadisi Milli Parkı 35 F3
Muraçtalı 12 D2
Muradiye (Bal) 27 H3
Muradiye (Van) 38 B3
Muradiye (Man) 41 F2
Murat (Ağr) 24 A6
Murat (Bin) 36 C5
Muratboynu 35 E3
Murat Çayı 38 B1
Murat Dağı (Küt) 42 D1
Murat Dağı (Küt) 42 D1
Muratdere 29 E3
Muratiçi 58 B3
Murat Irmak 19 E3
Muratlar (Çan) 26 D3
Muratlar (Afy) 29 F6
Muratlar (Muğ) 56 A2
Muratlı (Tek) 13 F4
Muratlı (Art) 22 D1
Muratlı (Gaz) 48 B6
Muratlı (Şan) 50 A6
Murat Nehri 36 B-C5, 37 E4-H1
Mürefte 13 F6
Murgul (Göktaş) 22 D1
Mursal 34 C5
Mursallı 41 F5
Mürseller 57 E1
Mürted 30 D2
Mürted Ovası 30 D2
Muş 37 E5
Musabeyli (Zon) 16 A4
Musabeyli (Yoz) 32 B3
Musabeyli (Gaz) 61 H2
Musabeyli Geçidi 32 B3
Musa Dağı (Kon) 59 G2
Musa Dağı (Hat) 61 F5
Musahoca 27 G6
Musakan 24 B2
Musakırık 20 B4
Musaköy 18 D6
Musa Lakâ (Irq) 52 C6
Musalar (İzm) 41 G5
Musalar (Ada) 47 E5
Musaözü Göleti 29 F4
Müsellim Boğazı 26 C5
Muşgüneyi Dağları 37 E6
Mushorah (Irq) 51 H6
Müşitpınar 63 E2
Muslubey 19 G3
Musluca 41 G5
Müslümabat 34 B2
Mustafabeyli 61 F2
Mustafaçelebi 32 B1
Mustafakemalpaşa 27 H3
Mustafapaşa 46 B2
Müstecep (Tek) 13 E6
Müstecep (Sam) 18 D2
Mut (Bin) 36 C4

Mut (İçe) 59 G4
Mütevelli 41 F2
Mutki 37 F6
Mutlu (Kir) 13 E3
Mutlu (Bay) 21 H6
Mutlu (Bal) 26 D5
Mutlu (Adı) 49 E3
Mutluca (Diy) 50 D1
Mutluca (Şır) 52 B4
Mutluca (Ayd) 55 G1
Mutluca (Şan) 63 G1
Mutlu Deresi 13 G1
Muttalip 29 F3
Muzur 32 A6
Myonnesos 40 D5
Myos 41 F6
Myra 57 E6
Myrina 41 E2
Mytilini (G) 26 C6
Mytilinii (G) 40 D6

Naçak 13 E3
Nacarlı 60 C3
Naghadé (İm) 53 G4
Nahleh (Irq) 52 D6
Nahr Al Furat (Euphrates) (S) 63 G6
Nahr al Khabur (Irq) 51 H5
Nahr Dÿlah (Tigris) (Irq) 51 H5, 52 A6
Naipköy 13 F5
Nairab (S) 62 B5
Nakkaş 14 A4
Nalcıkuyucağı 17 F3
Nal Deresi 29 H2
Naldöken Dağı 59 E5
Naldöken Tepesi 22 C5
Nalınlar 28 B3
Nallıdere 29 H2
Nallıhan 29 H2
Namaz Dağı 51 H3
Namobeli 19 G6
Namrunkale (Lambron) 60 B2
Napähr (Irq) 52 D5
Naples 13 F5
Nara 26 C2
Nargölü 46 A3
Narhisar 55 G1
Narince 49 F4
Narlı (Çor) 18 B5
Narlı (Kah) 48 A6
Narlı (Van) 52 A2
Narlıca 28 D2
Narlıca Deresi 52 A1
Narlıdere (Den) 42 B5
Narlıdere (Bit) 51 F1
Narlık 61 F2
Narlıkuyu 60 A5
Narlı Tepesi 48 C6
Narman 23 E4
Narmansuyu 23 E3-5
Nar Tepesi 51 H3
Naşa 28 B6
Naşidiye 47 F6
Nävor (İm) 38 D3
Nazik 37 F4
Nazik Gölü 37 G4
Nazilli 41 H5
Nazimiye 35 H4
Nea Hili (G) 12 B5
Neandria 26 C4
Neapolis 41 E5
Nea Sanda (G) 12 B5
Néa Vissa (G) 12 D3
Nebiler 27 E6

Nées Kidon'es (G) 26 C6
Nehil Çayı 52 D3
Neinita (G) 40 B4
Nemrut Dağı (Bit) 37 G5
Nemrut Dağı (Adı) 49 F3
Nemrut Dağı Milli Parkı 49 F3
Nemrut Gölü 37 G5
Nemrutkale 41 E2
Nemrut Limanı 40 D2
Nenni Suyu 57 H2
Neocaesarea 19 G5
Neopolis 41 H6
Nergizlik 60 C1
Nerkin Zeyva (A) 24 C4
Nerva Rikān (Irq) 52 C5
Nevruz 27 E3
Nevşehir 46 B2
Nicaea 28 D1
Nicomedia 15 E6
Nigatin (A) 24 C3
Niğde 46 B4
Nih Çayı 34 C4
Nikia (G) 55 E5
Niksar 19 G5
Nilüfer Çayı 28 B2
Nisağa 17 G3
Nişantaşı 21 H5
Nisyros (G) 55 E4
Nizip 62 C2
Nizip Çayı 62 C1
Nižnaya Keti (A) 24 B2
Nižnii Talin (A)
N. Karlovassi (G) 40 D5
Nogaylar 61 H1
Notion 41 E5
Nova Nadežda (B) 12 B1
Nubbol (S) 62 A4
Nuh 43 F3
Nuhlu 46 D6
Nuhören 29 E6
Numanoluk 29 F5
Numanpaşa 22 C4
Nurdag 61 H1
Nur Dağları 61 F4
Nurettin 37 G3
Nurhak 48 B4
Nurhak Dağı 48 B3
Nuribey 43 G2
Nuriye 41 G2
Nusaybin 51 E6
Nusratlar 17 E6
Nustal (S) 63 G2
Nüzhetiye 15 E6
Nymos (G) 55 G4
Nyssa 41 H5

Obaköy 26 D2
Obayayla 23 E4
Öbektaş 45 G5
Öbek Tepe 17 H5
Obruk (Kay) 32 D6
Obruk (Kon) 45 F4
Obruk (Kon) 45 H4
Obruk Yaylâsı 45 F4
Ocaklar 21 G1
Ocaklı (Kar) 24 A3
Ocaklı (Çan) 26 D1
Ocaklı (Erz) 36 B1
Odabaşı 31 E3
Odaköy (Bal) 28 A4
Odaköy (Muş) 37 G3
Odalar 23 G5
Ödemiş (Çank) 17 F4
Ödemiş (İzm) 41 G4

Odrinci (B) 12 B3
Odunboğazı 31 F5
Odunluk İskelesi 26 C4
Of 21 H3
Öğdem 22 D3
Oğlaklı (Siv) 34 B4
Oğlaklı (Ağr) 38 A1
Oğlaklı (Diy) 50 A3
Oğlananası 41 E4
Öğlesin 56 C3
Öğmen 27 F4
Oğulcuk (Yoz) 32 D5
Oğulcuk (Erzi) 35 G3
Oğullar 35 H3
Oğuloba 38 B2
Oğulpaşa 29 E1
Oğultaşı 35 H2
Oğulveren 36 B2
Öğündük 51 F5
Öğütlü 51 F3
Oğuz (Erzi) 35 E3
Oğuz (Mar) 50 D5
Oğuz (Bat) 51 E3
Oğuzeli (Kon) 45 E3
Oğuzeli (Gaz) 62 B2
Oğuzkent 23 E2
Oğuzlar 18 A5
Ohtamış 20 B4
Oinoanda 56 D4
Oınoe 19 H3
Okami (Ge) 23 H1
Okcugöl 27 H3
Okçular (Çan) 27 E3
Okçular (Ela) 36 A5
Okçular (Muş) 37 F4
Okçular (Muğ) 56 B4
Okçular Dağı 22 A3
Okçular Deresi 23 E1
Oklubalı 29 E4
Öksüz 42 D2
Oktember (A) 24 C4
Oktemberyan (A) 24 C4
Okumuşlar 23 E2
Okurcalar 58 B4
Öküzkale 32 A4
Öküz Mehmet Paşa Kervansarayı
  46 B6
Ola 55 H3
Olbasa 57 E2
Olbia (Diocaesarea) 59 H4
Ölçülü 23 H3
Olgun 23 E3
Olimpi (G) 40 B4
Olimpos (G) 26 C6
Olimpos (Ant) 57 F5
Olimpos Beydağları Sahil Milli Parkı
  57 F4
Olma 21 H4
Oltan 30 C3
Oltu 23 E4
Oltu Çayı 23 E3
Oltu Kalesi 23 E4
Olucak (Siv) 20 C6
Olucak (Güm) 21 G5
Olucak (Afy) 43 F2
Ölüdeniz 56 C5
Olukalan 19 H5
Olukbaşı (Ayd) 42 A6
Olukbaşı (İçe) 59 H5
Oluk Dağı 29 G6
Olukkoyağı 60 B2
Oluklu (Koc) 14 D6
Oluklu (Kar) 23 G4
Oluklu (Mal) 48 C1

Olukman 19 E6
Oluközü 33 E3
Olukpınar (Ank) 30 C4
Olukpınar (Afy) 43 G1
Olukpınar (İçe) 59 F5
Olur 23 E3
Olymos 55 G2
Omcalı 37 E4
Ömeraltı 28 B3
Ömeraltı Dağları 28 B3
Ömerbaba Tepesi 29 E6
Ömerhacılı 33 E6
Ömerkahya 31 G5
Ömer Kaplıca 43 F2
Omerköy 27 H4
Ömerler (Bal) 27 G3
Ömerler (Ank) 30 B3
Ömerli (İst) 14 C5
Ömerli (Zon) 15 H4
Ömerli (Kas) 17 H3
Ömerli (Bal) 27 H2
Ömerli (Mar) 50 D5
Ömerli (Ada) 60 D1
Ömerli Barajı 14 C5
Ömerpaşa Külliyesi 57 E4
Ömersin 17 F3
Ömertepe 22 C6
Ömer Tepesi 36 C6
Ömürlü 50 C4
Onaç Barajı 57 G1
Onağıl 38 A6
Onbirnisan 63 E1
Onbulak 24 A6
Öncül 23 H1
Öncüler 62 C2
Ondokuzmayıs 19 E2
Önerler 13 G4
Onevler 49 G3
Önsen 47 H6
Önsenhopuru 47 H6
Orak Adası 55 F3
Ördekçi 44 A4
Ordu 20 B4
Orduköy (Sin) 18 D1
Orduköy (Sam) 19 G3
Ordular 29 H1
Ordulular 18 D2
Orems'sughra (S) 62 A5
Ören (Bar) 16 C3
Ören (Bal) 27 E5
Ören (Küt) 28 D6
Ören (İzm) 41 F3
Ören (Niğ) 46 C5
Ören (Muğ) 55 G3
Ören (Muğ) 56 C4
Örence 22 A6
Örencik (Zon) 16 B3
Örencik (Sin) 17 H1
Örencik (Çan) 27 E4
Örencik (Küt) 28 D6
Örencik (Siv) 34 A4
Örencik (Hak) 52 D3
Örencik (Muğ) 56 D4
Örenkaya 43 E3
Örenkent 37 F4
Örenköy (İsp) 44 A4
Örenköy (Afy) 44 B2
Örenköy (Mal) 48 D2
Örenli 48 A2
Örenlice 18 D3
Örenşehir 33 G5
Orešari (B) 12 A3
Oresets (B) 12 B2
Orestiáda (G) 12 D3

Organi (G) 12 A4
Örgütlü 62 D1
Orhan Dağı 15 H4
Orhaneli 28 B3
Orhangazi 28 C1
Orhaniye (Edi) 12 C6
Orhaniye (Koc) 15 E5
Orhaniye (Bur) 28 B2
Orhaniye (Bur) 28 C3
Orhaniye (Esk) 29 G5
Orhaniye (Esk) 30 A4
Orhanlar 27 F3
Orhanlı (Afy) 29 F6
Orhanlı (İzm) 41 E4
Orhanlı (Burd) 43 E6
Orhanlı (Niğ) 46 C3
Orjanovo (B) 12 C1
Orlovka (Ge) 24 A1
Ormancık 52 A2
Ormancılar 29 F2
Ormandibi 19 G6
Ormandışı 50 D2
Ormaniçi 49 F2
Ormanlı (İst) 14 A3
Ormanlı (Zon) 16 A4
Ormanlı (Erz) 23 F3
Ormanözü 19 E5
Ormanseven 21 H3
Örmeli Çayı 49 E3
Ormenio (G) 12 C2
Örnek 50 B3
Örnekalan 21 F3
Örnekköy 44 D2
Orta (Çank) 17 E6
Orta (Çor) 18 A4
Ortaalan 22 C1
Ortabağ (Şır) 52 A4
Ortabağ (Ant) 57 E5
Ortabahçe 36 B1
Ortabeli 17 E6
Ortabük 18 C4
Ortaburun 15 E6
Ortaca (Çan) 26 D3
Ortaca (Küt) 28 D4
Ortaca (Muğ) 56 B3
Ortaca Dağı 46 D5
Ortacalar 22 C1
Ortaçanak 36 B4
Ortadirek 38 C1
Orta Hemedan 63 F2
Ortahisar 46 B2
Ortakarabağ 43 H2
Ortakaraören 58 C1
Ortakçı (Edi) 12 D2
Ortakçı (Ayd) 42 A5
Ortakent (Siv) 20 C6
Ortakent (Ard) 23 G1
Ortakent (Muğ) 55 E3
Ortakışla 44 D1
Ortaklar (Riz) 22 B4
Ortaklar (Esk) 30 B4
Ortaklar (Ayd) 41 F5
Ortaklar (Hak) 53 E5
Ortaklı 61 H2
Ortakonak 45 E5
Ortakonuş 58 C4
Ortaköy (İst) 14 A5
Ortaköy (İst) 14 B5
Ortaköy (Sak) 15 G5
Ortaköy (Sak) 15 G6
Ortaköy (Bol) 16 B6
Ortaköy (Tok) 19 F6
Ortaköy (Art) 23 E1
Ortaköy (Esk) 29 H5

Ortaköy (Çor) 32 C1
Ortaköy (Yoz) 33 E3
Ortaköy (Siv) 33 F4
Ortaköy (Kay) 33 F5
Ortaköy (Erzi) 35 H2
Ortaköy (Man) 41 E2
Ortaköy (Den) 42 C4
Ortaköy (Kon) 44 A3
Ortaköy (Aks) 45 H2
Ortaköy (Mar) 50 C5
Ortaköy (Şır) 51 H5
Ortaköy (Muğ) 55 H2
Ortaköy Deresi 22 B3
Ortalı 52 B3
Ortaova 18 D5
Ortaşar 50 B4
Ortaseki 20 B6
Ortasu Çayı 52 A4
Ortatepe 34 D4
Ortatoroslar 59 G3
Ortayaka 17 F6
Ortayazı 43 G4
Ortayokuş 24 A6
Örtülü 24 C6
Örtüllüce 27 E2
Örtülü (Kas) 17 F1
Örtülü (İzm) 41 F1
Örtülü (Ayd) 41 H6
Örtülü (Afy) 43 E3
Örtülü Geçidi 35 E5
Oruçbeyli 13 F5
Oruç Deresi 38 A3
Örükaya 32 B2
Orümiyé (Irn) 53 G3
Öşekköy 17 G1
Oshnaviyé (Irn) 53 G4
Öşk Vank 22 D4
Osmanbükü 41 G5
Osmancalı 41 E2
Osmancık (Kir) 13 F3
Osmancık (Çor) 18 B4
Osmancık (Kon) 44 C4
Osmancık Dağı 45 F6
Osmaneli 29 E2
Osman Gazi 28 B2
Osmaniye (Bur) 28 A3
Osmaniye (Bal) 28 B5
Osmaniye (Bur) 28 D2
Osmaniye (İzm) 41 F4
Osmaniye (Muğ) 55 H4
Osmaniye (Ada) 61 G2
Osmankalfalar 57 E2
Osmanköy 43 F1
Osmanlar 27 H6
Osmanlı (Edi) 13 E3
Osmanlı (İst) 13 G4
Osmanpaşa 32 C4
Otaç 37 F5
Otacı 31 E1
Otlu 49 H4
Otluca (Erz) 22 C4
Otluca (Hak) 52 C3
Otlukbeli 35 H1
Otlukbeli Dağları 35 F1
Otluk Dağları 37 E4
Otluk Tepesi 37 E4
Otluyazı 37 G4
Otmanalan 33 H1
Otmanlar 56 B3
Ova 56 A4
Ovaakça 28 B2
Ovabağ 50 B4
Ova Çayı (Zon) 16 D3
Ova Çayı (Ank) 30 D2

Ovaçevirme 37 E3
Ovaçiftliği 46 C38
Ovacık (İst) 14 D5
Ovacık (Kas) 17 E1
Ovacık (Çank) 17 E4
Ovacık (Cank) 17 G6
Ovacık (Erz) 22 C5
Ovacık (Çan) 26 C3
Ovacık (İzm) 27 E6
Ovacık (Bal) 27 G4
Ovacık (Bal) 27 H4
Ovacık (Tok) 33 F1
Ovacık (Siv) 34 C3
Ovacık (Tun) 35 F3
Ovacık (Erzi) 36 B2
Ovacık (İzm) 41 G4
Ovacık (İzm) 41 H4
Ovacık (Ayd) 42 A5
Ovacık (Şan) 49 F5
Ovacık (Şır) 52 B3
Ovacık (Den) 56 C1
Ovacık (Muğ) 56 C5
Ovacık (Ant) 57 F4
Ovacık (İçe) 59 G5
Ovacık Adası 59 G6
Ovacık Dağı 44 B6
Ovacuma 16 D3
Ovaeymiri 41 G5
Ova Gölü 56 C5
Ovakavağı 45 E6
Ovakent (Yoz) 32 C6
Ovakent (İzm) 41 G4
Ovakışla 37 G4
Ovakışlacık 55 F2
Ovaköy 50 D5
Ovasaray 18 D6
Ovatekkeönü 16 D1
Öveçli 27 F6
Övenler 22 D6
Ovitdağı Geçidi 22 B4
Övledik Geçidi 34 D5
Övündük 49 H6
Oyaca 30 D4
Oyalı 51 F5
Oylat 28 D3
Oymaağaç (Sam) 18 C3
Oymaağaç (Ank) 30 B3
Oymaağaçseki 17 H2
Oymapınar (Bin) 36 C5
Oymapınar (Ant) 58 A3
Oymapınar Barajı 58 B3
Oymataş 50 D3
Oyrak Geçidi 17 G3
Oysu 43 E1
Oyuklu Dağ 55 H2
Oyuklu Dağı 59 E3
Oyuktaş 51 E2
Özalp 38 C4
Özalp Çayı 38 C4
Ozancık 45 H2
Ozanlar 23 H6
Ozansu 21 H6
Özbağ 31 H5
Özbaşı 41 F6
Özbek (Erz) 36 C1
Özbek (İzm) 40 D3
Özburun 43 H2
Özce 32 B5
Özdemir (Tok) 19 H5
Özdemir (Ağr) 37 H3
Özdemirci 42 D5
Özdere (Erz) 23 E4
Özdere (İzm) 41 E5

Özdil 21 G3
Özen 34 A2
Özkavak 37 F5
Özkent 44 D3
Özkonak 46 B1
Özler 22 A6
Özlü (Kas) 17 E6
Özlü (Ord) 20 B4
Özlüce (Kas) 17 F1
Özlüce (Erz) 22 B4
Özlüce (Bin) 35 H4
Özlüce (Van) 52 B1
Özlüce Barajı 36 A4
Özlüce Deresi 20 D4, 21 E4 •
Özmal 22 D1
Özmüş 16 C6
Özpınar (Van) 38 D6
Özpınar (Sii) 51 G2
Özükavak 32 D2
Özvatan 33 E5
Özyurt (Ank) 30 C6
Özyurt (Kara) 59 E2
Özyurt Dağı 59 E2

Paayurdu 22 C6
Pabsin Hanı 37 G6
Pabuç Deresi 13 G2
Pabuçlu 42 B2
Pagondas (G) 40 D6
Pakran 24 B4
Palamut (Tek) 13 E6
Palamut (Man) 41 G1
Palamut (Sii) 51 G2
Palamut Büku 55 F4
Palandöken 37 H2
Palandöken Dağları 36 C2
Palangıç 31 H6
Palas 33 E6
Palazlar 17 F4
Paleókastro (G) 41 E6
Paleopoli (G) 26 A1
Pali (G) 55 E4
Pamfila (G) 26 C6
Pamucak 41 E5
Pamuk Çayı 50 C3
Pamukçu 27 G5
Pamuk Deresi 60 B2
Pamukkale 42 C5
Pamukören 42 A5
Pamukova 15 E6
Panagiouda (G) 26 C6
Pancar 41 E4
Panionion 41 E6
Panormitis (G) 55 G5
Papaz Dağ 28 A4
Pappados (G) 26 C6
Paradisi (G) 55 G5
Parakende 58 A3
Parakila (G) 26 B6
Paralı 15 G5
Paralia Thermis (G) 26 C6
Parmak Dağı 22 D2
Parmakkapı (Van) 38 B6
Parmakkapı (Şan) 49 G6
Parmakkurdu 60 B2
Parmakören 29 E5
Parmaksız 37 E2
Parnucak 57 H2
Partılıdede Tepesi 44 C2
Paşabağı 59 G2
Paşabey 33 E2
Paşacık (Uşa) 43 E2
Paşacık (Afy) 43 G3
Paşadağı 31 F5.

Paşaköy (Edi) 12 C5
Paşaköy (Çan) 26 C5
Paşaköy (Bal) 27 G5
Paşaköy (Yoz) 32 B4
Paşaköy (Man) 41 F2
Paşalar 27 H3
Paşalı (Nev) 32 C6
Paşalı (Muğ) 56 C4
Paşalimanı 27 F1
Paşalimanı Adası 27 F1
Paşa Tepesi 45 H5
Paşayeri 13 E2
Paşayiğit 12 D5
Pasinler 23 E6
Paslı 23 H4
Paslı Geçidi 23 H4
Paşmaklı 49 H6
Passa Limani (G) 40 B4
Passandra 26 D5
Patara 56 C6
Patnos 37 H3
Patnos Barajı 37 H2
Payamdüzü 35 F5
Payamlı 63 E1
Payas (Yakacık) 61 G3
Payveren 37 E1
Pazar (Tok) 19 F6
Pazar (Riz) 22 B2
Pazar (Ank) 30 D1
Pazarcık (Bol) 15 G5
Pazarcık (Kar) 23 H3
Pazarcık (Kır) 31 G3
Pazarcık (Yoz) 33 E3
Pazarcık (Kah) 48 B5
Pazar Dağı 55 F3
Pazarkaya 44 B3
Pazarköy (Bol) 16 C5
Pazarköy (Çan) 26 C4
Pazarköy (Çan) 27 F3
Pazarköy (Man) 41 H3
Pazarlar 42 C1
Pazarlı 18 B6
Pazarören 47 F1
Pazarözü 45 E1
Pazarsu 33 G5
Pazar Suyu 20 C4
Pazarsuyu 20 C4
Pazaryeri 29 E3
Pazaryolu 22 B5
Peçenek (Ank) 16 C6
Peçenek (Ank) 30 C1
Peçenek (Ank) 31 E2
Peçenek Deresi 45 G1
Pefki (G) 55 G6
Pegae 27 E2
Pehlivan 22 D4
Pehlivanköy 13 E4
Pekecik 23 E6
Pekmezci 18 C5
Pekmezciler 50 A2
Peksimet 55 E3
Pelineo (G) 40 B3
Pelitçik (Ank) 16 C6
Pelitçik (Çankırı) 17 E4
Pelitçik (Çor) 18 B3
Pelitçik (Bal) 27 G5
Pelitcik (Bol) 29 G2
Pelithükü 18 D3
Pelitköy 27 E5
Pelitli (Bay) 22 A5
Pelitli (Erzi) 35 H3
Pelitliyatak 19 H4
Pelitören 17 F3
Pelitözü (Bol) 15 H6

Pelitözü (Ord) 20 A5
Pelitözu (Bil) 29 E2
Pelitpınarı 59 G5
Pembecik 59 F5
Pendálofos (G) 12 C2
Pendik 14 C5
Penek Çayı 23 F3
Péplos (G) 12 C5
Perama (G) 26 C6
Perçem 32 B2
Pergamum 27 E6
Perge 57 H3
Peristrema 46 A3
Peri Suyu 35 H4, 36 B3
Perre 48 D4
Perşembe (Zon) 16 C3
Perşembe (Ord) 20 B3
Pertek 35 G5
Pertek Kalesi 35 F5
Perunika (B) 12 A3
Pervane 21 G3
Pervari 51 H2
Pesados 55 G2
Pessani (G) 12 B4
Pessinus 30 A5
Petaloudes (G) 55 G5
Pétra (G) 2 6 C5
Petrádes (G) 12 D4
Petrotá (G) 12 C2
Peynirli 23 E2
Phellus 56 D6
Philadelphia 42 A4
Phison 50 B1
Piléa (G) 12 C5
Pınar 12 D6
Pınara 56 C5
Pınarbaşı (Tek) 13 G4
Pınarbaşı (Kas) 17 E2
Pınarbaşı 26 B2
Pınarbaşı (Çan) 26 C3
Pınarbaşı (Isp) 44 A6
Pınarbaşı (Kay) 47 G1
Pınarbaşı (Gaz) 48 D3
Pınarbaşı (Diy) 50 D4
Pınarbaşı (Burd) 53 E1
Pınarbaşı (Ant) 56 D6
Pınarbaşı (Kara) 59 E2
Pınarbaşı Gölü 57 E1
Pınarca (Tek) 13 H4
Pınarca (Sii) 51 F2
Pınarca (Hak) 52 C3
Pınarcık (Küt) 43 E1
Pınarcık (Niğ) 46 B4
Pınarcık (Muğ) 55 F1
Pınarcık (Kon) 58 D2
Pınardere 50 C4
Pınardüzü 50 B3
Pınargözü (Bay) 21 H5
Pınargözü (Siv) 34 B4
Pınargözü Mağarası 44 A5
Pınarhisar 13 F3
Pınarkaya 59 G2
Pınarköy 55 G3
Pınarlar (Gir) 20 C5
Pınarlar (Tun) 35 G5
Pınarlı (Art) 23 F1
Pınarlı (Ayd) 41 H6
Pınarlıbelen 55 F3
Pınarlık 42 C6
Pınarlıkaya 35 H2
Pınarönü (Şır) 51 H5
Pınarönü (Kara) 59 E4
Pınaryolu 23 E2
Pioniai 26 D4

Pir Ahmad Kandi (Irn) 38 C1
Pirahmet 21 G5
Pirānshahr (Irn) 53 G5
Piraziz 20 C4
Pirenli 57 F3
Pirhasan 50 D2
Pir Hüseyin 50 B2
Pirinçci 35 G5
Pirinçlik 50 A3
Pirinç Suyu 59 G4
Pirlibey 42 A5
Pırnakkapan 22 B6
Pırnallı 23 E1
Pirreşik Tepesi 38 C4
Pisilis 56 A4
Pitane 41 E1
Pithagório (G) 40 D6
Piyade 28 A4
Piyadeler 42 A3
Plagia (G) 12 B4
Plakia 27 H2
Planinovo (B) 12 C1
Plomári (G) 40 C1
Pöhrenk 32 A4
Polat Barajı 48 C3
Polatderesi 48 C3
Polateli 62 A2
Polatlar 30 D3
Polatlı 30 C4
Polatyurdu 31 G4
Policlina 27 E4
Polonezköy 14 C4
Polut Tepesi 21 H4
Polyhnitos (G) 26 C6
Polymedium 26 C5
Pomošnik (B) 12 C1
Pompeiopolis (Kas) 17 H2
Pompeiopolis (İçe) 60 B3
Ponent Burnu 26 B3
Popsko (B) 12 B3
Popta 23 E1
Porsuk 33 H2
Porsuk Barajı 29 E4
Porsuk Çayı 29 G3
Porsuklu 23 H2
Postallı 46 B5
Postkabasakal 47 E6
Poyra 29 E3
Poyracık 27 F6
Poyralı 13 G3
Poyraz (Ank) 30 C3
Poyraz (Ela) 35 F6
Poyraz (Man) 41 H2
Poyraz (Sii) 51 F3
Poyraz Damları 41 H3
Poyrazlı 32 C4
Pozantı 46 C6
Pozantı Dağı 46 C5
Pozyağbasan 46 D6
Prehistorik Mağaralar 48 D4
Priapos 27 F2
Priene 41 E6
Profilia (G) 55 G6
Profitis Ilias (G) 55 E4
Prusias 15 H5
Psara (G) 40 A3
Pserimos (G) 55 E3
Pserimos (G) 55 E3
Psinthos (G) 55 G6
P'thio (G) 12 D3
Pullar 29 E5
Pülümür 35 H3
Pülümür Çayı 35 H4
Pursaklar 30 D3

Pürsünler 27 H6
Pürtek Çayı 30 B4
Pusatlı 47 E3
Pusatlı Dağı 59 H4
Pütürge 49 F3
Pydnai 56 C5
Pyli (G) 55 E3
Pyrgi (G) 40 B4
Pyrgion 41 H4
Pyrgos (G) 40 D6
Pyrrha 26 D5

Qal'ch Rash Bālā (Irn) 52 D2
Qamishle (S) 51 E6
Qara Chok Dagh (S) 51 G5
Qareh Bāgh (Irn) 38 D2
Qareh Kalisā (Irn) 38 D2
Qareh Qush (Irn) 38 D3
Qasbi (S) 63 G6
Qasrik (Irn) 53 E1
Qezel Chāy (Irn) 38 D2
Qezel Suri (Irn) 38 D2
Qotur (Irn) 38 D4

Rabiah (Irq) 51 H6
Rabi'ah (S) 61 F6
Radovec (B) 12 D1
Rahat Dağı 57 E2
Rahimler 28 C6
Rajo (S) 61 H3
Raqqa (S) 63 F5
Ras Al Ain (S) 64 B1
Ras al Basset (S) 61 F6
Rashawah (Irq) 52 C5
Ratleh (S) 63 F6
Ravanda Kalesi 62 A2
Rawandoz (Irq) 53 F6
Razdan (A) 24 D3
Razdel (B) 12 D1
Razga (Irq) 52 D5
Razi (Im) 38 D4
Recep 49 H3
Recepköy 27 H4
Recepli (Yoz) 32 B3
Recepli (Man) 41 F1
Refahiye 35 E2
Reis 44 B4
Reisdereköy 40 C4
Remboutsadika (G) 26 A1
Rend (Irn) 38 D1
Reşadiye (Tok) 20 A6
Reşadiye (Bal) 27 H3
Reşadiye (Ama) 32 D1
Reşadiye (Bit) 37 H6
Reşadiye (Ada) 47 F6
Reşadiye (Muğ) 55 F4
Reşadiye Geçidi 48 C4
Reşadiye Yarımadası 55 F4
Resuller 57 F5
Reyhanlı 61 H5
Rezovo (B)13 H1
Rezük 52 D3
Rhodes (G) 55 F6-H5
Rhodes (G) 55 H5
Rize 22 A3
Romanus Campus 51 F5
Rubar i Shin (Irq) 52 D5
Rukuchuk (Irq) 54 A5
Rumeli Hısarı 14 B5
Rüstem Paşa Kervansarayı 45 H6
Rüştübey 21 H6
Rüzgar Tepesi 38 B1
R'zia (G) 12 C3

Şaban 43 E2
Şabanözü (Çank) 17 F6
Sabanözü (Ank) 30 C4
Şabla Dağı 27 E5
Sabuncu 29 E4
Sabuncubeli Geçidi 41 F3
Sabunsatan 38 B2
Sabun Suyu 61 H2
Saçak 17 E5
Saçakbeli Geçidi 17 E5
Saçaklı (Çan) 26 D4
Saçaklı (Hat) 61 G5
Saç Geçidi 23 G6
Saçıkara 44 C2
Saçlı 32 B4
Saçmalıpınar 15 G5
Sadak 21 G6
Sadaköy 17 F2
Sa'dal (Im) 38 D2
Sadd al-Bakhman (Irq) 53 E6
Sadettin Hanı 44 D5
Sadık 32 B6
Sadıkhacı 44 B5
Sadıklar (Kon) 44 C6
Sadıklar (Ant) 58 B3
Sadıklı 31 G6
Sadıklıküçükoba 31 H6
Safa 28 D4
Safaalan 13 H3
Safranbolu 16 D4
Sagalassos 43 G6
Sağçarşamba Kanalı 45 E5
Sağgöze 36 C6
Şağılşağı 34 D5
Sağınlı 51 H2
Sağırınköyü 58 A3
Sağırkaya 51 H2
Sağırlar (Bal) 28 A5
Sağırlar (Bur) 28 B3
Sağkaya 61 E2
Sağlamtaş 13 E6
Sağlarca 51 F3
Sağlıca (Tok) 33 F2
Sağlıca (Erzi) 36 A2
Sağlık 44 C5
Sağlıksuyu 24 C6
Sağpazar 17 H6
Sağrak 43 H6
Šagriar (A) 24 D4
Sahil 58 A4
Şahin (Tek) 12 D5
Şahin (Bar) 16 D2
Şahin (Küt) 28 D5
Şahin (Siv) 34 A2
Şahinçatı 17 H3
Şahinefendi 46 C3
Şahinkaya 35 F6
Şahinlcr (Bil) 29 E2
Şahinler (Nev) 46 A1
Şahintepe (Erzi) 35 E3
Şahintepe (Diy) 50 D3
Şahin Tepesi 36 C4
Şahinyurdu 28 C1
Sahip Ata Kervansarayı 43 H3
Şahmelek 27 H2
Şahmelik 47 E3
Şahna 60 A3
Şahnalar 24 A2
Şahvelet Dağı 36 D1
Şahverdi (Erzi) 35 E2
Şahverdi (Erzi) 35 F3
Saimbeyli 47 F4
Sakaeli 17 E5
Sakalar (Koc) 15 E5

Sakalar (Bar) 17 E3
Sakalar (Art) 23 E1
Şakaloğlu 35 E1
Sakaltutan 47 E2
Sakaltutan Geçidi 35 F2
Sakar (B) 12 C1
Sakarat Dağı 19 F5
Sakarca 17 H6
Sakarcalı 61 F1
Sakardağı 27 E6
Sakar Dağı 27 F3
Sakar Geçidi 55 H3
Sakarya 30 C4
Sakarya (Adapazarı) 15 F5
Sakarya Kale 20 D4
Sakarya Nehri 15 F5, 29 E1-2, 30 B3-6
Sakçagoz 61 H1
Sakıran 51 F4
Sakız 13 F3
Sakızcılar 42 C5
Sakız Dağı 49 H2
Sakızköy (Poyralı) Deresi 13 F3
Sakızlık 28 D4
Sakızlık Tepesi 48 B2
Saklıkent 57 F3
Saklıkent Gorge 56 C6
Şakşak Dağları 49 E2
Şakşak Tepesi 36 C2
Sakyatan 45 E5
Salakos (G) 55 G6
Salāmat (Irq) 53 H6
Salanat 50 D3
Salar 18 A2
Salbaş 60 D2
Salda 42 D6
Salda Beli 56 D1
Salda Gölü 42 D6
Salih Adası 55 F2
Salihler (Çan) 26 C3
Salihler (Bal) 26 D6
Salihler (Afy) 30 A6
Salihli (Erzi) 34 D4
Salihli (Man) 41 H3
Salıpazarı 19 G4
Salkaya 35 G6
Salkım (Muğ) 55 H1
Salkım (Gaz) 62 C1
Sallar 16 D5
Sallıca 37 H6
Salman (Çor) 32 A2
Salman (Bit) 37 F6
Salman (İzm) 40 C3
Salman (Diy) 49 H2
Salmankaş Geçidi 21 H5
Salmanlar 58 D6
Salmanlı (Yoz) 31 H3
Salmanlı (Kah) 48 B6
Salmaz 50 B4
Şalpazarı 21 E3
Salqein (S)61 H5
Saltık 43 E3
Saltukova 16 B3
Salur (Bol) 16 C6
Salur (Bal) 27 G3
Salur (Kon) 45 G5
Salur (Şan) 49 H5
Salyamaç 37 F2
Salyazı 21 G6
Samagar (A) 24 C4
Samağır 47 F2
Samailli 41 H5
Samal 61 H2
Samandağ 61 F5
Samandere 15 H6

Samandıra 14 C5
Samankaya 33 G5
Samanlı (Ağr) 24 B6
Samanlı (Hak) 53 E5
Samanlı Dağları 28 C-D1
Samāḍūk (Irq) 52 D6
Şambayadı 60 D2
Şambayat 48 D5
Samche (Ge) 24 A1
Sameteli (Çan) 27 E3
Sameteli (Çan) 27 F3
Samikale 23 E4
Samilah (Irq) 52 D6
Samlar (Çank) 16 D4
Samlar (Zon) 17 E3
Şamlı 27 G4
Şammezraası 62 B1
Samos (G) 40 D5
Samos (G) 40 D6
Sámos (G) 41 E6
Samothraki (G) 12 A6
Samothraki (G) 26 A1
Sampaşa 36 A3
Samrah Kalesi 50 C4
Samsam Gölü 31 E6
Samsat 49 E5
Samsun 19 F3
Sancak 36 A4
Sancak Burnu 59 G6
Sancı 32 C2
Sandıklı 43 F3
Sankok 44 A6
Sapa 18 B6
Sapaca 22 D4
Sapadere 58 D5
Sapakpınar 15 E5
Sapanca (Sak) 15 E6
Sapanca (Çan) 26 C4
Sapanca Gölü 15 F6
Şapatan Geçidi 53 F4
Şapdağı 26 D2
Sápes (G) 12 A5
Şaphane 42 C1
Şaphane Dağ 43 G1
Saphane Dağları 28 C6
Sapka Oros (G) 12 B4
Saplıca 20 D6
Sapmaz 21 E5
Saraç 51 G4
Saraççeşmesi 64 B1
Saraçoğlu 44 D5
Sarakaya 36 A2
Saralıalaca 45 H1
Saranda 55 H4
Saranist (A) 24 D4
Sarapsa Han 58 B4
Saraqeb (S) 62 A6
Saratlı 45 H3
Saravakpınar 12 D2
Saray (Tek) 13 G3
Saray (Çor) 18 B6
Saray (Yoz) 32 B3
Saray (Van) 38 D4
Saraycık (Çor) 18 A4
Saraycık (Ama) 18 C4
Saraycık (Kır) 31 H6
Saraycık (Erzi) 35 H2
Saraycık (Man) 42 A2
Saraycık (Uşa) 42 B3
Saraycık (Küt) 43 E1

Saraycık (Burd) 43 F6
Saraycık Dağı 17 H3
Saraydüzü (Bar) 16 C2
Saraydüzü (Sin) 18 B3
Saray Han 33 G2
Saraykent 32 D3
Sarayköy (Ank) 16 D6
Sarayköy (Esk) 30 B3
Sarayköy (Den) 42 B5
Saraylar 13 G6
Saraymağara 48 C6
Sarayönü 44 D4
Sarayören 29 G4
Sarayözü 19 F5
Sar Dasht (Im) 53 H6
Sarıabat 42 C6
Sarıağıl 14 D6
Sarıağlı 45 G1
Sarıalan (Çank) 17 F4
Sarıalan (Sam) 18 C3
Sarıayak (28 C5
Sarıaydın 59 H3
Sarıbaşak 62 A1
Sarıbelen 56 D6
Sarıbeyler (Bal) 27 F5
Sarıbeyler (Ank) 31 E2
Sarıbeyli 15 F5
Sarıbuğday 18 D5
Sarıbük 61 G5
Sarıbulak 24 A5
Sarıca (Siv) 34 B6
Sarıca (Kay) 46 D3
Sarıcaali 12 C5
Sarıcakaya 29 G3
Sarıcakaya Tepesi 63 G2
Sarıcalar 29 G2
Sarıçal Tepesi 29 H2
Sarıçam 41 F2
Sarıcan 36 A5
Sarıcaova 29 F6
Sarıçayır 27 H5
Sarıçiçek (Tok) 19 F6
Sarıçicek (Siv) 33 F5
Sarıçiçek Dağı (Gir) 20 D6
Sarıçiçek Dağı (Bay) 22 A5
Sarıçiçek Dağı (Ağr) 38 B2
Sarıçiçek Tepesi (Bar) 16 D3
Sarıçiçek Tepesi (Tun) 35 G5
Sarıçınar Dağı 57 G4
Sarıçukur 47 H5
Sarı Dağ 58 B2
Sarıdana 49 E5
Sarıgazi 14 C5
Sarıgerme 56 B4
Sarıgöl (Art) 22 D2
Sarıgöl (Ank) 30 D4
Sarıgöl (Man) 42 B4
Sarıgün 23 F4
Sarıhalil 30 C5
Sarıhamzalı 32 C3
Sarıhan 21 H6
Sarıharman 49 E4
Sarıhasan 18 C6
Sarıhıdır 46 C2
Sarıkamış 23 G4
Sarıkavak (Esk) 29 G4
Sarıkavak (Esk) 29 H6
Sarıkavak (Siv) 34 B5
Sarıkavak (İçe) 59 G4
Sarıkaya (Çank) 17 G5
Sarıkaya (Bol) 30 B1
Sarıkaya (Yoz) 32 D4
Sarıkaya (İzm) 41 H4
Sarıkaya (Kon) 44 C2

Sarıkaya (Kah) 48 A5
Sarıkaya (Adı) 49 F4
Sarıkaya (Bat) 50 D4
Sarıkayalar 31 F4
Sarıkaya Tepesi 42 D4
Sarıkoç 62 C2
Sarıkonak 51 G1
Sarıköy (Sam) 19 E2
Sarıköy (Ağr) 23 G6
Sarıköy (Bal) 27 F2
Sarıköy (Kon) 44 B6
Sarıkum 18 C1
Sarıkuş 51 E2
Sarılar (Tek) 13 G4
Sarılar (Man) 27 G6
Sarılar (Nev) 32 B6
Sarılar (Den) 42 D4
Sarılar (Gaz) 48 C6
Sarılar (İçe) 60 A3
Sarım 63 E1
Sarımağalar 62 D1
Sarıma Tepeşı 57 E5
Sarımazı 61 F2
Sarı Mehmet 38 C4
Sarımehmet Barajı 38 C4
Sarımeşe 21 H5
Sarımsak 18 C2
Sarımsaklı Barajı 33 E6
Sarımsaklı Plaj 26 D6
Sarıoba 30 C3
Sarıoğlan 33 E5
Sarıot (Bol) 15 G6
Sarıot (Küt) 28 C4
Sarıpınar (Kas) 17 G4
Sarıpınar (Ank) 31 F4
Sarıpınar (Siv) 34 A5
Sarıpınar (Muş) 37 F3
Sarıpınar (Man) 42 A4
Sarısığırlı 42 A3
Sarısu (Aktepe) 37 H4
Sarısu (Irn) 38 D1
Sarı Suyu 29 E4
Sarıveliler 58 D4
Sarıyahşi 31 G6
Sarıyaka 31 H3
Sarıyaprak (Yoz) 32 B4
Sarıyaprak (Sii) 52 A3
Sarıyar (Gir) 20 D4
Sarıyar (Ank) 30 A2
Sarıyar Barajı 30 A2
Sarıyatak 48 A2
Sarıyayla (Kon) 31 E6
Sarıyayla (Tun) 35 H3
Sarıyazı 35 F3
Sarıyer 14 B4
Sarıyurt 41 G4
Sarız 47 G2
Şarkikaraağaç 44 A4
Şarkışla 33 F4
Şarklı 18 D6
Şarköy (Tek) 13 E6
Şarköy (Siv) 34 C1
Sarkun 29 H3
Şarlak 59 G4
Sarlakköy 47 G1
Sarmakaya 36 C5
Sarmaşık (Çank) 17 G5
Sarmaşık (Tra) 22 A4
Sarmısaklı Suyu 46 D1
Sarnıç (Kas) 17 E2
Sarnıç (Sin) 18 B1
Sarnıç (Bal) 28 A4
Sarnıç (Kon) 45 E4
Sarnıç Dağı 56 A2

Şaroluk 27 F2
Saros Körfezi 12 C6
Sarpdere (Edi) 12 C5
Sarpdere (Kir) 13 G2
Sarpın 18 D3
Sarpınalınca 17 G2
Sarpun 17 F2
Sarsang (Irq) 52 B5
Sarsang (Irq) 52 C5
Sarsap Deresi 48 A2
Sarsıla iskele 56 B4
Sartmahmut (Sardis) 41 H3
Sartmustafa (Sardis) 41 G3
Saruhanlı 41 F2
Şaşal 41 E4
Sasallı 41 E3
Sason 37 E6
Sasunik (A) 24 C3
Satıköy 50 B3
Satırlar 41 F1
Satıyüzü 17 H6
Savacık 38 B6
Savaştepe 27 G5
Savaştepe Barajı 27 F5
Savcılı 31 G5
Savcılıkurtlu 31 G5
Savrun Çayı 47 F6
Şavşat 23 F1
Savucak 49 H4
Savur 50 D4
Savur Çayı 50 D4
Sayalar 13 H4
Sayik 42 A1
Sayırlık Tepesi 15 G5
Sayören 48 D5
Saysallı 46 D3
Saz 31 E6
Sazak (Çan) 27 E3
Sazak (Kay) 46 D4
Sazak (Burd) 56 D2
Sazak (Ant) 57 H2
Sazgeçit 45 H6
Saz Gölü 24 C6
Sazılar 30 B4
Sazköy 42 D6
Sazlı 22 A6
Sazlıca (Burs) 27 H3
Sazlıca (Mal) 34 C5
Sazlıca (Niğ) 46 B5
Sazlıca Gölü 48 D3
Sazlıpınar 45 F6
Sazoba (Çan) 27 F2
Sazoba (Mar) 41 G2
Scepsis 26 D4
Seben 30 A1
Sebenardı 16 A6
Sebil 60 B2
Sebiller 44 B4
Şebinkarahisar 20 D6
Sebzeciler 22 D3
Seçenyurdu 34 B5
Seçme (Muş) 37 E3
Seçme (Kon) 44 D6
Sedeftepe 35 G6
Şefaatlı 32 B4
Seferihisar 40 D4
Seferihisar Barajı 41 E4
Seferköy 63 G2
Seferler 17 E3
Şehirköy 35 G4
Şehirlioğlu 42 B2
Şehitali 30 D3
Şehitemin 23 G5
Şehithalit 23 G5

Şehitler 28 C2
Şehitler Geçidi 20 D5
Şehitlik 26 C2
Şehit Nusretbey 63 F2
Şehittahir 37 F3
Şehitler Tepesi (Bin) 36 C4
Şehit Tepesi (Bit) 37 G4
Şehler Dağı 59 G6
Şehvarmaz 29 E1
Şekerköy 31 E6
Şekerli 49 H5
Şekerören 50 C4
Şekersu 21 H4
Seki (Muğ) 56 D4
Seki (Ana) 58 A3
Seki Çayı 56 C4
Sekidede Dağı 33 F5
Seki Gölü 36 D3
Sekili (Yoz) 31 H3
Sekili (Gaz) 62 C2
Sekizli 45 G5
Sekkin Boğazı 46 B3
Sekköy 55 G2
Selâttin 41 F5
Selbükü 29 E2
Selçuk 41 F5
Selendi 42 B2
Seleucia Ad Piera 61 F5
Seleukeia 58 A3
Seleukia 59 H5
Selevin Barajı 43 G3
Selge 57 H2
Selim 23 G4
Selimağa 28 A5
Selime 46 A3
Selimiye (Bal) 27 G5
Selimiye (Bur) 28 B1
Selimiye (Muğ) 55 F1
Selimpaşa 13 H5
Selinus 58 D5
Selki 44 B5
Selkisaray 43 E2
Sellik 38 C2
Selviler 42 C2
Şemdinli 53 E4
Şemdinli Çayı 53 E4
Semer 17 E6
Semetler 14 D6
Şemlik 50 B6
Senaiye 14 D6
Senemoğlu 23 G3
Senirce 43 G5
Senirkent 43 G4
Şenkaya 23 F4
Şenkbar Kalesi 48 B2
Şenköy (Mar) 51 E4
Şenköy (Hat) 61 G5
Şenlik 17 G2
Şenlikçe 48 C6
Seno 21 H4
Şenocak 63 G1
Şenpazar 17 E1
Şenyurt (Tok) 19 E6
Şenyurt (Erz) 22 D5
Şenyurt (Mar) 50 C6
Şenyurt (Uncular) 22 D4
Şenyuva (Riz) 22 B3
Şenyuva (Mar) 50 B4
Sepetçi 29 G3
Şerafeddin Dağları 36 C4
Şerafettin Tepesi 36 D4
Seravilis 52 D3
Serban 43 F2
Şerbetli 26 D3

Şerbettar 12 D3
Serçelik Dağı 36 A3
Serçeören 27 H4
Şerefiye (Sin) 18 B1
Şerefiye (Siv) 34 B1
Şerefli 30 D4
Şereflidavutlu 31 G6
Şerefligöközü 30 D5
Şereflikoçhisar 45 G1
Seren 33 G2
Serenli (Bay) 21 G6
Serenli (Mar) 50 D4
Sergen (Kir) 13 G2
Sergen (Şan) 50 A6
Serhat 26 D4
Seri (Irq) 52 C5
Serik 57 H3
Serin 52 B4
Serinçe 63 F2
Serinhisar 42 C6
Serinkum 37 G5
Serinova 37 E4
Serinyol 61 G4
Şeriyan Çayı 23 G6
Serme 28 C2
Seró (Im) 53 F2
Serpil 43 H6
Serpmekaya 36 C3
Sertavul 59 F3
Sertavul Geçidi 59 F3
Servi 36 B6
Servi Burnu 13 H2
Seslikaya 46 B5
Sestos 26 C2
Sevalierd (A) 24 D4
Sevdiğin (Küt) 29 F6
Sevdiğin (Aks) 31 H6
Sevdili 48 B3
Sevinç 44 C1
Sevinçli 61 E1
Sevindik 38 C6
Sevişler 27 F6
Şevketiye (Çan) 26 D2
Şevketiye (Bal) 27 G3
Şevketiye (Ada) 61 E2
Seydan Dağı 27 H6
Seydiköy 17 F6
Seydikuzu 28 D4
Seydiler (Kas) 17 G2
Seydiler (Afy) 43 G2
Seydim 18 B6
Seydişehir 58 B1
Seydra 58 C5
Seyfe Gölü 32 A5
Seyfeköy 32 A5
Seyfe Ovası 32 A5
Seyfibeli 33 H2
Şeyhahmetli 30 C6
Şeyhali 30 C4
Seyhan Barajı 60 D2
Seyhan Nehri 47 E6, 60 D2
Şeyhbarak 47 E3
Seyhçakır 28 C6
Şeyhhalil 33 F3
Şeyhhasan 36 C2
Şeyhibrahim Deresi 38 A1
Şeyhler (Küt) 28 C6
Şeyhler (Mal) 48 D2
Şeyhler (Ant) 58 D4
Şeyhli (Sam) 19 E4
Şeyhli (Sam) 19 F4
Şeyhli (Sam) 19 G3
Şeyhli (Ank) 31 E5
Şeyhmahmut Tepesi 36 D6

Şeyhmehmet 51 E5
Şeyhoğlu 18 D6
Şeyhömer Dağı 51 G3
Şeyhömerli 46 A6
Şeyhşaban 46 D2
Şeyhulaf 18 D2
Seyitgazi 29 G5
Seyit Harun Veli Külliyesi 58 B1
Seyithasan 59 F2
Seyitler Barajı 43 G2
Seyitler ist. 13 F4
Seyit Oba 41 F2
Seyitömer 29 E5
Seyit Suyu 29 F-H5
Seyit Tepe 20 B5
Seyle 19 E4
Seymen (Tek) 13 G5
Seymen (ist) 13 H4
Seymen (Bur) 28 C2
Seyranlık 59 H4
Seyrek 41 E3
Seyrekli 41 G4
Şeytan Büyük Deresi 13 F2
Şeytan Dağları (Bin) 36 B3-4
Şeytan Dağları (Ant) 58 A2
Şeytan Kalesi 23 H1
Şeytan Köprüsü 38 B3
Şeytan Sofrası 26 D5
Shah Bandehlu (Im) 38 C2
Shahr Chāy (Im) 53 F3
Shānidar (Irq) 53 E6
Shaykhāpa (Irq) 53 F5
Sheykh Solu (Irn) 38 D3
Shinatal (Irn) 53 E1
Shirwani Mazin (Irq) 53 E5
Shranish (Irq) 52 A5
Shūshin (Irq) 53 F5
Siana (G) 55 F6
Sidamara 45 G6
Sidas Harabeleri 42 A2
Side 58 A4
Sidekā (Irq) 53 F6
Sıdıran 21 F4
Sidiró (G) 12 C4
Sidyma 56 C5
Şifa Dağı 27 G6
Şifne 40 C4
Sığacık 40 D4
Sığacık Körfezi 40 D4
Sığındı Dağ 41 E5
Sığırçay 18 D6
Sığırcı 22 A6
Sığırcık (Esk) 30 A6
Sığırcık (Kon) 45 E2
Sığırcık Gölü 12 C5
Sığırcılı 12 D3
Sığırcıuşağı 34 C5
Sığırkuruğu 33 E4
Sığırlı 46 A1
Sığırılhacı 31 E2
Sığırlık 57 H1
Sığırsvirisi Tepesi 33 G2
Sigri (G) 26 B6
Şıhlı 47 E4
Siirt 51 G2
Şikhlar (A) 24 D5
Sikiada (G) 40 B3
Şikirin Tepesi 37 G6
Sikorahi (G) 12 B5
Şildu (A) 24 D5
Şile 14 D4
Siledik 27 G6
Silen (B) 12 A2
Silifke 59 H5

Silivri 13 H5
Sille 44 D5
Sillyon 57 H3
Silopi 51 H5
Silvan 50 D2
Silvan Barajı 36 D6
Simatak 36 D6
Simav 28 B6
Simav Çayı 28 B5
Simdelhüyük 46 D3
Simena 57 E6
Simentik Gölü 19 G3
Simeonovgrad (B) 12 B1
Sinan (Diy) 50 D3
Sinan (Gaz) 62 C2
Sinandede 27 H6
Sinanlı (Ank) 30 D6
Sinanlı (Ank) 44 C1
Sinanlı (Mal) 48 D2
Sinanlı (Hat) 61 F5
Sincan (Ank) 30 D3
Sincan (Siv) 34 C3
Sincan (Ağr) 37 H2
Sincanlı 43 F2
Sincik 49 E3
Sinderli 17 H4
Sındırgı 27 H6
Sındırgıbeli Geçidi 27 H6
Sinekçi 27 F2
Sinekçibeli Geçidi 56 D5
Sinekli 13 H4
Sinekyayla 24 A6
Sinemorec (B) 13 G1
Sini Dağı 51 G1
Şinik 21 F3
Sinirli 41 G3
Sinop 18 D1
Sinop Burnu 18 D1
Sinova 52 D2
Sinözü 18 A2
Sipahiler (Isp) 43 H6
Sipahiler (Aks) 45 G1
Siper Tepesi 36 B3
Sipikör Geçidi 35 G2
Sıracevizler 18 D5
Sıradere 37 F3
Sıragömü 17 F4
Sıralı Dağı 18 D3
Şiran 21 F6
Sırasöğütler 37 E3
Sırataş 35 H2
Sırataşlar 48 D6
Sirazli (A) 24 D5
Sırbasan 23 F4
Sırçalı 32 C5
Şiremirçavuş 16 C2
Sırıklı Dağları 33 E4
Sırınkesen 50 B4
Şirince 41 F5
Şirinköy (Kar) 23 H4
Şirinköy (Den) 42 B6
Şirinler 17 E2
Sirkeköy 17 H2
Sirkeli (Ank) 31 E2
Sirkeli (Ada) 61 E2
Sirkütik (Irq) 52 B5
Sırmaçek 51 H2
Sırma Tepesi 36 A6
Şırnak 51 H3
Sırtköy 58 A3
Şirvan 51 G2
Sis Dağı 21 E4
Şişli 14 B5
Sit (B) 12 C2

Sivas 33 H3
Sivaslı 42 D3
Siverek 49 G4
Sivri 30 C5
Sivrice (Ela) 49 G1
Sivrice (Mar) 51 E5
Sivrihisar 30 A5
Sivrihisar Geçidi 46 A3
Sivrikavak 61 G5
Sivrikaya 22 B4
Sivriler 13 G2
Sivritepe (Siv) 33 H3
Sivritepe (Mar) 50 D5
Sivri Tepesi 35 E3
Sivriyayla 36 D6
Siyähcheshmeh (Irn) 38 D3
Sızır 33 E5
Sızma 44 D4
Skala (G) 26 C6
Skala Eressou (G) 26 B6
Skala Sykaminias (G) 26 C5
Skalohori (G) 26 B5
Skopelos (G) 26 C6
Skoutáros (G) 26 B5
Skurdili (Ge)22 D1
Slouk (S) 63 G3
Snik (A) 24 B2
Söbeçimen 33 E5
Sobran (Küt) 29 E4
Sobran (izm) 42 A4
Sodağı 28 B3
Sodaklı Gölü 37 H4
Softa Kalesi 59 E6
Softalar 29 F2
Sofualan 19 F4
Sofular (ist) 14 D4
Sofular (Sam) 18 C4
Sofular (Çan) 27 F3
Sofular (Ank) 31 E5
Sofular (Mal) 34 B6
Sofular (Den) 42 B6
Sofular (Niğ) 46 A3
Sofular (Den) 56 C3
Sofular (Hat) 61 G5
Soğanlı (Sam) 19 E5
Soğanlı (Burd) 43 F6
Soğanlı (Kay) 46 C3
Soğanlı Çayı 16 D4, 17 E4
Soğanlı Dağı 22 A4
Soğanlı Geçidi 21 H5
Soğanlıtepe 38 A2
Sogiyutlu (A) 24 B3
Sogucak (Bal) 27 G5
Soğucak (Bur) 28 A4
Soğucak (Afy) 43 F4
Soğucakpınar 29 E2
Soğukçam 18 D2
Soğukçınar 47 F5
Soğukoluk 61 F4
Soğukpınar (Bur) 28 C3
Soğukpınar (Siv) 34 A4
Soğuksu (Koc) 14 D6
Soğuksu (Sak) 15 F5
Soğuksu Milli Parkı 16 D6
Soğulca 30 C5
Söğüt (Bil) 29 E3
Söğüt (Küt) 29 E5
Söğüt (Den) 42 D6
Söğüt (Mal) 49 E2
Söğüt (Muğ) 55 H4
Söğüt (Muğ) 56 D4
Söğüt (Ant) 57 E3
Söğüt (Burd) 57 E3
Söğütalan 28 A3

Söğütalanı 27 E3
Söğütdere 47 H2
Söğütgediği 26 D3
Söğüt Gölü 57 E3
Söğütlü (Sak) 15 F5
Söğütlü (Güm) 21 F6
Söğütlü (Bay) 21 H6
Söğütlü (Kar) 23 G3
Söğütlü (Yoz) 32 D3
Söğütlü (Bin) 36 C5
Söğütlü (Van) 38 A4
Söğütlü (Kah) 48 A5
Söğütlü (Şan) 49 G4
Söğütlü (Mar) 51 F5
Söğütlü Çayı 48 A3
Söğütlüdere (Edi) 12 D3
Söğütlüdere (Muğ) 56 C4
Söğütözü 35 F2
Söke 41 F6
Söken 20 A4
Söku 17 G1
Sokullu Kasim Paşa Külliyesi 13 F3
Sokullu Mehmet Paşa Kervansarayı 61 G3
Sokutaç 19 F5
Solhan 36 C4
Solmaz 56 B1
Sölöz 28 C2
Soma 27 F6
Somak 41 G5
Sömdiken Dağı 29 H3
Sonatı 22 D1
Sorba Dağı 31 E1
Sorgun (Yoz) 32 C3
Sorgun (İçe) 60 A3
Sorkan Çayı 50 D1
Sorkun (Kas) 17 F3
Sorkun (Afy) 43 E3
Sorkun (Kon) 58 C2
Sorkuncuk 17 F3
Soroni (G) 55 G5
Soufli (G) 12 C4
Soura 57 E6
Sovjetasen (A) 24 D4
Soydan 49 H4
Söylemez 37 E1
Söylemiş 28 D2
Soylu (Kar) 24 A3
Soylu (Mar) 50 D4
Soysallı 61 E2
Spatharai (G) 40 D6
Sp'leo (G) 12 C2
Spucak (B) 12 C2
Sr'reenshamali (S) 63 E3
Stambolovo (B)12 A2
Stennos 28 D6
Stérna (G) 12 D3
Stojkovo (B) 12 B1
Stratonikea 55 G2
Strongili (G) 55 E4
Studen Kladenec (B) 12 A2
Stypsi (G) 26 C5
Suat Uğurlu Barajı 19 F3
Subaşı (Edi) 12 C4
Subaşı (İst) 14 A4
Subaşı (Koc) 14 D6
Subaşı (Kas) 17 G3
Subaşı (Siv) 33 F2
Subaşı (İzm) 41 F4
Subaşı (Kay) 46 C2
Subatan 23 H3
Subatık 23 E4
Sübeylidere 27 E5
Suçatı 51 F4

Suçeken 51 E3
Sucuköy 61 H4
Sudöndü 37 F5
Sudurağı 59 F2
Suğla Gölü 58 C2
Sugözü (İçe) 59 E5
Sugözü (Ada) 61 F3
Suhul Dağı 47 H1
Şuhut 43 G3
Sukonak 37 G2
Şükranlı 29 G5
Süksün (Kay) 46 C1
Süksün (Kay) 47 E1
Şükürali 63 G2
Sulak 50 D2
Sulakyurt (Ard) 23 F1
Sulakyurt (Kır) 31 G2
Sularbaşı (Siv) 34 A6
Sularbaşı (Erzi) 34 D3
Sularya Dağı 27 G3
Sülecik 13 E2
Süleler 29 H3
Sülemiş 45 E4
Süleymanfakılı 46 D3
Süleymanhacı 45 F6
Süleymaniye (Edi) 12 D4
Süleymaniye (Esk) 29 H4
Süleymaniye Camii 13 G4
Süleymankümbet 37 H2
Süleymanlar 58 C4
Süleymanlı (Çank) 17 G6
Süleymanlı (Ank) 31 E3
Süleymanlı (Yoz) 32 A3
Süleymanlı (Man) 41 G1
Süleymanlı (Kon) 58 D1
Süleymanlı (Zeytun) 47 H4
Süller 42 D4
Süloğlu 13 E2
Süloğlu Barajı 13 E2
Sultandağı 43 H3
Sultandağları 43 H3, 44 A3-4
Sultandere 29 G4
Sultanhanı (Kay) 33 E6
Sultanhanı (Aks) 45 G4
Sultanhisar 41 H5
Sultanice 12 C6
Sultaniye (Koc) 15 E6
Sultaniye (Bur) 27 H2
Sultaniye Kaplıcaları 56 A3
Sultankale 61 G3
Sultanköy (Edi) 12 C5
Sultanköy (Bol) 16 A6
Sultanköy (Siv) 33 G4
Sultanköy Barajı 12 D5
Sultan Murat Yaylası 21 H4
Sultan Sazlığı Milli Parkı 46 C3
Sultansuyu 48 D3
Sultansuyu Barajı 48 D2
Sultantepe 63 F1
Suluada 57 G6
Sulubağ 50 C2
Suluca (Edi) 12 C6
Suluca (Çan) 26 D2
Suluca (Ağr) 37 H2
Suluçam 24 B6
Sulucaova 46 C4
Sülüce 22 A3
Sülüklü (Kon) 29 H6
Sülüklü (Kon) 44 D1
Sülüklü Gölü 15 F4
Suluköy 61 G4
Sülümenli (Uşa) 42 C3
Sülümenli (Afy) 43 G2
Sülün 43 G2

Sülüngür Gölü 56 A4
Suluova 18 D5
Sulusalma Burnu 59 G6
Sulusaray (Tok) 33 E2
Sulusaray (Nev) 46 B2
Suluyazı 51 G2
Sulva Bay 26 C2
Su Mahallesi 52 D4
Sumail (Irq) 52 B6
Sumaklı 47 G6
Sumatar 63 G2
Sumāy-e-Baradust 53 F2
Sümbüldağı 52 D4
Sumela Manastırı 21 G4
Sümenler (Kas) 17 E2
Sümenler (Kas) 17 F4
Sündiken Dağları 29 G3
Sundurlu 43 E4
Süngüllü 43 E4
Sungur 37 E5
Sungurlu (Koc) 15 E5
Sungurlu (Çor) 32 A2
Süngütepe 62 A3
Sünköy 35 F6
Sünlü 31 E2
Sünnetköy 48 B3
Sünnice Dağları 16 A5
Sünübeli 34 D2
Süphandağı 23 G5
Süphan Dağı 37 H4
Süphandere 47 E4
Süphan Gölü 38 C3
Suraköy 60 C2
Sureh (İm) 53 E1
Sürekköy 35 F2
Sürekli 50 B6
Sürenkök 38 B1
Sürgü 48 D3
Sürgü Barajı 48 C3
Sürgüç (Tun) 35 G5
Sürgüç (Kon) 45 F6
Sürgücü 50 D4
Süriya (Irq) 52 D5
Sürmene 21 H3
Şürtme 46 D2
Sürüç (Kon) 45 F4
Sürüç (Şan) 63 E2
Sürücüler 51 H2
Sürügüden 37 E4
Sürünbaba Tepesi 35 F4
Suşehri 20 C6
Süstü 52 D3
Susurluk 27 H3
Susuz (Kar) 23 H2
Susuz (Bol) 29 G2
Susuz (Bol) 30 A1
Susuz (Kir) 32 A3
Susuz (Afy) 43 G2
Susuz (Kon) 58 C2
Susuz Han 57 G1
Susuzkaya 28 D6
Susuzmüsellim 13 E5
Susuzören 42 D3
Susuz Tepesi 16 B5
Susuzyayla 27 F5
Sütcüler 57 H1
Sütlâç 43 E4
Sütleğen 56 D5
Sütlüce (Çan) 26 D2
Sütlüce (Tun) 35 G4
Sütlüce (İçe) 59 G5
Sutuni (Irq) 52 D4
Süvarihalil Geçidi 52 B4

Suvarlı 48 C5
Suvatlı 61 G5
Süveğen Dağı 47 E3
Suveren 24 C5
Suvermez 43 H1
Suwara (Irq) 52 B6
Suyugüzel 31 F5
Svan (A) 24 B3
Svilengrad (B) 12 C2
Syangela 55 F3
Symi (G) 55 G4
Symi (G) 55 G4
Syrna 55 H4

Tabaklı 58 B3
Taban 50 A3
Tabanköy 27 F3
Tabanlar 27 G5
Tabanlı 37 E5
Taçın Deresi 47 F1
Tacir 28 D1
Tacirli 24 C5
Tadef (S) 62 C4
Taflan 19 E2
Taftanaz (S) 62 A5
Tahaköprü 28 D3
Tahar Çayı 35 E4
Tahir 23 G6
Tahirinli 46 C1
Tahiroğlu 32 B4
Tahliye Kanalı 45 E4
Tahtafiralan 47 E4
Tahtakemer 47 E3
Tahtaköprü 18 B4
Tahtaköprü Barajı 61 H2
Tahtaköy 22 A5
Tahtalı Barajı 41 E4
Tahtalı Dağ 57 F5
Tahtalı Dağları (Kay) 47 E3-G2
Tahtalı Dağları (Ant) 58 D4
Tahtapınar 51 H3
Tahtoba 33 F1
Takazlı 31 H4
Takmak 42 B3
Talas 46 D2
Taldaman (S) 62 B6
Tall Abū Zāhi (Irq) 51 H6
Tall Mutlaq (Irq) 51 H6
Tamdere 20 C5
Tamış 26 C4
Tanadaris 47 H2
Tandır Dağı 51 F1
Tandırlı 21 G4
Tanıntanın Dağları 52 A4
Tanıntanın Geçidi 52 A4
Tanır (Kah) 47 H2
Tanır (Kah) 47 H4
Tanışma 61 G5
Tanköy 37 E5
Tanrıverdi (Mar) 50 C6
Tanrıverdi (Ada) 60 D3
Tanrıvermiş 18 C5
Tanyeli 49 H6
Tanyeri (Tun) 35 H2
Tanyeri (Ağr) 37 H2
Tanyolu 24 A6
Tapadolak (A) 24 B2
Tapkırankale 48 B3
Taraklı 29 F1
Taraksu 49 G2
Tarascı 58 B1
Tarhana 32 D2
Tarlabaşı 24 D5
Tarmalı Geçidi 38 B4

Tarsus 60 C3
Tarsus Irmağı 60 C3
Tartarköy 20 C6
Tárti (G) 40 C1
Taşağıl (Erz) 22 B6
Taşağıl (Erz) 36 C2
Taşağıl (Kon) 45 E6
Taşağıl (Ant) 58 A3
Taşağıl (Kon) 58 B1
Taşarası 27 E5
Taşbaşı (Kar) 23 H2
Taşbaşı (Hak) 52 B4
Taşbudak 45 H5
Taşbükü 55 H3
Taşburun (Kar) 23 H5
Taşburun (Kar) 24 C5
Taşburun (Kah) 48 A3
Taşçanak 35 H6
Taşçı (Kay) 47 E3
Taşçı (Ada) 60 D3
Taşçıahiler 29 F2
Taşdam 50 A2
Taşdamlar 48 D3
Taşdelen 35 E6
Taşdibek 51 H2
Taşdibi 27 F5
Taşeli Platosu 59 F4
Taşeli Yaylası 58 D5
Taşevi 43 G4
Taşharman 37 G5
Taşıtlı 35 F4
Taşkale 59 G2
Taşkale Dağı 49 E1
Taşkapı 43 F6
Taşkaracalar 17 F5
Taşkent 58 D3
Taşkesen (Ela) 35 F6
Taşkesen (Erz) 36 D1
Taşkesiği 57 E2
Taşkessiği 58 B4
Taşkınpaşa 46 C3
Taşkısığı Gölü 15 F5
Taşköprü (Kas) 17 H2
Taşköprü (Afy) 44 A3
Taş Köprüsü 13 E4
Tasköy 27 G5
Taşkule 40 D2
Taşlı (Şan) 49 G5
Taşlı (Sii) 51 G2
Taşlıca (Tok) 19 H5
Taşlıca (Art) 22 D2
Taşlıca (Kar) 24 B5
Taşlıca (Muğ) 55 H4
Taşlıçay (Ağr) 24 A6
Taşlıçay (Bin) 36 C3
Taşlıçay (Van) 38 A3
Taşlıhöyük 32 B5
Taşlık (Kas) 17 F3
Taşlık (Kay) 33 E5
Taşlıyazı (Gaz) 48 C5
Taşlıyazı (Van) 52 B1
Taşlıyük 29 G4
Taşli 55 F2
Taşoluk (Ord) 19 G4
Taşoluk (Erz) 22 D5
Taşoluk (Muş) 37 E5
Taşoluk (Afy) 43 F3
Taşören (Ank) 30 C2
Taşören (Kay) 47 E1
Taşova 19 F5
Taşpınar (Erz) 22 B6
Taşpınar (Bur) 28 A2
Taşpınar (Ank) 30 D3
Taşpınar (Yoz) 32 C3

Taşpınar (Kon) 45 F3
Taşpınar (Aks) 45 H4
Taşrakaraaslan 44 D5
Taşteker 38 B1
Taştepe 26 C3
Taşucu 59 H5
Taşyapı 38 B2
Taşyatak 15 G6
Tatargazi 37 G4
Tatarlar 13 E2
Tatarlı (Afy) 43 F4
Tatarlı (Kon) 45 H6
Tatik 60 D1
Tatköy (Siv) 33 G3
Tatköy (Kon) 44 D5
Tatköy (Ant) 57 F3
Tatlarin Barajı 46 A2
Tatlarinköy 46 A2
Tatlı 32 A2
Tatlıca (Kas) 17 E3
Tatlıca (Muş) 37 G3
Tatlıcak 31 H3
Tatlıcak Han 33 H3
Tatlı Çayı 34 B4
Tatlıköy 51 F3
Tatlıkuyu (Ank) 30 B5
Tatlıkuyu (Kon) 45 H6
Tatlıpınar (Kir) 13 E1
Tatlıpınar (Çank) 17 G5
Tatlıpınar (Siv) 34 B4
Tatlısu 35 G3
Tatvan 37 G6
Tava Dağları 28 D6
Tavak 42 B2
Tavaklı 26 C4
Tavaklı İsk. 26 C4
Tavas 42 C6
Tavas Ovası 42 C6
Tavşan Adaları 26 B3
Tavşan Burnu 55 E1
Tavşançalı 31 E6
Tavşancık 27 G5
Tavşanlı (Koc) 14 D6
Tavşanlı (Koc) 14 D6
Tavşanlı (Küt) 28 D5
Tavşanlı (Siv) 34 A3
Tavşanlı Deresi 34 A3
Tavşanören 48 D6
Tayfur (Çan) 26 C1
Tayfur (Yoz) 32 C3
Tayıp 32 B3
Taytan 41 H3
Tazdağ 14 B6
Tazeh (Irn) 53 E1
Tazeköy 36 D2
Tazlar 43 E2
Tbeti 23 F1
Tece 60 B3
Tecer 33 H4
Tecer Dağları 34 A3
Tecer Irmağı 33 H4
Tecirli 61 F1
Tefenni 56 D2
Teichiusa 55 F1
Tekağaç 48 D5
Tekağaç Burnu 55 E2
Teke 14 D5
Tekebeli 31 F2
Teke Burnu 40 D4
Teke Dağı 31 E4
Teke Geçidi 58 B2
Tekeler (Ayd) 41 G6
Tekeler (Kon) 44 C3
Tekeli 53 F4

Tekevler 51 E1
Tekin 43 F5
Tekir (Kah) 47 H4
Tekir (İçe) 60 C1
Tekiralanı 59 H4
Tekirdağ 13 F5
Tekirova 57 G5
Tekir Tepesi 37 F6
Tekkale (Art) 22 D3
Tekkale (Art) 22 D3
Tekkaya 20 D6
Tekke 19 E5
Tekke Barajı 16 B6
Tekke Dağı 46 C2
Tekkeköy (Sam) 19 F3
Tekkeköy (Siv) 34 B2
Tekkeyol 37 E5
Tekkiraz 19 H4
Tekman 36 D2
Tekmen 18 B4
Tekne Dağı 58 C5
Tekneli (Kar) 23 H3
Tekneli (Kay) 47 G2
Teknepınar 61 F5
Tekören 30 A5
Tektaş 22 B2
Telbeidar (S) 64 C1
Tel Bisim 50 B5
Telhan Kalesi 50 C5
Tell Abyad (S) 63 F2
Tell Açana 61 G5
Tellbasar Kalesi 62 B2
Tell el Cüdeyde 61 H4
Tellikaya 52 A1
Tell Jouma'a (S) 64 B2
Tell Musa 62 C1
Tell Rifaat (S) 62 A4
Tell Shgharbazar (S) 50 D6
Tell Tamir (S) 64 B2
Telmessos 56 C4
Temecik 33 E1
Temelli 30 C4
Temilbel Tepesi 49 F3
Temnos 28 D4
Tendürek Geçidi 38 C1
Tendürük Dağı 38 C2
Teos 40 D4
Tepar (A) 24 B2
Tepardıç 34 A4
Tepe (Zon) 16 D3
Tepe (Diy) 50 C3
Tepealagöz 31 G1
Tepealtı 51 E6
Tepebağ 50 B5
Tepebaşı 59 E4
Tepecik (Koc) 14 D5
Tepecik (Erz) 23 E6
Tepecik (Kar) 23 H2
Tepecik (Bur) 28 A3
Tepecik (Bur) 28 B4
Tepecik (Kır) 31 H4
Tepecik (Isp) 43 F5
Tepecik (Siv) 48 B1
Tepecik Barajı 16 C6
Tepecikören 47 E6
Tepedam 38 D4
Tepedoğan 32 D4
Tepefakılı 31 H4
Tepehan (Siv) 34 B3
Tepehan (Mal) 49 F3
Tepeköy (Bol) 15 H5
Tepeköy (Gir) 20 D5
Tepeköy (Bal) 27 H4
Tepeköy (Siv) 34 B2

Tepeköy (Man) 41 H2
Tepeköy (Man) 42 A3
Tepeköy (Den) 42 B5
Tepeköy (Kon) 44 C5
Tepeköy (Niğ) 46 B4
Tepeköy (Şır) 51 F5
Tepeköy (İçe) 60 A3
Tepeli 43 H5
Tepeönü 33 H3
Tepeören (İst) 14 C5
Tepeören (Zon) 16 A3
Tepesidelik (Aks) 45 H3
Tepesidelik (Nev) 46 B1
Tepesidelik (Örsin) Hanı 45 H3
Tepeyolaltı 18 A4
Teqnit (Irn) 38 D3
Tercan 36 A2
Tercan Barajı 36 A2
Terci Kalesi 50 C2
Terken (Çor) 18 C5
Terken (Gaz) 62 A1
Terlemez 46 A2
Termal 14 C6
Terme 19 G3
Terme Çayı 19 G3
Terme Kaplıca 31 H6
Termessos 57 F3
Tersakan 33 F6
Tersakan Gölü 45 E2
Tersane Adası 56 B4
Terskırık 18 D2
Tersundağı Geçidi 21 F6
Terzialan 27 E3
Terzidere 13 E1
Terziköy Kaplıca 18 D6
Terzili 31 H3
Terzili Kaplıca 32 C5
Teşvikiye 14 C6
Tetirli 48 C5
Teuchrania 27 E6
Tevfikiye (Edi) 12 D5
Tevfikiye (Çan) 26 C3
Tezeren 23 H6
Theangela 55 F3
The Bosphorus (Boğaziçi) 14 C4
Themiskyra 19 G3
Thera 56 A3
Therma (Loutra) (G) 26 A1
Therme (G) 26 C6
Thoúrio (G) 12 D3
Thraki (G) 12 B4
Thyatira 41 G2
Thymiana (G) 40 B4
Tigranokerta 50 D2
Tiheró (G) 12 C5
Tikmeh (Irn) 24 D6
Tilkihüyük 33 H5
Tilkiler 48 B5
Tilkili 56 B1
Tilkilik 50 D2
Tilkilik Tepesi 59 G3
Tilkisivrisi Tepesi 44 C2
Tilki Tepe 38 B5
Tilköy 46 B3
Tilkpınar
Tilmen Hüyük 61 H2
Tilos (G) 55 E5
Tımar (Erz) 23 E6
Timar (Van) 38 B4
Timurağa 47 G4
Tınazdere 62 C2
Tınaztepe 43 F2
Tınaztepe Mağarası 58 C2
Tınaz Tepesi 44 A2

Tire 41 G4
Tirebolu 20 D3
Tırhan 46 B3
Tırnalı 18 B2
Tırnık Geçidi 35 H6
Tlos 56 C5
Tohma Çayı 48 B1-D2
Tohumlar 31 E3
Tohumlu 49 F1
Tohumluk 20 D5
Tokat 19 G6
Tokatbaşı 41 F4
Tokat Irmak 20 A6
Tokat Tepesi 44 B3
Tokdemir 62 C1
Toklar 47 F2
Tokluca 30 A6
Toklucak (Ama) 18 D6
Toklucak (Ağr) 38 B1
Toklu Dağı 30 C3
Tokluman 31 G6
Tokmaklı 47 G6
Tokmar Kalesi 59 H5
Tokul 28 D6
Tokular 37 F3
Tokuş 33 H2
Tokuşlar 43 F2
Tol 57 H2
Tolca 44 A5
Tolköy 31 E4
Tollar 45 E1
Tomarza 47 E2
Tombak (Kay) 46 D3
Tombak (Kah) 47 H3
Tömek 44 D5
Tomisa 49 E2
Tomurcuk 50 A6
Tonya 21 F4
Topağaç 34 D2
Topaklı (Ank) 30 D4
Topaklı (Nev) 32 B6
Topalak (Bal) 27 H5
Topalak (Ada) 60 D2
Topaluşağı 49 F2
Topalyurdu 33 F2
Toparlak 22 D6
Topatan Tepesi 35 F4
Topboğazı Geçidi 61 G4
Topçam 20 B5
Topçu 32 B3
Topçu Dağı 37 E1
Topçuköy 13 G3
Topçular 14 C6
Topçu Yeniköy 34 B2
Top Dağı 37 G3
Tophisar 27 H2
Topolovograd (B) 12 C1
Toprakkale (Erz) 22 C5
Toprakkale (Ağr) 23 H6
Toprakkale (Erz) 37 E3
Toprakkale (Ada) 61 F2
Toprakkaya 45 H3
Topraklı (Tun) 36 A3
Topraklı (Diy) 50 D4
Topsakal 38 C6
Topsöğüt 33 F6
Toptaş 23 G3
Toptaş Tepesi 33 H3
Toptepe (Erz) 36 D2
Toptepe (Mar) 51 E5
Topuzdağı Geçidi 46 C2
Topuzlu 35 F4
Topyolu Tepesi 23 F5
Toraç Dağı 33 H1

Toraman 37 E3
Torba 55 F3
Torbalı (Art) 23 E2
Torbalı (İzm) 41 F4
Tortum 22 D5
Tortum Çayı 22 D4
Tortum Gölü 22 D4
Tortum Kalesi 22 D5
Tortum Şelalesi 22 D4
Toruçlu 47 E6
Torul 21 F5
Torunlar 30 B6
Torunsolaklı 60 D1
Toslak 58 C4
Tosunlar 37 F2
Tosunlu 23 E2
Tosun Tepesi 37 E6
Tosya 17 H4
Toybelen 27 G3
Tozaklı 13 G3
Tozanlı 20 A6
Tozanlı Deresi 33 H1
Tozkoparan 35 G5
Tozlu 47 F3
Tozluca 23 G4
Tozlu Tepesi 47 G3
Trabzon 21 G3
Tralles 41 G5
Trapalon (G) 40 B6
Trarium 27 E6
Trianda (G) 55 G5
Tripolis 42 B5
Truva (Troy) 26 C3
Trysa 57 E6
Tucak Dağı 48 D3
Tudān (İm) 38 D4
Tufanbeyli 47 F3
Tufan Deresi 63 H2
Tüfekçipınarı 44 D1
Tuğlu 17 H6
Tuka (Irq) 52 B6
Tul Dağı 59 F5
Tulgalı 51 F4
Tülüce Tepesi 47 H3
Tulumtaş 51 F3
Tümenli 46 D6
Tumtaş Tepesi 50 C1
Tunçbilek 28 D4
Tunceli 35 G4
Tundză (B) 12 D1
Tüney 31 F1
Tüngüşü 57 H3
Tur Abdın 51 E4
Turan 28 C2
Turanlar 41 F5
Turanlı (İzm) 27 F6
Turanlı (Kay) 47 E2
Turasan Dağ 46 D5
Turbası 17 E5
Türbehasan Deresi 52 A3
Türçayın 47 H3
Türemiş Dağı 52 B3
Turgut (Kon) 44 B2
Turgut (Muğ) 55 G2
Turgut (Muğ) 55 H4
Turgut (Muğ) 56 A2
Turgutbey 13 F3
Turgutlar (Küt) 29 E5
Turgutlar (Esk) 29 F4
Turgutlar (Muğ) 55 G1
Turgutlu (Sak) 15 E6
Turgutlu (Çor) 31 H2
Turgutlu (Man) 41 G3
Turgutreis 55 E3

Turhal 19 E6
Türkali 16 B3
Türkbükü 55 F2
Türkeli (Kas) 17 H1
Türkeli 27 F1
Türkeli (İzm) 41 E2
Türkgücü 13 G5
Türkilidağları 27 F5
Türkler 18 B5
Türkmen 18 C3
Türkmen Dağı 29 F5
Türkmenkarahüyük 45 E6
Türkmenli (Tek) 13 G5
Türkmenli (Çan) 26 C4
Türkmenmecidiye 29 G5
Türkmen Sarılar 32 B2
Türkmen Tepesi 28 D6
Türkoğlu 47 H6
Türksevin 47 H3
Turlu 62 C1
Türlübey 42 B4
Turna 49 H6
Turnagöl (Erz) 23 F6
Turnagöl (Erz) 36 D2
Turnagölü 36 C4
Turna Gölü 38 B5
Turnak Burnu 55 H4
Turnalı (Sak) 15 F4
Turnalı (Siv) 34 A5
Turnasuyu 20 C4
Turunç 55 H4
Turunçova 57 E5
Tushpa 38 B5
Tut 48 C4
Tutak (Ağr) 24 B6
Tutak (Ağr) 37 H2
Tutak Dağı 20 C6
Tütenocak 51 F2
Tutmaç 33 H4
Tütüncü 27 G3
Tuygun 23 G3
Tuzabat 55 G2
Tuzcu 22 D6
Tuzculu 41 E3
Tuz Gölü 31 F6, 45 F1-G3
Tuz Gölü (Van) 38 D4
Tuz Gölü (Ada) 60 C3
Tuzhisar 34 A3
Tuzla (İst) 14 C6
Tuzla (Çan) 26 C4
Tuzla (Nev) 46 A1
Tuzla (Ada) 60 D3
Tuzla Çayı (Çan) 26 C5
Tuzla Çayı (Erz) 36 B2
Tuzlaçiftliği 28 C2
Tuzla Gölü (Edi) 12 C6
Tuzla Gölü (Kay) 33 E6
Tuzlagözü 51 E2
Tuzlaköy (Siv) 33 G4
Tuzlaköy (Diy) 36 B6
Tuzlataşı 36 C2
Tuzlatepe 19 G4
Tuzlu 17 G6
Tuzluca 24 B5
Tuzluçayır 34 D2
Tuzlukçu 44 B3
Tuz Mağaraları 24 B5
Tuzsuz 18 D6
Tuzyaka 31 F6
Tweel (S) 51 F6
Tyana 46 B5

Üçağaç 33 E2
Uçağrı 57 E6

Uçarsu 21 F3
Üçbacalı Tepesi 21 F5
Üçbaş 16 D4
Üçbaşlı 30 A3
Uç Bölük 24 A3
Üçbölük 59 E4
Üçbudak 35 H5
Üçdam (Çor) 17 H6
Üçdam (Tun) 35 H3
Üçdamlar 36 C6
Üç Gedik 21 F4
Üçgöz 48 D5
Üçgöze 48 D3
Üçgözeler 38 C2
Üçharman 59 H2
Uçhisar 46 B2
Üçhüyükler 45 E6
Üçırmak 22 C1
Üçkapılı 46 C4
Üçkardeş 52 D4
Üçkay 33 E1
Üçkaya 33 E2
Üçkese 15 H5
Üçkiraz 51 H4
Üçköy 51 E5
Üçkuyu (Nev) 32 C6
Üçkuyu (Afy) 44 A2
Üçkuyu (Kay) 46 C2
Üçler Kayası 29 F6
Üçmakdere 13 F6
Üçocak 50 B1
Üçpınar (Sam) 19 E2
Üçpınar (Erzi) 36 A2
Üçpınar (Man) 41 F2
Üçpınar (Kon) 58 C2
Ücret 30 D4
Üçsaray (Bar) 16 D3
Üçsaray (Esk) 29 F5
Üçtepe 47 E6
Uçuk 33 G5
Üçyol (Tok) 19 F6
Üçyol (Ord) 20 B5
Üçyol (Bat) 51 E3
Üçyüzler 52 B1
Uğrak (Bay) 21 H5
Uğrak (Riz) 22 B2
Uğrak (Diy) 50 D2
Uğur 51 G5
Uğuraçan 53 E4
Uğurca 20 C6
Uğurçayırı 30 C2
Uğurlu (Ank) 30 D1
Uğurlu (Burd) 57 G2
Uğurlu (Ant) 58 C4
Uğurlu (Şan) 63 F1
Uğurluca 67 D1
Uğurlu Dağı 18 A6
Uğurluköy 20 A6
Uğurtaşı 23 F2
Uğurtepe 26 A2
Ula 55 H3
Ulamış 40 D4
Ularca 27 F6
Ulaş (Tek) 13 G4
Ulaş (Siv) 33 H4
Ulaş (İçe) 60 B2
Ulaşar 38 C4
Ulaşlı 14 D6
Ülküköy 22 B3
Uluabat 28 A2
Uluabat Gölü 28 A2
Ulubaba Dağı 49 F2
Ulubahçe 48 B6
Ulubel Geçidi 18 C4

Ulubey (Ord) 20 B4
Ulubey (Uşa) 42 C3
Uluborlu 43 F4
Ulucak 41 F3
Uluçal 18 D4
Ulu Cami (Bur) 28 B2
Ulu Cami (Küt) 29 E5
Ulu Cami (Siv) 34 C4
Ulu Cami (Bit) 37 G6
Ulu Cami (Burd) 43 F6
Ulucanlar 37 F2
Uluçay (Mal) 34 D6
Uluçay (Sii) 51 H2
Ulu Çayı 17 G5
Uluçayır (Bay) 22 A5
Uluçayır (Esk) 29 F4
Uluçınar 61 F4
Uludağ (Bur) 28 C3
Uludağ Milli Parkı 28 C3
Uluderbent 42 A4
Uludere (Çan) 26 D2
Uludere (Esk) 29 F3
Uludere (Şır) 52 A4
Ulu Deresi (İst) 14 D5
Ulu Deresi (Bol) 30 B1
Uludoruk Tepesi 52 D4
Uludüz 63 E2
Uluğbey 43 G4
Uluhan 29 H1
Ulukale 35 F5
Ulukapı 33 H3
Ulukaya 36 D5
Ulukır 27 F2
Ulukışla (Aks) 45 G3
Ulukışla (Niğ) 46 A4
Ulukışla (Niğ) 46 B6
Ulukışla Geçidi 46 B6
Ulukonak 41 G6
Uluköy (Sin) 18 B3
Uluköy (Ama) 19 F5
Uluköy (Güm) 21 E4
Uluköy (Çan) 26 C4
Uluköy (Küt) 29 E5
Uluköy (Afy) 43 E2
Uluköy (Afy) 43 F4
Uluköy (Mal) 49 E2
Uluköy (Den) 56 B1
Ulu Kümbet 37 G5
Ulumuhsine 44 C5
Ülünpınar 21 F6
Uluören 45 H4
Ulupınar (Bar) 16 D3
Ulupınar (Bil) 29 E3
Ulupınar (Ela) 35 F6
Ulupınar (Kır) 45 H1
Ulupınar (Kay) 46 D5
Ulupınar (Ant) 57 F5
Ulus 16 D2
Ulus Dağ 27 H5
Ulutepe 19 E6
Uluyatır 62 C2
Uluziyaret Tepesi 47 H6
Um Aamud (S) 62 B5
Ümit (Bol) 16 C5
Ümit (Kas) 17 G3
Uml'bkous (S) 64 C2
Ümraniye 29 H6
Umurbaba Dağı 42 B3
Umurbey (Erd) 12 C4
Umurbey (Çan) 26 D2
Umurbey (Bur) 28 C2
Umurca (Tok) 20 B6
Umurca (Muş) 37 E5
Umurcu 13 E4

Umurlar 27 H6
Umurlu (Erzi) 21 H6
Umurlu (Ayd) 41 G5
Umurlu (Sii) 51 G2
Umutlu (Sam) 18 D2
Umutlu (Kah) 48 B4
Umutlu (Şan) 48 D6
Ünlendi 24 A5
Ünlüce (Erz) 37 E3
Ünlüce (Hak) 52 D3
Ünlükaya 23 E4
Ünseli 38 B3
Ünye 19 H3
Üreğil 28 C1
Ürey Dağı 26 C2
Urgancı 17 G2
Urganlı 41 G3
Ürgüp 46 C2
Ürkmez 41 E4
Urla 40 D4
Ürünlü (Kır) 13 E2
Ürünlü (Muş) 37 F4
Ürünlü (Şan) 48 D6
Ürünlü (Ant) 58 B3
Uruş 30 C2
Urva 17 E2
Uşak 42 C2
Uşakbükü 30 B3
Üsküdar 14 C5
Üskülüç Deresi 33 G4
Üsküp 13 F2
Üsküpdere 13 F2
Üsküt Daı 22 B3
Usta Burnu 18 A1
Ustrem (B) 12 D1
Üstünler 44 A6
Üşümüş Tepesi 41 H3
Ütük (Tok) 33 E1
Ütük (Siv) 34 B2
Üvecik 26 C3
Uyandık 35 G5
Uyanık (Siv) 34 D2
Uyanık (Afy) 44 A2
Uyluk Tepesi 56 D5
Uysal Dağı 42 B4
Uyuk 29 E2
Üyük 33 F2
Üzerlik 33 E5
Üzümbağ 22 C3
Üzümcük 17 E4
Üzümdere 58 B2
Uzumkuyu 45 F6
Üzümlü (Bil) 29 F2
Üzümlü (Erzi) 35 G2
Üzümlü (Kon) 44 A6
Üzümlü (Hak) 52 C5
Üzümlü (Muğ) 56 C4
Üzümlü (Kara) 59 E4
Üzümlük 51 G3
Üzümlüpınar 57 F1
Üzümören 33 F1
Uzun Ada 40 D3
Uzunark 23 E6
Uzunbeyli 30 C6
Uzunburç 48 D6
Uzunburun 29 H4
Uzuncaburç 59 H4
Uzuncaseki Dağı 50 C2
Uzunçay (Sin) 18 A2
Uzunçay (Kon) 45 E2
Uzunçiftlik 15 E6
Uzundal 35 F4
Uzundere 22 D4
Uzungöl (Tra) 21 H4

Uzungöl (Tun) 35 E5
Uzunhacı 13 G4
Uzunisa 20 B4
Uzunkavak 22 C4
Uzunkaya 45 H3
Uzunkol 35 F1
Uzunköprü 12 D4
Uzunköy 48 D4
Uzunkuyu (İzm) 40 C4
Uzunkuyu (Ada) 46 D6
Uzunkuyu (Adı) 48 C5
Uzunlu 32 D5
Uzunova 50 D1
Uzunöz 18 B2
Uzunpazar 36 B3
Uzunpınar (Siv) 33 H6
Uzunpınar (Den) 42 C5
Uzunpınar (Afy) 43 G3
Uzunseki Tepesi 33 H3
Uzuntarla 35 F6
Uzun Yayla 33 H5
Uzunyol 38 C2

Vahka 47 F4
Vakfıkebir 21 F3
Vakıf (Edi) 12 C6
Vakıf (Küt) 42 C2
Vakıflar (Tek) 13 G4
Vakıflar (Bol) 29 H1
Vali'deköprü 14 D6
Váltos (G) 12 C3
Van 38 B5
Van Gölü 37 G5, 38 B4
Vapralde Barajı 56 D3
Vardagbyur(A) 24 B2
Vargel (Irn) 53 H6
Varsak 57 G3
Varto 36 D3
Vasilevski (B) 12 B1
Vassilika (G) 26 C6
Vastan 38 A6
Vathis (G) 55 E3
Vatousa (G) 26 B6
Vaudağı Geçidi 21 G5
Vayvaylı 61 E3
Velika (B) 13 G1
Velikii Talin (A) 24 B3
Veliköy (Tek) 13 G4
Veliköy (Art) 23 F1
Veliler 28 A4
Velioğlu 17 E1
Veni (A) 24 D5
Verimli (Kar) 23 H4
Verimli (İçe) 60 D3
Vessa (G) 40 B4
Veysel 30 A6
Veyselli 59 H4
Vezirhan 29 E2
Vezirköprü 18 C4
Viranşehir (Bin) 36 C3
Viranşehir (Şan) 49 H6
Viranşehir (İçe) 60 B3
Virsini (G) 12 B4
Vishni 52 A1
Vize 13 G3
Vize (Ana) Deresi 13 G3
Voden (B)13 E1
Volissos (G) 40 B3
Vostman (A) 24 D5
Vrissa (G) 26 C6
Vrondados (G) 40 B3

Wadi Jarrah (S) 51 F6
Wadi Suwaydiyah (Irq) 51 H6

Xanthos 56 C5

Yabangülü 59 G3
Yağan 23 E6
Yağcı Dağı 42 B2
Yağcılar (Koc) 14 D5
Yağcılar (Erz) 22 D5
Yağcılar (Bal) 27 G4
Yağcılar (Bal) 27 H5
Yağcılar (Muş) 36 D4
Yağcılar (İzm) 40 D4
Yağcılar Deresi 29 E6
Yağcılı (Edi) 13 E2
Yağcılı (Man) 27 F5
Yağcıoğlu 30 C6
Yağda 59 H3
Yağdonduran Geçidi 33 H4
Yağıbasan 34 B3
Yağınözü 18 C4
Yağır 30 C3
Yağızatlı 49 E3
Yağlıbayat 45 F4
Yağlıca 16 D3
Yağlıca Dağı 24 A4
Yağlıçayır 34 C1
Yağlıdere (Gir) 20 D4
Yağlıdere (Güm) 21 F5
Yağlıdere (Siv) 33 F2
Yağlı Deresi 20 D5
Yağlılar 42 B6
Yağmuralan (Şan) 63 F2
Yağmuralan (Şan) 63 G2
Yağmurca 16 B4
Yağmurdede 30 C2
Yağmurdere 21 G4
Yağmurdüşen 24 B6
Yağmurlar 28 D6
Yağmurlu (Tok) 19 G5
Yağmurlu (Küt) 28 D5
Yağmurlu (Kır) 31 H5
Yahşihan 31 F3
Yahyabey 33 G5
Yahyalı (Siv) 33 F3
Yahyalı (Kay) 46 D4
Yaka (İzm) 41 F3
Yaka (Afy) 43 E5
Yaka (Isp) 43 H4
Yakaafşar 43 H6
Yakacık (Bil) 29 F2
Yakacık (Yoz) 33 E2
Yakacık (Aks) 46 A3
Yakacık (Gaz) 62 C2
Yakacık Deresi 27 E2
Yakakaya 30 D1
Yakakent 18 D2
Yakaören 17 G1
Yakapınar (Ank) 29 H2
Yakapınar (Ada) 61 E2
Yakatarla (Tun) 35 G3
Yakatarla (Nev) 46 A2
Yakınca 23 H6
Yakınsu 23 H1
Yakınyol 63 G2
Yakıtlı 51 F4
Yakıttepe 51 E2
Yakupağa Tepesi 37 G4
Yakuphasan 31 E2
Yakuplar 17 E5
Yakuplu 14 B5
Yakupoğlan 33 H1
Yalakçukurören 17 E5
Yalakdere 14 D6
Yalak Deresi 14 D6
Yalan Dünya Mağarası (Ant) 58 D6

Yalan Dünya Mağarası (İçe) 59 G5
Yalankoz 61 G3
Yalaztepe 52 C2
Yalıçiftlik 28 B2
Yalıhüyük 58 C2
Yalıkavak 55 E3
Yalıköy (İst) 13 H3
Yalıköy (Sin) 18 B1
Yalıköy (Ord) 20 B3
Yalımkaya 29 H3
Yalınca (Erz) 36 D2
Yalınca (Van) 52 B2
Yalındam 21 H6
Yalınkaya 23 H3
Yalıntaş 48 B2
Yalınyazı 33 E2
Yalman 46 A2
Yalnız 18 D6
Yalnızağaç 32 A4
Yalnızbağ 35 F2
Yalnızca 16 D4
Yalnızcabağ 59 F4
Yalnızçam 23 F2
Yalnızçam Dağları 23 E2
Yalnızçam Geçidi 23 E2
Yalnızdamlar 50 A1
Yalnızdut 61 F1
Yalnıztepe 20 B6
Yalova (İst) 14 C6
Yalova (Çan) 26 C2
Yalvaç 43 H4
Yalveren 51 E3
Yamaç (Mal) 34 D6
Yamaç (Bin) 36 B5
Yamaç (Muş) 36 D5
Yamaçova 62 A1
Yamaçüstü 22 D4
Yama Dağı (Siv) 34 C5
Yama Dağı (Bat) 51 E3
Yamadı 56 D2
Yamak 30 D5
Yamanlar (İzm) 41 E3
Yamanlar (Den) 42 D4
Yamanlar Dağı 41 E3
Yaman Tepe 17 H4
Yamru Dağı 56 D4
Yanal 38 D5
Yanalerik 47 E5
Yanarsu 51 F2
Yanarsu Çayı 51 E1-3
Yanartaş Dağları 57 F3
Yanbolu Çayı 21 G4
Yanbüken 35 E5
Yancıklar 13 F3
Yanık (Yoz) 33 E2
Yanık (İzm) 41 E2
Yanık (Isp) 43 H6
Yanıkağıl 13 G4
Yanıkçakır 51 F1
Yanıkçam 22 A5
Yanık Çayı 47 E4
Yanıkçukur 38 B2
Yanıklı 23 E1
Yanıkses 51 H3
Yanıkveren 52 C2
Yanılmaz 51 G3
Yankaya 38 A2
Yapalı 45 E3
Yapılcan 45 H3
Yapıldak (Edi) 12 C6
Yapıldak (Çan) 26 D2
Yapıldak (Esk) 29 G6
Yapılı 48 A2
Yapracık 33 G4

Yaprakbaşı 50 C4
Yapraklı (Çank) 17 G5
Yapraklı (Tok) 19 G5
Yapraktepe 52 A2
Yarağıl 34 B3
Yarainiş 33 G3
Yaralıgöz Geçidi 17 G2
Yaramış 60 C3
Yaran Dağı 55 G3
Yarasa Mağaraları 27 F2
Yarbasan 42 B1
Yarbaşı 22 D2
Yardere (Erzi) 35 E2
Yardere (Mar) 50 D5
Yardibi 30 A2
Yardımcı 63 F1
Yarhisar (Bik) 29 E2
Yarhisar (Siv) 34 A2
Yarıkkaya 44 A1
Yarıkkuyu 59 G2
Yarımburgaz Mağarası 14 A5
Yarımca (Gir) 21 E3
Yarımca (Afy) 43 G2
Yarımca (Mal) 48 B2
Yarımkaş 50 B4
Yarımkaya 35 F3
Yarım Tepesi 48 D5
Yarış 28 C5
Yarışlı (Burd) 43 E6
Yarışlı (Afy) 43 G3
Yarışlı Gölü 43 E6
Yarlı 50 A5
Yarlıca Dağı 49 E4
Yarlısu 36 D3
Yarma 45 E5
Yarmak 36 C2
Yarpuz (Ant) 58 B2
Yarpuz (Ada) 61 G2
Yarpuzlu 49 E3
Yasince 54 D3
Yassıağıl 32 B4
Yassıalan 18 B2
Yassıbel Geçidi 33 G3
Yassıca 37 H6
Yassıçalı 19 E5
Yassı Dağı 51 G3
Yassıgeçit 15 F5
Yassıhöyük 30 C4
Yassıkaya (Ank) 30 B2
Yassıkaya (Kon) 46 A6
Yassıören (İst) 14 A4
Yassıören (Bal) 28 B5
Yassıören (Isp) 43 G4
Yastıktepe (Erz) 23 E6
Yastıktepe (Erzi) 35 F2
Yaşyer 27 E4
Yatağan (Den) 42 C6
Yatağan (Muğ) 55 H2
Yatıksırt 38 C4
Yavacık 37 H2
Yavaş 20 B4
Yavaşbey 19 G4
Yavaşça 13 F4
Yavaşilköy 31 E6
Yavaşlar 43 E3
Yavaşlı 44 B2
Yavca 60 A2
Yaver Deresi 42 C3
Yavıhasan 33 E2
Yavşan Tuzlası 45 F2
Yavuçkuyucağı 17 H3
Yavuzeli 48 B6
Yavuzkemal 20 C4
Yavuzlar 23 G2

Yavuzlu 62 B3
Yayakırıldık 41 G2
Yayaköy 27 F6
Yayalar 42 D3
Yaycı 24 B5
Yaygılı 49 H4
Yaygın (Muş) 36 D5
Yaygın (Mal) 49 E2
Yay Gölü 46 D3
Yayık 37 H6
Yaykın 27 G6
Yayla (Zon) 16 B3
Yayla (Bin) 36 B6
Yaylabaşı (Tra) 21 F4
Yaylabaşı (Erzi) 35 G2
Yaylabayır 27 H6
Yaylaçayırı 27 H4
Yaylacı 47 G2
Yaylacık (Sin) 18 B2
Yaylacık (Kar) 23 G3
Yaylacık (Bal) 27 E5
Yaylacık (Bal) 27 G4
Yaylacık (Siv) 34 A4
Yaylacık (Kon) 44 C6
Yaylacık (Kay) 47 E3
Yaylacık (Gaz) 62 A2
Yaylacık Dağı 19 F6
Yaylacık Tepesi 19 G6
Yayladağı 61 F6
Yayladamı 34 D4
Yayladere (Güm) 21 G5
Yayladere (Bin) 35 H4
Yaylak 49 E6
Yaylakent 35 H2
Yaylakıranı Tepesi 35 F1
Yaylakonak 48 D4
Yaylaköy (Edi) 12 C6
Yaylaköy (Küt) 28 D6
Yaylaköy (Esk) 30 A4
Yaylaköy (İzm) 40 C3
Yaylaköy (İzm) 41 F1
Yaylaköy (Burd) 57 E2
Yaylaköyü 41 F6
Yaylalar (Bay) 21 H6
Yaylalar (Art) 22 C3
Yaylapınar (Ada) 47 E4
Yaylapınar (Hak) 53 E4
Yaylapınar (Den) 56 C3
Yaylatepe 16 A5
Yaylayolu (Erzi) 36 A2
Yaylayolu (Erzi) 36 B2
Yaylım Dağı 49 H1
Yaylımlı 36 B1
Yaylıyaka 38 B4
Yayvan 50 B2
Yayvantepe (Diy) 49 H2
Yayvantepe (Mar) 51 E5
Yazdere 47 H3
Yazıbaşı (Bay) 21 G6
Yazıbaşı (Bur) 28 C4
Yazıbaşı (Mal) 34 D6
Yazıbaşı (Kay) 46 D3
Yazıbelen 17 G2
Yazıca 30 B1
Yazıcayırı 31 E6
Yazıdere 29 G5
Yazıhan (Mal) 48 D1
Yazıhan (Mal) 48 D1
Yazıhan (Bat) 51 E3
Yazıhisar 17 E2
Yazıkarakuyu 48 D5
Yazıkaya 35 H1
Yazıkınık 32 A5
Yazıkışla 32 D5

Yazıköy (Kah) 47 H3
Yazıköy (Muğ) 55 F4
Yazıkzöy 43 E6
Yazılı (Bur) 28 D2
Yazılı (Kay) 47 E2
Yazılı (Kara) 59 F2
Yazılı (Gaz) 62 B2
Yazılıkaya (Esk) 29 G6
Yazılıkaya (Çor) 32 B2
Yazılıtaş 23 F6
Yazıpınarı 57 F1
Yazır (Ayd) 42 A6
Yazır (Den) 56 D2
Yazır (Ant) 57 E5
Yazır (Ant) 57 F3
Yazır (Kon) 59 G2
Yazır Dağı 32 C4
Yazır Gölü 56 D3
Yazıtepe 19 F6
Yazlıca Dağı 51 G3
Yazören 36 A1
Yazyurdu (Bay) 22 A5
Yazyurdu (Siv) 33 H6
Yazyurdu (Kon) 44 C6
Yedibölük 51 E1
Yedigöller Milli Parkı 16 B5
Yedigöze 22 A5
Yedigöze Barajı 46 D6
Yedikilise (Varak Vank) 38 B5
Yedikır Barajı 18 D5
Yediler Tepesi 30 A4
Yedioluk 47 G2
Yedisalkım 38 C6
Yedisu 36 B3
Yeditepe 61 F6
Yedi Uyarlar Mağarası 60 B3
Yediyol 63 F1
Yegvard (A) 24 D3
Yekmäleh (Irn) 38 D3
Yeleğen 42 B4
Yelekköy 31 G5
Yelken 48 A1
Yelkenli Dağ 56 B2
Yelkesen 51 G3
Yelkovan 49 E4
Yellibeli Geçidi 59 E3
Yellice (Siv) 34 B4
Yellice (Kon) 59 H1
Yellikuyu 45 F5
Yelten 57 F2
Yeltepe 52 B2
Yemişen 18 C2
Yemişendere 56 A2
Yemişli (Küt) 28 B6
Yemişli (Mar) 51 E5
Yemişli (Ada) 60 D4
Yemişlik 35 G6
Yemliha 32 C6
Yengejeh (Irn) 53 E1
Yengidza (A) 24 D5
Yeni 57 G2
Yeniapardı 33 G4
Yeniaydın 51 H2
Yenibahçe (Kon) 44 D6
Yenibahçe (İçe) 59 H4
Yenibaşak 36 C5
Yenibedir 13 F4
Yenibektaşlı 33 H6
Yeni Beyrehatun 23 G1
Yenibucak 36 A2
Yeniçadır 24 B6
Yeniçağa 16 B5
Yeniçağa Gölü 16 B5
Yeniçağlar 51 E2

Yeniçamlıca 18 B5
Yenice (Edi) 12 C6
Yenice (Tek) 13 E5
Yenice (Tek) 13 F5
Yenice (Kir) 13 G2
Yenice (Zon) 16 C4
Yenice (Sam) 19 G4
Yenice (Gir) 21 E6
Yenice (Kar) 23 G4
Yenice (Çan) 27 F3
Yenice (Bur) 27 H2
Yenice (Bur) 28 A3
Yenice (Bur) 28 C3
Yenice (Küt) 28 C5
Yenice (Ank) 29 G2
Yenice (Ank) 30 C5
Yenice (Ank) 30 D5
Yenice (Ank) 31 E2
Yenice (Çor) 32 B2
Yenice (Ayd) 42 A5
Yenice (Küt) 42 C1
Yenice (Uşa) 43 E2
Yenice (Afy) 43 F1
Yenice (Isp) 43 H4
Yenice (Mal) 48 B2
Yenice (Diy) 50 B3
Yenice (Ada) 60 C2
Yenice Barajı 29 G3
Yenice Deresi 32 C3
Yenicegörece 12 D4
Yenicehisar 20 D4
Yenice Irmak 46 D4, 47 E3
Yenicekale 47 H5
Yenicekent 42 B5
Yeniceli 31 G2
Yeniceoba 45 E1
Yeniçiftlik 13 G5
Yeniçubuk 33 F5
Yenidam 35 H5
Yenidemir 47 H5
Yeni Demirkapı 23 G2
Yenidibek 12 D6
Yenidoğan (Kar) 24 D5
Yenidoğan (Kon) 44 B5
Yenidoğanlı 32 A5
Yenifakılı 32 C5
Yenifoça 40 D2
Yenihan 33 G2
Yenihayat 46 D3
Yenihisar (Riz) 22 A2
Yenihisar (Ayd) 55 E1
Yenikadın 12 C2
Yenikale (Snake Castle) 61 E2
Yenikarabağ 44 A2
Yenikarahisar 33 H4
Yenikavak 27 G3
Yenikaya 36 A4
Yenikent (Ord) 20 A4
Yenikent (İzm) 27 E6
Yenikent (Esk) 29 G4
Yenikent (Ank) 30 D2
Yenikent (Küt) 42 C2
Yenikent (Aks) 45 G3
Yenikışla 32 D4
Yenikonak 18 A1
Yeniköprü 37 G5
Yeniköprü Çayı 37 G4
Yeniköy (Edi) 12 D4
Yeniköy (Tek) 13 F6
Yeniköy (İst) 14 B4
Yeniköy (İst) 14 B4
Yeniköy (Koc) 15 E6
Yeniköy (Kas) 17 E1
Yeniköy (Güm) 21 F5

Yeniköy (Ard) 23 F2
Yeniköy (Kar) 24 B5
Yeniköy (Çan) 26 C3
Yeniköy (Çan) 26 D1
Yeniköy (Bal) 27 G4
Yeniköy (Bal) 27 H5
Yeniköy (Bur) 28 C1
Yeniköy (Küt) 28 C4
Yeniköy (Bur) 28 C2
Yeniköy (Bil) 29 E3
Yeniköy (Esk) 29 H5
Yeniköy (Afy) 30 A6
Yeniköy (Ank) 31 E4
Yeniköy (Kir) 32 A6
Yeniköy (Tok) 33 E1
Yeniköy (Siv) 34 A1
Yeniköy (Erz) 36 B1
Yeniköy (İzm) 41 E4
Yeniköy (İzm) 41 F4
Yeniköy (Ayd) 41 F5
Yeniköy (Man) 41 H2
Yeniköy (Kon) 45 E2
Yeniköy (Niğ) 46 C5
Yeniköy (Diy) 49 G2
Yeniköy (Muğ) 55 H2
Yeniköy (Kon) 58 D2
Yeniköy (İçe) 60 D2
Yeniköy Plajı 27 H2
Yenikuyu 45 F6
Yenimahalle 31 E3
Yenimehmetli 30 C5
Yenimescit 58 D2
Yenimestanoğlu 16 B4
Yenipazar (Bil) 29 F2
Yenipazar (Yoz) 32 D4
Yenipazar (Ayd) 41 H5
Yenipınar (Aks) 46 A4
Yenipınar (Mal) 48 C2
Yeni Rabat 23 E2
Yenişakran 41 E2
Yenişarbademli 44 A6
Yeni Sarıbey 27 H3
Yeni Sayaca 20 B4
Yenişehir (Bur) 28 D2
Yenişehir (Ank) 31 E3
Yenişehir (Uşa) 42 B2
Yenişehir (Hat) 61 H5
Yenisu (Tok) 19 F6
Yenisu (Bin) 36 C5
Yenisu (Kon) 59 E1
Yenisu (İçe) 59 G4
Yenitoptepe 18 D4
Yeniyaka 38 C3
Yeniyapan (Ank) 31 E5
Yeniyapan (Kır) 31 H3
Yeniyapan (Kir) 32 A5
Yeniyapan (Nev) 32 B6
Yeniyapan (Siv) 33 G2
Yeniyapan (Kah) 47 H5
Yeniyapardı (Siv) 33 G4
Yeniyapardı (Siv) 33 H3
Yeniyayla 61 E2
Yeniyıldız 46 A6
Yeniyol (Gir) 20 D6
Yeniyol (Güm) 35 F2
Yeniyürek 59 F5
Yeniyurt 29 H4
Yeniyuva 45 H2
Yenizengen 46 A5
Yenmiş 41 F3
Yeralan 19 E3
Yeraltı Şehri 46 B3
Yerevan (A) 24 D4
Yerkesik 55 H3

Yerköprü Mağarası 58 D3
Yerköy (Kir) 32 A4
Yerköy (Erz) 37 E1
Yerköy (Kay) 46 D3
Yerlice (Tra) 21 F4
Yerlice (Bay) 21 H5
Yeroluk 27 G3
Yesemek 61 H2
Yeşilağaç 38 C5
Yeşilbağ 58 A1
Yeşil Bağcılar 55 G2
Yeşilbahçe 50 C2
Yeşil Cami (Green Mosque) 28 C2
Yeşilce (Kir) 13 G2
Yeşilce (Ord) 20 B5
Yeşilçukurca 29 E4
Yeşil Dağ 29 E4
Yeşildağ 44 A6
Yeşildere (Ank) 31 F2
Yeşildere (Burd) 56 C3
Yeşildere (Kara) 59 G2
Yeşil Dumlupınar 17 F5
Yeşilgedik Tepesi 47 H2
Yeşilgöl 36 B3
Yeşilhisar (Bal) 27 F5
Yeşilhisar (Yoz) 32 C5
Yeşilhisar (Kay) 46 C3
Yeşilhüyük 43 E4
Yeşilırmak 19 E6,G3,G6, 20 A6
Yeşil Kale 34 C5
Yeşilkavak 42 B4
Yeşilköy (İst) 14 B5
Yeşilköy (Güm) 21 F5
Yeşilköy (Küt) 28 B6
Yeşilköy (Ank) 31 E6
Yeşilköy (Den) 42 D6
Yeşilköy (Kon) 44 B4
Yeşilköy (Kay) 47 G3
Yeşilköy (Diy) 49 H2
Yeşilköy (Ana) 56 C6
Yeşilköy (Burd) 57 E2
Yeşilköy (Ant) 58 B4
Yeşilköy (İçe) 59 F4
Yeşiller 28 B3
Yeşilli 50 C5
Yeşiloba (Kır) 31 H5
Yeşiloba (Kon) 44 B3
Yeşilören 37 E2
Yeşilova (Çor) 18 C6
Yeşilova (Bal) 27 G3
Yeşilova (Man) 41 H3
Yeşilova (Den) 42 C4
Yeşilova (Den) 42 D6
Yeşilova (Aks) 45 G3
Yeşilova (Burd) 56 D1
Yeşilova (Ada) 61 E1
Yeşilöz (Ank) 30 C2
Yeşilöz (Ank) 30 D6
Yeşilöz (Nev) 46 B1
Yeşilöz Çayı 52 B3
Yeşilsırt 13 F5
Yeşilsu 38 A4
Yeşiltaş 52 D4
Yeşiltepe (Erz) 22 B5
Yeşiltepe (Aks) 45 G3
Yeşilvadi 14 D2
Yeşilyamaç 34 D4
Yeşilyayla (Bol) 15 G5
Yeşilyayla (Erz) 22 D6
Yeşilyayla (Erzi) 35 E4
Yeşilyayla (Ant) 57 F2
Yeşilyazı (Kır) 31 G1
Yeşilyazı (Tun) 35 F4
Yeşilyazı (Erz) 37 F3

Yeşilyurt (Siv) 20 B6
Yeşilyurt (Gir) 21 E6
Yeşilyurt (Bil) 29 F3
Yeşilyurt (Ank) 30 D4
Yeşilyurt (Kon) 31 E6
Yeşilyurt (Tok) 33 F2
Yeşilyurt (Erzi) 34 D3
Yeşilyurt (Erzi) 34 D4
Yeşilyurt (Man) 42 A4
Yeşilyurt (Uşa) 42 D2
Yeşilyurt (Mal) 48 D2
Yeşilyurt (Muğ) 55 H2
Yetimhoca 22 B4
Yetimli 46 D5
Yiali (G) 55 E4
Yığılca 15 H5
Yığınlı 52 C4
Yiğit Dağı 38 D5
Yiğitler (Çan) 26 D3
Yiğitler 27 F1
Yiğitler (Siv) 33 G2
Yiğitler (Tun) 35 H4
Yiğitler (Erz) 36 D2
Yiğitler (Kah) 48 B6
Yiğitli 31 E2
Yiğityolu (Erz) 37 F2
Yiğityolu (Hat) 61 G6
Yığmatepe 62 B3
Yılancık Adası 56 A4
Yılan Dağı 35 E4
Yılanhöyük 33 H6
Yılankale 61 E2
Yılanlı (Kay) 33 F6
Yılanlı (Isp) 43 H6
Yılanlı Dağı 34 C6
Yıldırım 28 D2
Yıldırım Camii 27 G4
Yıldırım Dağı 17 E6
Yıldırım Deresi 30 A6
Yıldırımkemal 43 F2
Yıldırımören 17 E6
Yıldız (Güm) 21 E5
Yıldız (Bal) 27 H4
Yıldız (Bit) 37 F6
Yıldız Dağı (Siv) 33 H1
Yıldız Dağı (Ant) 58 C2
Yıldız Dağları 13 F-G2
Yıldızeli 33 G2
Yıldız Irmağı 33 G2
Yıldızkoyu Körfezi 26 D1
Yıldızlı 51 E2
Yıldızören 29 H5
Yıldız Tepesi 60 A2
Yıldırım 22 A6
Yılmazlı 57 E4
Yıprak 43 F3
Yırca 27 G6
Yirce Dağları 28 D4
Yoğun 49 H3
Yoğunbilek 36 B6
Yoğunçam 35 G4
Yoğunhisar 32 C5
Yoğunpelit (Bol) 16 A5
Yoğunpelit (Çor) 18 C6
Yoğunsöğüt 48 B2
Yoğuntaş 13 E2
Yolaç 50 D2
Yolağzı (Şır) 51 H4
Yolağzı (Gaz) 62 C2
Yolalan 51 G1
Yolaşan 38 B6
Yolbaşı (Ord) 19 G5
Yolbaşı (Bal) 28 A4
Yolbaşı (Hat) 61 H3

Yolbilen 51 H2
Yolbilir 63 E2
Yolboyu 23 H2
Yolbükü 35 H5
Yolçatı 37 H4
Yolgeçti 22 D6
Yolgözler 37 F5
Yolindi 50 D6
Yolkaya 33 F3
Yol Konak 35 G5
Yollarbaşı 59 E2
Yolluca 36 A2
Yolmaçayır 38 C6
Yolören 28 D2
Yolpınar 18 D3
Yolüstü (Tok) 19 H6
Yolüstü (Riz) 22 A3
Yolüstü (Erz) 37 E3
Yolüstü (Bat) 37 E6
Yolüstü (İzm) 41 G4
Yolüstü (Ayd) 42 A6
Yomra 21 G3
Yonca 50 A2
Yoncalı (Bay) 22 A4
Yoncalı (Art) 23 F1
Yoncalı (Küt) 29 E5
Yoncalı (Mal) 34 D5
Yoncalı (Muş) 37 F3
Yoncalı (Uşa) 42 D3
Yoncalık (Erz) 22 C6
Yoncalık (Hak) 53 E3
Yorazlar 44 C3
Yörgüç 13 E6
Yörükatlı 23 E5
Yörükcamili 59 E1
Yoyu Dağı 26 C4
Yozgat 32 B3
Yücebağ 36 D6
Yücebelen 35 E3
Yücekapı 23 H6
Yüceköy 20 D5
Yücelen 49 G4
Yücetepe 36 D4
Yüğlük Dağı 59 H2
Yukarı 16 A6
Yukarı Ağadeve 38 A1
Yukarı Akçiçek 52 A3
Yukarı Alagöz 36 D3
Yukarıaliçomak 44 B1
Yukarı Aydere 23 G1
Yukarı Bağdere 29 H2
Yukarı Balçıklı 38 D3
Yukarıbeğdeş Hüyük 63 F2
Yukarıberçin 17 G4
Yukarı Beylerbeyi 62 B1
Yukarı Budak 35 E5
Yukarı Çamözü 34 B3
Yukarı Çamurcu 34 C3
Yukarıcanlı 16 D6
Yukarı Canören 22 B6
Yukarı Çavundur 31 E1
Yukarıçaybelen 43 H2
Yukarıçiçekli 60 D2
Yukarıçiftlik 31 G4
Yukarı Çığılgan 37 E1
Yukarı Çinpolat 63 F2
Yukarıçulhalı 33 E3
Yukarıdinek 44 A4

Yukarı Düden Şelaleşi 57 G3
Yukarı Durak 22 C2
Yukarı Dürmeli 23 H6
Yukarı Esen 24 B6
Yukarı Göçmez 37 H2
Yukarıgökdere 43 G6
Yukarı Göklü 48 D6
Yukarı Gözlüce 37 H2
Yukarıhacibekir 31 F5
Yukarı Hamurlu 31 H4
Yukarıhasimli 32 C6
Yukarıiğdeağacı 29 H3
Yukarı İlpınar 17 E3
Yukarı Kamışlı 37 H3
Yukarı Karaçay 42 C6
Yukarıkaradere 61 H1
Yukarıkarakaya 32 D2
Yukarıkaraman 57 G3
Yukarıkaraören 30 D1
Yukarıkaşıkara 43 G3
Yukarı Kışlak 21 H6
Yukarı Kızılca 23 F6
Yukarıkızılca (İzm) 41 F3
Yukarıkızılca (Kon) 59 E3
Yukarıköy 32 D3
Yukarı Kozluca 48 C2
Yukarı Kozpınar 19 H5
Yukarı Küpkıran 24 A6
Yukarıkuyucak 32 C1
Yukarı Menteşe 50 B6
Yukarı Menzilcik 49 F5
Yukarı Mollaali 50 B4
Yukarımollahasan 37 H2
Yukarı Mollahasan 38 C4
Yukarımusalar 28 A5
Yukarı Narlıca 52 A1
Yukarıoba 32 D3
Yukarı Ovacık 18 C5
Yukarı Ovası 61 F1
Yukarıöz 17 G5
Yukarı Özbağ 22 C5
Yukarısarıkaya 32 C4
Yukarı Sivri 22 D5
Yukarı Söğütlü 23 E6
Yukarı Söylemez 37 E2
Yukarı Sülmenli 34 D6
Yukarı Topraklı 24 D5
Yukarıtüfek 38 B1
Yukarı Turalı 50 B1
Yukarı Ulupınar 48 B2
Yukarı Umutlu 35 E4
Yukarı Yahyasaray 33 E4
Yukarı Yayla 23 E5
Yukarı Yenice 36 C1
Yukarı Yoldüzü 23 H6
Yüklü 17 G5
Yüksek Kilise 46 A3
Yüksekova (Art) 22 D2
Yüksekova (Hak) 53 E3
Yükselen 44 D4
Yükyeri İskelesi 26 C4
Yumaklı 38 C4
Yumruca 22 C3
Yumrudağı Tepesi 38 D5
Yumrukaya 51 H1
Yumrutaş (Bol) 16 B5
Yumrutaş (Den) 56 D2
Yumuktepe 60 B3

Yumurtalık 61 E3
Yumurtalık İskelesi 61 E3
Yumurtaş 53 E3
Yumurtatepe 37 G5
Yunak 44 B2
Yünalanı 32 D3
Yüncüler 22 C3
Yunddağı 18 D3
Yünlüce 34 B6
Yünören 38 B3
Yuntdağ 41 E1
Yunt Dağı 59 E5
Yunuseli 28 B2
Yunusemre 30 A4
Yunusköy 22 B5
Yunuslar (Kas) 17 H1
Yunuslar (Bal) 27 E5
Yunuslar (Küt) 28 D6
Yureğil 43 E5
Yüreğir Ovası 60 D3
Yürekli 53 E4
Yurt Tepesi 21 E4
Yurtyeri 32 B6
Yürücek 31 H6
Yürücekler 28 B3
Yürük 13 E5
Yürükkaracaören 43 H2
Yürükler 13 F4
Yürükmezarı 43 E2
Yürükyeri 15 G6
Yusufça 56 D2
Yusufeli 22 D3
Yusufoğlan 33 G1
Yusufuşağı 31 G6
Yuva (Bol) 16 B5
Yuva (Çank) 17 E6
Yuva (Siv) 34 B6
Yuva (Ant) 56 D4
Yuvacık (Koc) 15 E6
Yuvacık (Erzi) 35 F3
Yuvacık (Diy) 36 D6
Yuvacık (Van) 52 B2
Yuvadamı 37 G4
Yuvaklı 36 D2
Yuvaköy 50 D2
Yuvalı (Tek) 13 G3
Yuvalı (İsp) 43 H6
Yuvalı (Kay) 46 C1
Yuvatepe 59 F2
Yuva Tepesi 50 D2
Yüylük 43 E1
Yüzören 23 F6
Yüzükbaşı (Ank) 30 C6
Yüzükbaşı (Ank) 44 C1

Zafer 16 D3
Zaferiye (Kon) 44 C4
Zaferiye (Kon) 44 D1
Zağanos Paşa Camii 27 G4
Zahman 42 C2
Zakhu (Irq) 52 A5
Zamantı Irmağı 33 G6
Zamanti Kalesi 47 F1
Zap al Kabir (Irq) 52 D5
Zara 34 B2
Zarova 50 B5
Zarova Çayı 51 G3
Zâviyeh (Irn) 38 D3

Zawita (Irq) 52 B6
Zaxıyeh (Irn) 38 D2
Ždanovi (Ge) 24 B1
Željazkovo (B)13 E1
Zelve 46 B2
Zenehver (Irn) 53 H3
Zengen 46 A5
Zengi 33 G2
Zenginova 63 G2
Zerdali 47 E6
Zernek Barajı 38 C6
Zernek Geçidi 38 B6
Zerzevan Kalesi 50 C4
Zeybekçayırı 27 E3
Zeytinbağı 28 B2
Zeytinbeli 61 E3
Zeytinburnu 14 B5
Zeytindağ 41 E1
Zeytineli 40 C4
Zeytinli 26 B2
Zeytinli (Bal) 27 E4
Zeytinlik (Art) 22 D2
Zeytinlik (İzm) 41 G4
Zezerek 47 E2
Zhelezino (B) 12 B3
Ziamet 15 F4
Zigana Geçidi 21 F4
Zığra 29 E5
Zile 19 E6
Zilkale 22 B3
Zımlı Dağı 17 E2
Zincirkıran 38 D4
Zincirli (Kon) 45 E5
Zincirli (Gaz) 61 H2
Zincirlikuyu 45 E1
Zindan Dağları 17 H1
Zindan Mağarası 43 H4
Zipari (G) 55 E3
Ziranis 38 C6
Ziyaret (Art) 23 E1
Ziyaret (Sii) 51 F2
Ziyaret Dağı (Tra) 21 G4
Ziyaret Dağı (Art) 22 D3
Ziyaret Dağı (Hat) 61 F6
Ziyaretköy 19 E5
Ziyaret Tepesi (Tra) 22 A4
Ziyaret Tepesi (Art) 23 E1
Ziyaret Tepesi (Ard) 23 G2
Ziyaret Tepesi (Ağr) 24 A6
Ziyaret Tepesi (Bit) 37 G6
Ziyaret Tepesi (Kon) 45 E3
Ziyaret Tepesi (Şan) 48 D6
Ziyaret Tepesi (Mal) 49 F2
Ziyaret Tepesi (Mar) 50 D4
Ziyarettepesi Geçidi 33 H6
Zlatopole (B) 12 B1
Zobran 29 E2
Zolâ (Irn) 53 E1
Zola Chây (Irn) 53 E1
Zonguldak 16 B3
Zóni (G) 12 C3
Zor Dağı 24 B6
Zorkun 61 G2
Zoyašen (A) 24 D4
Zummar (Irq) 52 A6
Zümrütköy 23 F4
Zvezdec (B) 13 F1

PLANET TALK

Lonely Planet's FREE quarterly newsletter

We love hearing from you and think you'd like to hear from us.

When...is the right time to see reindeer in Finland?
Where...can you hear the best palm-wine music in Ghana?
How...do you get from Asunción to Areguá by steam train?
What...is the best way to see India?

For the answer to these and many other questions read PLANET TALK.

Every issue is packed with up-to-date travel news and advice including:

* a letter from Lonely Planet co-founders Tony and Maureen Wheeler
* go behind the scenes on the road with a Lonely Planet author
* feature article on an important and topical travel issue
* a selection of recent letters from travellers
* details on forthcoming Lonely Planet promotions
* complete list of Lonely Planet products

To join our mailing list contact any Lonely Planet office.

Also available: Lonely Planet T-shirts. 100% heavyweight cotton.

LONELY PLANET ONLINE

Get the latest travel information before you leave or while you're on the road

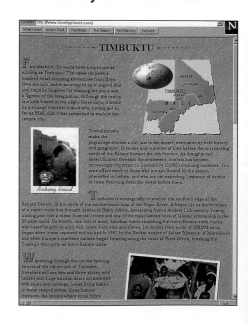

Whether you've just begun planning your next trip, or you're chasing down specific info on currency regulations or visa requirements, check out Lonely Planet Online for up-to-the-minute travel information.

As well as travel profiles of your favourite destinations (including maps and photos), you'll find current reports from our researchers and other travellers, updates on health and visas, travel advisories, discussions of the ecological and political issues you need to be aware of as you travel.

There's also an online travellers' forum where you can share your experience of life on the road, meet travel companions and ask other travellers for their recommendations and advice. We also have plenty of links to other online sites useful to independent travellers.

And of course we have a complete and up-to-date list of all Lonely Planet travel products including guides, phrasebooks, atlases, Journeys and videos and a simple online ordering facility if you can't find the book you want elsewhere.

www.lonelyplanet.com or AOL keyword: lp

LONELY PLANET TRAVEL ATLASES

Conventional fold-out maps work just fine when you're planning your trip on the kitchen table, but have you ever tried to use one – or the half-dozen you sometimes need to cover a country – while you're actually on the road? Even if you have the origami skills necessary to unfold the sucker, you know that flimsy bit of paper is not going to last the distance.

"Lonely Planet travel atlases are designed to make it through your journey in one piece – the sturdy book format is based on the assumption that since all travellers want to make it home without punctures, tears or wrinkles, the maps they use should too."

The travel atlases contain detailed, colour maps that are checked on the road by our travel authors to ensure their accuracy. Place name spellings are consistent with our associated guidebooks, so you can use the atlas and the guidebook hand in hand as you travel and find what you are looking for. Unlike conventional maps, each atlas has a comprehensive index, as well as a detailed legend and helpful 'getting around' sections translated into five languages. Sorry, no free steak knives...

Features of this series include:

- full-colour maps, plus colour photos
- maps researched and checked by Lonely Planet authors
- place names correspond with Lonely Planet guidebooks, so there are no confusing spelling differences
- complete index of features and place names
- atlas legend and travelling information presented in five languages: English, French, German, Spanish and Japanese

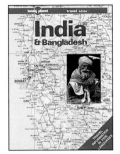

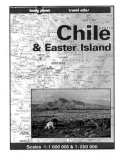

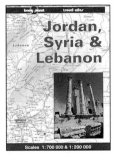

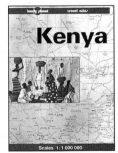

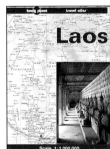

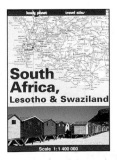

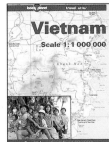

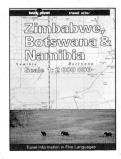

LONELY PLANET GUIDES TO THE MIDDLE EAST & CENTRAL ASIA

Turkey
Experience Turkey with this highly acclaimed, best-selling guide. Packed with information for the traveller on any budget, it's your essential companion.

Turkish phrasebook
Practical words and phrases and a handy pronunciation guide make this phrasebook essential for travellers visiting Turkey.

Istanbul
Whether you're here for art or architecture, history or nightlife, religion or shopping, this authoritative guide will ensure you make the most of your stay.

Arab Gulf States
This comprehensive, practical guide to travel in the Arab Gulf States covers travel in Bahrain, Kuwait, Oman, Qatar, Saudi Arabia and the United Arab Emirates. A concise history and language section is included for each country.

Central Asia
A comprehensive guide to the countries of Kazakstan, Kyrgyzstan, Tajikistan, Turkmenistan and Xinjiang.

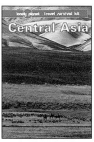

Iran
As well as practical travel details, the author provides background information that will fascinate adventurers and armchair travellers alike.

Israel & the Palestinian Territories
Float on the Dead Sea; go camel trekking in the Negev; volunteer for a unique kibbutz experience; and explore the holy city of Jerusalem and cosmopolitan Tel Aviv. This guide is packed with insight and practical information for all budgets.

Jerusalem
This indispensable book will help you understand the history and religion of Jerusalem as well as providing all the practical advice you'll need.

Jordan & Syria
Two countries with a wealth of natural and historical attractions for the adventurous travellers: 12th-century Crusader castles, ruined cities and haunting desert landscapes.

Middle East on a shoestring
All the travel advice and essential information for travel in Afghanistan, Bahrain, Egypt, Iran, Iraq, Israel, Jordan, Kuwait, Lebanon, Oman, Qatar, Saudi Arabia, Syria, Turkey, United Arab Emirates and Yemen.

Yemen
Discover the timeless history and intrigue of the land of the *Arabian Nights* with the most comprehensive guide to Yemen.

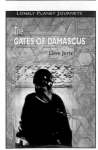

Also available:

The Gates of Damascus by Lieve Joris (translated by Sam Garrett)
This best-selling book is a beautifully drawn portrait of day-to-day life in modern Syria. Through her intimate contact with local people, Lieve Joris draws us into the fascinating world that lies behind the gates of Damascus.

LONELY PLANET PRODUCTS

AFRICA
Africa on a shoestring • Arabic (Moroccan) phrasebook • Cape Town • Central Africa • East Africa • Egypt • Egypt travel atlas • Ethiopian (Amharic) phrasebook • Kenya • Kenya travel atlas • Malawi, Mozambique & Zambia • Morocco • North Africa • South Africa, Lesotho & Swaziland • South Africa, Lesotho & Swaziland travel atlas • Swahili phrasebook • Trekking in East Africa• West Africa • Zimbabwe, Botswana & Namibia • Zimbabwe, Botswana & Namibia travel atlas

Travel Literature: The Rainbird: A Central African Journey • Songs to an African Sunset: A Zimbabwean Story

ANTARCTICA
Antarctica

AUSTRALIA & THE PACIFIC
Australia • Australian phrasebook • Bushwalking in Australia • Bushwalking in Papua New Guinea • Fiji • Fijian phrasebook • Islands of Australia's Great Barrier Reef • Melbourne • Micronesia • New Caledonia • New South Wales & the ACT • New Zealand • Northern Territory • Outback Australia • Papua New Guinea • Papua New Guinea phrasebook • Queensland • Rarotonga & the Cook Islands • Samoa • Solomon Islands • South Australia • Sydney • Tahiti & French Polynesia • Tasmania • Tonga • Tramping in New Zealand • Vanuatu • Victoria • Western Australia

Travel Literature: Islands in the Clouds • Sean & David's Long Drive

CENTRAL AMERICA & THE CARIBBEAN
Bermuda • Central America on a shoestring • Costa Rica • Cuba • Eastern Caribbean • Guatemala, Belize & Yucatán: La Ruta Maya • Jamaica

EUROPE
Amsterdam • Austria • Baltics States phrasebook • Britain • Central Europe on a shoestring • Central Europe phrasebook • Czech & Slovak Republics • Denmark • Dublin • Eastern Europe on a shoestring • Eastern Europe phrasebook • Estonia, Latvia & Lithuania • Finland • France • Greece • Greek phrasebook • Hungary • Iceland, Greenland & the Faroe Islands • Ireland • Italy • Mediterranean Europe on a shoestring • Mediterranean Europe phrasebook • Paris • Poland • Portugal • Portugal travel atlas • Prague • Russia, Ukraine & Belarus • Russian phrasebook • Scandinavian & Baltic Europe on a shoestring • Scandinavian Europe phrasebook • Slovenia • Spanish phrasebook • Spain • St Petersburg • Switzerland • Trekking in Greece • Trekking in Spain • Ukrainian phrasebook • Vienna • Walking in Britain • Walking in Switzerland • Western Europe on a shoestring • Western Europe phrasebook

INDIAN SUBCONTINENT
Bangladesh • Bengali phrasebook • Delhi • Hindi/Urdu phrasebook • India • India & Bangladesh travel atlas • Indian Himalaya • Karakoram Highway • Nepal • Nepali phrasebook • Pakistan • Rajasthan • Sri Lanka • Sri Lanka phrasebook • Trekking in the Indian Himalaya • Trekking in the Karakoram & Hindukush • Trekking in the Nepal Himalaya

Travel Literature: In Rajasthan • Shopping for Buddhas

ISLANDS OF THE INDIAN OCEAN
Madagascar & Comoros • Maldives • Mauritius, Réunion & Seychelles

MIDDLE EAST & CENTRAL ASIA
Arab Gulf States • Arabic (Egyptian) phrasebook • Central Asia • Iran • Israel & the Palestinian Territories • Israel & the Palestinian Territories travel atlas • Istanbul • Jerusalem • Jordan & Syria • Jordan, Syria & Lebanon travel atlas • Middle East • Turkey • Turkish phrasebook • Turkey travel atlas • Yemen

Travel Literature: The Gates of Damascus • Kingdom of the Film Stars: Journey into Jordan

NORTH AMERICA
Alaska • Backpacking in Alaska • Baja California • California & Nevada • Canada • Florida • Hawaii • Honolulu • Los Angeles • Mexico • Miami • New England • New York, New Jersey & Pennsylvania • New Orleans • Pacific Northwest USA • Rocky Mountain States • San Francisco • Southwest USA • USA phrasebook • Washington, DC & the Capital Region

NORTH-EAST ASIA
Beijing • Cantonese phrasebook • China • Hong Kong • Hong Kong, Macau & Guangzhou • Japan • Japanese phrasebook • Japanese audio pack • Korea • Korean phrasebook • Mandarin phrasebook • Mongolia • Mongolian phrasebook • North-East Asia on a shoestring • Seoul • Taiwan • Tibet • Tibet phrasebook • Tokyo

Travel Literature: Lost Japan

SOUTH AMERICA
Argentina, Uruguay & Paraguay • Bolivia • Brazil • Brazilian phrasebook • Buenos Aires • Chile & Easter Island • Chile & Easter Island travel atlas • Colombia • Ecuador & the Galápagos Islands • Latin American Spanish phrasebook • Peru • Quechua phrasebook • Rio de Janeiro • South America on a shoestring • Trekking in the Patagonian Andes • Venezuela

Travel Literature: Full Circle: A South American Journey

SOUTH-EAST ASIA
Bali & Lombok • Bangkok • Burmese phrasebook• Cambodia • Ho Chi Minh City • Indonesia • Indonesian phrasebook • Indonesian audio pack • Jakarta • Java • Laos • Laos travel atlas • Lao phrasebook • Malay phrasebook • Malaysia, Singapore & Brunei • Myanmar (Burma) • Philippines • Pilipino phrasebook • Singapore • South-East Asia on a shoestring • South-East Asia phrasebook • Thailand • Thailand travel atlas • Thai phrasebook • Thai Hill Tribes phrasebook • Thai audio pack • Vietnam • Vietnamese phrasebook • Vietnam travel atlas

THE LONELY PLANET STORY

Lonely Planet published its first book in 1973 in response to the numerous 'How did you do it?' questions Maureen and Tony Wheeler were asked after driving, bussing, hitching, sailing and railing their way from England to Australia.

Written at a kitchen table and hand collated, trimmed and stapled, *Across Asia on the Cheap* became an instant local bestseller, inspiring thoughts of another book.

Eighteen months in South-East Asia resulted in their second guide, *South-East Asia on a shoestring*, which they put together in a backstreet Chinese hotel in Singapore in 1975. The 'yellow bible', as it quickly became known to backpackers around the world, soon became *the* guide to the region. It has sold well over half a million copies and is now in its 9th edition, still retaining its familiar yellow cover.

Today there are over 240 titles, including travel guides, walking guides, language kits & phrasebooks, travel atlases and travel literature. The company is the largest independent travel publisher in the world. Although Lonely Planet initially specialised in guides to Asia, today there are few corners of the globe that have not been covered.

The emphasis continues to be on travel for independent travellers. Tony and Maureen still travel for several months of each year and play an active part in the writing, updating and quality control of Lonely Planet's guides.

They have been joined by over 70 authors and 170 staff at our offices in Melbourne (Australia), Oakland (USA), London (UK) and Paris (France). Travellers themselves also make a valuable contribution to the guides through the feedback we receive in thousands of letters each year and on the web site.

The people at Lonely Planet strongly believe that travellers can make a positive contribution to the countries they visit, both through their appreciation of the countries' culture, wildlife and natural features, and through the money they spend. In addition, the company makes a direct contribution to the countries and regions it covers. Since 1986 a percentage of the income from each book has been donated to ventures such as famine relief in Africa; aid projects in India; agricultural projects in Central America; Greenpeace's efforts to halt French nuclear testing in the Pacific; and Amnesty International.

'I hope we send people out with the right attitude about travel. You realise when you travel that there are so many different perspectives about the world, so we hope these books will make people more interested in what they see.'

– Tony Wheeler

LONELY PLANET PUBLICATIONS

AUSTRALIA (HEAD OFFICE)
PO Box 617, Hawthorn 3122, Victoria
tel: (03) 9819 1877   fax: (03) 9819 6459
e-mail: talk2us@lonelyplanet.com.au

UK
10 Barley Mow Passage,
Chiswick, London W4 4PH
tel: (0181) 742 3161   fax: (0181) 742 2772
e-mail: 100413.3551@compuserve.com

USA
Embarcadero West,155 Filbert St, Suite 251,
Oakland, CA 94607
tel: (510) 893 8555   TOLL FREE: 800 275-8555
fax: (510) 893 8563
e-mail: info@lonelyplanet.com

FRANCE
71 bis rue du Cardinal Lemoine, 75005 Paris
tel: 1 44 32 06 20   fax: 1 46 34 72 55
e-mail: 100560.415@compuserve.com

World Wide Web: http://www.lonelyplanet.com/

TURKEY TRAVEL ATLAS

Dear Traveller,

We would appreciate it if you would take the time to write your thoughts on this page and return it to a Lonely Planet office.
Only with your help can we continue to make sure this atlas is as accurate and travel-friendly as possible.

Where did you acquire this atlas?

Bookstore ☐   In which section of the store did you find it, i.e. maps or travel guidebooks? ....

Map shop ☐   Direct mail ☐   Other ....

How are you using this travel atlas?

On the road ☐   For home reference ☐   For business reference ☐

Other ....

When travelling with this atlas, did you find any inaccuracies?

....
....
....

How does the atlas fare on the road in terms of ease of use and durability?

....

Are you using the atlas in conjunction with an LP guidebook/s?   Yes ☐   No ☐

Which one/s?...

Have you bought any other LP products for your trip?..

Do you think the information on the travel atlas maps is presented clearly?   Yes ☐   No ☐

If English is not your main language, do you find the language sections useful?   Yes ☐   No ☐

Please list any features you think should be added to the travel atlas.

....
....
....

Would you consider purchasing another atlas in this series?   Yes ☐   No ☐

Please indicate your age group.

15-25 ☐   26-35 ☐   36-45 ☐   46-55 ☐   56-65 ☐   66+ ☐

Do you have any other general comments you'd like to make?

....
....
....
....
....

P.S. Thank you very much for this information. The best contributions will be rewarded with a free copy of a Lonely Planet book.
We give away lots of books, but, unfortunately, not every contributor receives one.

Notes